高等学校辅导员队伍能力建设研究

孙士国 编著

辽宁大学出版社

图书在版编目（CIP）数据

高等学校辅导员队伍能力建设研究/孙士国编著. --沈阳：辽宁大学出版社，2011.7
ISBN 978-7-5610-6421-4

Ⅰ.①高… Ⅱ.①孙… Ⅲ.①高等学校－辅导员－工作－研究 Ⅳ.①G645.1

中国版本图书馆 CIP 数据核字（2011）第 133978 号

———————————————————————————

出 版 者：辽宁大学出版社有限责任公司
　　　　　（地址：沈阳市皇姑区崇山中路 66 号　邮政编码：110036）
印 刷 者：辽宁彩色图文印刷有限公司
发 行 者：辽宁大学出版社有限责任公司
幅面尺寸：148mm×210mm
印　　张：9.5
字　　数：250 千字
出版时间：2011 年 7 月第 1 版
印刷时间：2011 年 7 月第 1 次印刷
责任编辑：张家道　董晋骞
封面设计：韩　实
责任校对：合　力

———————————————————————————

书　　号：ISBN 978-7-5610-6421-4
定　　价：30.00 元

联系电话：024－86864613
邮购热线：024－86830665
网　　址：http://www.lnupshop.com
电子邮件：lnupress@vip.163.com

目　　录

第一章　辅导员队伍能力建设的战略地位

辅导员队伍能力建设是具有重要现实意义和实践指导价值的研究课题。在我国高校教师队伍中，既有专业教师负责学生专业知识的教育和传授，也有辅导员负责学生思想政治素质的教育和养成。这两部分教师的最终目标是一致的，都是培养社会主义合格建设者和可靠接班人，为中国特色社会主义建设提供人力和智力支持。但是，他们所承担的任务又有分工。长期以来，我们在专业教师骨干队伍的培养与建设上取得了很大成绩，形成了一整套制度和体系。但是，辅导员队伍建设因其工作内容的特殊性，以及我国辅导员队伍建设起步较晚，尚未形成比较规范的建设模式。因此，切实加强辅导员教师队伍建设的研究，是一个十分重要的理论问题和实践问题。

一、辅导员队伍能力建设的基本概念

（一）辅导员是青年成长的引路人

辅导员是高等学校教师队伍和管理队伍的重要组成部分，具有教师和干部的双重身份。教育部《教育部关于加强高等学校辅导员班主任队伍建设的意见》指出：辅导员是开展大学生思想政治教育的骨干力量，是高校学生日常思想政治教育和管理工作的组织者、实施者和指导者。辅导员应当努力成为学生的辅导员生导师和健康成长的知心朋友。除此之外，辅导员扮演着班级学生事务服务者、辅导咨询顾问、班级的领导者和管理者等角色。

辅导员工作在大学生思想政治教育的第一线，在思想、学习和生活等方面负有指导学生、关心学生的职责，要按照党委的部署有针对性地开展思想政治教育活动。在重大政治问题上要立场坚定，旗帜鲜明，与党中央保持高度一致，坚决维护党和国家的利益及高校稳定。辅导员主要负责做好以下几方面工作：认真做好学生日常思想政治教育及服务育人的工作；加强学生班级建设和管理；遵循大学生思想政治教育规律，坚持继承与创新相结合，创造性地开展工作，促进学生健康成长与成才；主动学习和掌握大学生思想政治教育方面的理论与方法，不断提高工作技能和水平；定期开展相关工作调查和研究，分析工作对象和工作条件的变化，及时调整工作思路和方法；注重运用各种新的工作载体，特别是网络等现代科学技术和手段，努力拓展工作途径，贴近实际、贴近生活、贴近学生，提高工作的针对性和实效性，增强工作的吸引力和感染力。

（二）辅导员骨干是思想政治教育的中坚力量

《辞海》对骨干作了如下解释：骨干是某事物的主要部分、主要支柱或最实质性的成分或部分；核心，中心，精髓部分，比喻在总体中起重要作用或基本作用的人或事物。由此可知，辅导员骨干即是在辅导员队伍中起重要作用和基础作用的那一部分。

作为辅导员中的骨干，应该在辅导员群体中起带头作用、骨干示范作用。笔者认为作为辅导员骨干除了做到"政治强、业务精、纪律严、作风正"四点要求和具备辅导员应具备的思想政治素质、道德品质素质、业务能力素质、人文心理素质基本素质外，还应具备以下几方面条件：一、具有较强的学习能力。"学不可已矣"。作为辅导员骨干更要具有较强的持续学习研究能力，不然就跟不上时代步伐。学习研究的内容，应是与学生思想教育和管理有关的党和国家的方针政策、法律规章、时事政治、思想道德、教育管理、心理学等方面的学科知识。作为辅导员，应具有学习研究的自觉性。能够有针对性地做一些调查研究工作，不断总结、分析、探索学生思想政治教育和管理方面的经验、本质和规律，从而不断提高自己的思想素质、理论水平。二、具备较为突出的业绩，辅导员骨干之所以成为学生工作干部的"领头羊"，其中一个重要的指标就是他们在工作之中积极作为，奋发大干，尽职尽责，努力拼搏，吃苦耐劳，无私奉献，各项工作均取得了较好的成绩，任务指标完成态势良好，得到了领导的赞赏，同事的好评，学生的尊重。三、具备较大的发展潜力。辅导员骨干具备较高素质，具备完善的知识结构，较强的自控能力，较强的创新能力和适应能力，从而能在纷繁复杂的想象中洞悉事物的内规律，把握事物的发展方向，因此在工作中具有较大的提升空间。四、辅导员骨干必须具有较强创新能力，社会环境在不断变化．客观要求学生思想教育和管理工作应与时俱进，开拓创新；同时只有不断开拓创新，才能较好地完成工作任务，使工作具有成效、起色。所以作为辅导员必须具有开拓创新能力。

（三）辅导员的能力关键在于做好人的工作

能力是指人能胜任某种工作的主观条件，是一个人的知识、品德、技能、经验、体力、智力等因素的总和，它是通过现实社会活动来展现实际本领的。由此，辅导员队伍的能力可以理解为在一定范围内可以被辅导员运用并实现目标的德能、技能、体能和智能等辅导员能力因素的总和，是在其现实思想政治工作的实践中综合表现出来的主观条件和实际本领的总和。

辅导员骨干除了具备一些辅导员的基本的能力以外，根据辅导员骨干的特定地位及学生的管理特点，还应具备以下几方面能力：首先，辅导员骨干要具备较强带动能力，主要体现在三个方面：一是政治辐射，教育引导大学生树立中国特色社会主义共同理想。二是道德带动。教育就是培养学生的道德习惯，以达到道德自觉的目的。三是文化引领。要使学生不断提升文化价值观；形成高品位的文化素养。其次，要有不断获取新知识的能力，辅导员骨干队伍要在平时的工作实践中不断地获取新的业务知识、新的管理知识，不断的更新自己的知识，完善自己的知识结构。再次，要有巧妙的语言表达能力，语言表达是直接影响教育效果的一个重要条件，作为辅导员骨干更应该具备巧妙地语言表达能力。第四，要有良好的沟通、协调能力和组织能力。作为辅导员骨干，必须善于与学生交流，与各任课教师沟通，组织良好的班集体，针对学生的不同特点采取有效的手段教育学生，从而统筹各项工作。第五，辅导员骨干必须具备较强的创新能力和科研能力。创新能力是辅导员自我提升的需要，也是大学生素质发展的要求。科研能力的提升是实现辅导员队伍自身可持续发展的必然要求。因此，有效提升辅导员骨干的创新能力和科研能力对提升辅导员队伍意义重大。

（四）辅导员队伍能力关键在建设

"建设"一词在《辞海》中被释义为：创立新事业，增加新设施，充实新精神。能力建设是指提高每个高辅导员、团体或机构技术和能力的过程。能力建设内容广泛，其中包括开展培训和提高技能、分析机构的责任和分工职责、提高机构的能力以使他们更好地完成任务。具体有如下特点：一是将开展适合提高目标群体的能力和满足他们需求的活动；二是将会使目标群体的表现得以提高；三是必须可持续发展。

辅导员队伍能力建设，就是不断提高辅导队伍的能力的过程，通过教育、培训、使用、管理以及政策等途径，合理配置辅导员队伍资源、开发辅导员队伍的潜能、培育辅导员队伍的创新能力，并通过引导教育充分调动辅导员队伍的积极性，提高辅导员队伍能力，进而提升辅导员队伍整体能力的系列活动。

辅导员队伍能力建设内容广泛，应着力做好以下几方面建设：一、学会学习的能力。现代社会的辅导员应该是能系统思考、不断自我超越、不断改善心智模式并把学习看作生命乐趣的学习型的人。因此，辅导员应采取自主多思、融会贯通、推陈出新的方法进行终身学习及运用现代信息技术创造性地进行学习。

二、坚持创新的能力。辅导员所做的工作和任务要求他们要坚持创新、勇于创新，尤其是加强辅导员的科研创新能力。为此，应充分发挥辅导员的智力，挖掘辅导员的潜力，培养辅导员的创新观念，提升辅导员的创新能力。三是敢于竞争的能力和自我发现与自我发展的能力。竞争是一所高校活力的源泉。因此，为顺应知识经济的大潮，应大力培养辅导员的竞争意识，增强辅导员的竞争能力，并讲求竞争的策略和方法，在竞争中合作，在合作中竞争。树立"共赢"的竞争观念。这四种能力建设是相辅相成、缺一不可的。

二、实现人才培养目标必须加强辅导员能力建设

　　高校是培养人才和开展大学生思想政治教育的主阵地，高校的根本任务就是培养适合社会发展的人才。在人才培养过程的诸多因素中，人才自身的发展是核心因素，而辅导员作为人才培养的灵魂，在为实现高校的最终培养目标的任务中发挥着至关重要的作用。高校要培养优秀的、高素质的人才，就必须建立一只高素质的管理队伍。只有辅导员的整体素质提高了，学生才能更快更好的成才。

　　首先，辅导员是高等学校教师队伍和管理队伍的重要组成部分，是开展大学生思想政治教育的骨干力量，是高校学生日常思想政治教育和管理工作的组织者、实施者和指导者。辅导员是与学生接触最多，对学生影响最广泛的教育者之一，辅导员是学生最直接的管理者，辅导员要帮助学生处理学习、生活、心理的种种问题，陪伴学生的整个大学生活。辅导员对学生的影响很广泛，辅导员可以被看做是学习上的监督者，生活上的监护者，思想上的启发者，政治上的引导者，从而，在学生的各个方面都起到了关键的作用，使得学生在学习、生活、思想、政治上都会发生重大的变化，并为自身的规划之路指明了方向，同时提高了自身的素质，进而为社会做出自己的贡献，实现社会主义现代化建

设。可见，辅导员工作在高校学生工作和各项工作中占有非常重要的位置。高校培养高素质的人才不仅要依靠人才自身的提高与发展，更要依靠辅导员这一起到灵魂作用的教育者。多年来高校辅导员为国家人才培养和高校稳定做出了积极贡献。高校的培养目标就是在辅导员的指导下，学生自身的努力下，培养出高素质的优秀人才，进而为社会主义建设贡献力量。加强高校辅导员队伍建设不仅是社会主义现代化建设和形势的需要，而且是高等教育体制改革深化、为社会主义现代化建设伟大事业培养合格的建设者和接班人的需要，也是我国高等教育发展的必然要求。所以，从高校根本任务出发，要实现培养人才的目标，就要加强辅导员的建设，把加强辅导员建设作为高校建设的重中之重。

其次，大学生是新世纪我国社会主义现代化建设的主力军，肩负着实现中华民族伟大复兴的历史使命。大学生素质尤其是思想政治素质，关系着社会主义现代化建设事业实现，更关系到我们国家和民族的未来。因此，加强对大学生思想政治教育，提高他们的思想政治觉悟，帮助和引导他们树立正确的世界观、人生观、价值观，培养社会主义事业的建设者和接班人，是高校一切工作的出发点和落脚点。在培养大学生思想政治教育的工作中，辅导员是思想政治教育的工作者，是进行学生思想政治教育的核心力量。江泽民在第三次全国教育工作会议上强调指出："要说素质，思想政治素质是最重要的素质，不断增强学生和群众的爱国主义、集体主义、社会主义思想，是素质教育的灵魂。"增强受教者的思想政治素质，必须要求教育者具备过硬的思想政治素质。加强和改进大学生思想政治教育是一项极为紧迫的重要任务，这就要求辅导员队伍要加强思想政治素质。思想政治素质是人们在从事社会政治活动所需要的基本条件和基本品质，是一个人的政治思想、政治活动、政治立场、政治观点、政治态度、政治信仰等的综合表现。辅导员的思想政治素质不仅对其本身起支配作用，而且直接关系到学生的思想政治素质状况。思想政治素质是辅导员队伍建设的核心，思想政治素质高低直接影响着大学生素质的好坏。辅导员必须具有坚定的政治立场和政治信仰，对共产主义事业有坚定不移的信念。当前，人们的社会生活正在发生着变化，各种新情况新问题也层出不穷，尤其在思想文化领域里发生了深刻的变化，高校大学生不可避免地受到社会环境的冲击和影响。因此，高校政治辅导员要运用马克思基本原理、观点、方法引导大学生树立人生观、价值观和世界观，使其深刻了解社会。因此，提高大学生的思想政治教育水平就显得至关重要。高校辅导员作为大学生思想政治教育的核心力量，必须提高思想政治素质，这是加强大学生自身思想政治教育的需要，是高校培养全面素质人才的必然要求，是社会发展的客观要求，是社会主义现代化建设的需要。

再次，高校是培养社会主义事业建设者和接班人的重要基地，是培养社会主义建设人才的平台，高校必须坚持社会主义的发展方向。高校要培养适合社会主义发展的高素质人才，就必须要有管理人才的高素质辅导员队伍，加强辅导员建设成为坚持高校社会主义方向的落脚点。辅导员作为培养人才的主导者，是党的路线、方针和政策的传播者，是培养学生成为社会主义建设人才的教导者，是规范学生的管理者，是引导学生正确学习和生活的服务者。辅导员是第一个掌握着社会主义现代化建设方针和政策的信息者，辅导员又通过在学习上、生活上、思想上、政治上的渗透和疏导，从而影响到学生的思想和政治需求的变化，并使得学生的思想得到一定程度的升华，进而影响甚至改变着学生的人生观、价值观和世界观，更为重要的是，使大学生在自身发展中得到更加全面的提升，素质得到全面的提高，并为社会主义现代化建设贡献力量。

高校辅导员作为大学生思想政治教育的骨干力量，承担着宣传党的路线、方针、政策，传播社会主义意识形态和精神文明，用优秀文化培育大学生，维护高校和社会稳定等方面的重要任务。这就要求辅导员首先要具备非常高的政治素质和坚定的马克思主义信念。只有在政治原则、政治立场和政治方向上始终与党中央保持一致，具有政治坚定性，才能在政治思想上指导和引导学生。改革开放以来，党和政府始终坚持把思想政治素质建设放在辅导员队伍建设的首位，必须加强辅导员对社会主义建设路线、方针和政策的系统学习，并把路线、方针和政策运用到工作中，进而运用到对大学生的思想政治教育中去，对大学生进行全面而深刻的思想政治教育，使得大学生在树立人生观、价值观和世界观时能够坚持社会主义的方向，为社会主义现代化的建设提供人力的保障。坚持高校的社会主义建设就必须要加强辅导员队伍的社会主义建设，大学生的思想政治教育才能保证社会主义发展方向，进而促进高校的发展沿着社会主义道路顺利进行，高校的发展必须坚持社会主义建设，这也是统筹高校发展和稳定的必然要求。

三、提高辅导员队伍的整体素质是一项紧迫任务

改革开放 30 年多来，我国高校辅导员建设取得了显著的成果，已经逐步建立起来一支高素质、相对稳定的辅导员队伍。党和政府出台了一系列政策措施加强高校辅导员队伍建设，这为辅导员建设提供了稳定可靠的环境。可以划分为恢复建设（1978—1983 年）、提高发展（1984—2004 年）、专业化与职业化建设（2005 年—至今）三个阶段。在第一阶段，恢复了政治辅导员制度，重新确定了政治辅导员的角色地位、选拔条件、职责要求、应享受的政治与物质待遇。在第二阶段，通过设置思想政治教育专业，加强正规化培训，明确评聘教师职务的政策，使辅导员队伍的整体素质得到较大程度的提高。在第三阶段，进一步完善了辅导员队伍的选聘机制、管理机制、培养机制和发展机制，辅导员队伍建设呈现出系统规划、整体推进，理论与实践相互促进，蓬勃发展的崭新局面。经过 30 多年的实践与探索，高校辅导员队伍建设逐步走上正规化、科学化的发展道路，不仅积累了宝贵

的经验，也为我们进一步加强辅导员队伍建设提供了一些重要的启示。我们要在坚持"以人为本"原则前提下，通过各种途径提高辅导员队伍整体素质，并为其全面发展创造条件，营造氛围，充分体现辅导员的主体性，调动辅导员的积极性、主动性、创造性，强化其在大学生思想政治教育工作过程中的导向作用，从而进一步加强高校辅导员队伍建设，并建设一支适应新时代要求，结构合理且相对稳定的辅导员队伍。改革开放以来，党和政府制定了一系列政策与措施加强高校辅导员队伍建设，取得了明显的成效。在党的领导下，辅导员兢兢业业，默默奉献，为培养社会主义合格建设者和接班人，维护高校和社会稳定，促进高等教育的改革与发展作出了重要的贡献。

我国高校辅导员建设取得了丰硕的成果的同时，我们也应该看到高校辅导员建设还存在一些明显的问题。由于社会环境、教育状况、受教对象等因素的变化，对高校的辅导员建设提出了挑战，这也对辅导员的能力问题也提出了新的挑战。而能力问题是辅导员建设中遇到的最严重的问题，这就要求加强辅导员的能力建设问题。在我国辅导员能力建设问题中，存在着指导学生能力不足、科学研究能力不强、实践探索能力不深入、组织协调能力不充分、创新能力匮乏的问题等等，在我国辅导员能力建设中，我们应该充分认识到我们存在的不足。能力问题的存在，与辅导员对自身的认识不足有着密切的关系。有些辅导员对自我角色定位不够明确，存在流动性大、学历不够、创新能力缺乏等问题，使辅导员的能力建设迫在眉睫。更有甚者，有的辅导员不知道自己应该做什么，如何做。再加之个别高校领导没有充分认识到辅导员的重要性，对辅导员的重视程度不够，导致辅导员对自身的认识也处于一种模糊的状态。久而久之，不思进取，在指导管理学生工作中，在科学研究的过程中，在协调学生活动的过程中，在创新的过程中，显得捉襟见肘，自身的能力没有得到相应的提高，反而使得辅导员的建设暴露出严重的问题。能力问题是思想政治教育工作的核心问题，要加强辅导员队伍建设，必须重视辅导员能力建设问题，从而使得辅导员的能力建设在根本上得到解决。

解决辅导员能力建设问题要从辅导员的能力入手。辅导员队伍建设的重点是辅导员。在高校辅导员建设问题中，辅导员的能力建设是核心，是重中之重。2001 年 5 月江泽民同志在亚太经合组织第八次领导人非正式会议上，首次提出"能力建设"概念，并明确强调要注重人力资源能力的开发和培育。2003 年 12 月胡锦涛同志在全国人才工作会议上指出，要实施人才强国战略，就必须进行能力建设，把人才资源能力建设作为人才培养的核心。

辅导员能力建设是思想政治工作的关键，是思想政治教育发展的重要保证。加强能力建设有利于提高辅导员队伍的整体素质，并更好地服务于高等学校培养目标。能力与素质是相辅相成的，能力得到提高，素质也会提升，素质有了提升，能力也会提高。能力建设在辅导员队伍建设中起关键性作用。要把能力作为衡量和评价辅导员的核心指标，并不同程度地给予辅导员压力和动力，形成提高能力的良好氛围。辅导员的能力适应学生思想政治教育工作的时代要求，必须围绕培养人才的基本任务，提高指导学生的能力，在实践探索中学习，在工作中提高学习能力。在实践中，可以学到许多书本上学不到的东西，在工作中学习，在学习中工作。学习和工作相结合，学习和能力相辅相成。在协调之中培养协调能力，在组织之中培养组织能力，这是培养组织协调能力的最好途径。在相互沟通中提高学习能力，不管是研究工作，还是探讨问题以及处理事务都有互相学习的机会，在这一过程中辅导员在相互学习中进步，在相互沟通中提高。辅导员队伍的能力建设过程是发展人的能力、完善人的能力、提高人的能力的过程。高校辅导员的能力培养也在于高校的重视，如果高校不重视，只是一味的为用人而用人，不关心辅导员的能力和素质培养，势必造成辅导员队伍的整体素质的下降。高校要努力创造良好的政策环境、工作环境和生活环境，切实营造出重视辅导员队伍建设的优良环境，有效合理地配置人力资源，培育和完善人的能力，使辅导员人尽其才，做到人尽其能，从而避免人才的流失和浪费。

第二章 能力建设对提升辅导员队伍整体素质的重要作用

辅导员是站在高校学生工作第一线的组织者和实施者，是高校学生思想政治工作的骨干力量，是大学生健康成长的引领者。由于工作的特点，辅导员与学生接触的时间最长，联系机会最频繁，接触的机会也最多，是学生入学后的第一个"亲人"，因此对学生的影响最深。在新时期、新形势下，为了更好地适应高等教育体制的发展和要求，培养社会主义合格的人才，加强辅导员队伍建设，提升辅导员队伍整体素质是十分必要的。

一、高校辅导员队伍能力建设的主要内容

（一）学习能力

辅导员不仅仅是单一的管理学生的日常生活，同时肩负着培养高素质人才的重任。辅导员必须不断提高自身的学习能力才能更好的完成育人任务。作为一名辅导员应该根据时代的变化，不断的吸取新的知识，武装自己的头脑，在学习中更新观念，提高自身的本领。面对学生工作的新形式，新特点与新变化，要及时更新知识，这里面提到的学习能力，不仅仅是去学习书本上固定的东西，而是要在并学习中坚持理论联系实践，要在工作中主动去思考问题，发现问题和解决问题。目前，我们应该学好毛泽东思想、邓小平理论、"三个代表"重要思想以及科学发展观，不断提高理论素养和政治觉悟。

（二）育人能力

辅导员最重要、最核心的工作职能就是对高校学生进行政治思想教育，思想政治教育对于人的思想政治素质的形成与发展的影响具有更直接、更重要的作用。育人能力的高与低，方法恰当与否直接影响着思想政治教育工作的效果。大学是一个重要的转折点，在这里学生要完成从高中到大学、从大学到社会的过渡与转变，在这里学生要从思想、学习和为人处世等方面得到提高，同时大学阶段是学生世界观、人生观与价值观形成的重要时期，需要我们辅导员对学生进行积极、正确、全面、有效与深入的引导和规范，让学生形成正确的世界观、人生观与价值观，培养学生成为学校满意、社会需要的有用人才。育人能力包括教育方法、语言表达能力、指导能力等。

（三）管理能力

辅导员是学生入学后见到的第一个"家长"，也是学生在校期间接触最多，联系最频繁、相处时间最长的人。与学校里其他老师比较，辅导员工作涉及人多、内容复杂、事情也最繁琐，为了使思想政治教育、德育教育、学习、学生行为的规范化管理、日常生活事务管理、心理辅导、就业辅导等各项工作有序进行，管理能力显得至关重要的。学生辅导员战斗在学生管理工作第一线，管理能力运用如何，直接影响这工作的效果。管理能力包括组织管理能力、制度管理能力、行为管理能力等。

（四）组织能力

大学生活是丰富多彩的，学生除了学习基本知识、接受思想政治教育外，应该得到全面的发展。辅导员应该组织各项文体活动来丰富大学生的校园生活。每个学生都从不同的城市与家庭来到大学校园，他们朝气蓬勃，他们对未来充满理想与美好的愿望。他们是有个性的一代，更注重展示自我的性格。辅导员们在与学生的接触当中会体会到每个学生都有各自的特点，辅导员应该开展和组织各种教育活动，同时发挥学生社团、校园文化节的作用，积极组织学生参加各种校园文化活动，最大程度地挖掘每个学生的天赋、潜能，让学生能够充分展示自己的才华，满足学生的精神文化需求，加强校园文化建设。这里面的组织能力包括协调能力、指挥能力、策划能力等。

（五）心理辅导能力

大学期间学生一般处于生理、心理逐步走向成熟的时期。在这一时期，他们自我意识越来越强，开始摆脱依赖性和被保护性。随着经济体制的转型和社会的转轨，出现了新旧事物并存，东西方文化相互碰撞的情况，这些变化都对高校生的价值取向、行为方式、生活态度等产生了很大的影响。据调查，我国目前有超过20％的大学生存在这不同程度的心里障碍。其中来自学习、就业、经济、人际关系等方面的心里压力越来越大，强迫症，自闭症等这些心里疾病影响这学生的健康成长。我国心里咨询和心里治疗环节还很薄弱，同时高校心里教育还未完全普及，这种情况下辅导员就肩负着大学生心里辅导的重任，辅导员应自觉学习心理知识、心理教育等心理课程，了解和关注学生的心理问题，平时密切关注学生，洞察学生的一举一动，留心一些学生的特殊行为、特殊问题，如学习压力大、人际交往困难、恋爱出现问题、与现实格格不入、家庭特殊的学生。一旦有学生行为失常，及时对学生进行心里辅导，采取措施防患于未然。让学生能够积极、健康、自信的面对和解决各种问题，对待失败与挫折都有个正常的心态，能够健康的成长。

（六）创新能力

创新是灵魂，创新是动力。在改革开放和社会主义市场经济条件下，人们的政治思想观念、道德观念都发生了很大的变化。思想政治教育面对新的变化，面对新事物层出不穷的时代，机遇和挑战同时并存。当代大学生是有思想和有个性的一代,接受新事物快,而且好奇心强,对于新事物具有新鲜感,现代网络技术的发达,信息传播之快,使学生们每天都在接触这新思想、新观念。这样传统的思想政治教育受到了很大的冲击,创新能力就显得尤为重要,辅导员应该随着时代的变化与发展来加强和改进思想政治教育的目标、内容和方法。在新时代,创新能力是辅导员必备的一种能力,这样才能跟上时代的步伐,适应工作的需要,才能近距离的接触学生,与学生没有"距离感",才能做好学生工作。

(七)指导就业能力

学生毕业就面临就业问题,如何就业、怎样就业是很现实也是目前很严峻的问题。学生就业率不仅仅取决于学生自身能力和学校教授的知识,同时还与辅导员的指导有关。辅导应该在学生入学时就制定一个系统的就业指导程序,入学时就让他们有日后就业的竞争意思,有就业的观念,在学习中注重自己能力的培养,为日后就业创造有利的条件,同时指导学生在求职和面试时应注意的事项,让学生们在就业时有备而去,而非带着茫然的心态去就业。

(八)服务能力

高校辅导员工作中最本质的工作就是服务。辅导员要做到以服务大学生为中心,以帮助和引导学生成长、成才来开展工作。辅导员要牢固树立服务意识,不断提高服务本领,做到充分尊重大学生的基本权益,充分发挥大学生的主体作用,充分满足大学生多方面发展的需求。按着以人为本的高等教育的要求,开展服务工作要做到以人为本,即必须坚持"一切为了学生、为了一切学生、为了学生一切"的工作理念。在工作中增强自身的责任心,以学生为中心,献出自己的爱心、细心和耐心,务实进取、真诚奉献,尊重学生的想法,正确对待学生的差异,激励和鼓励他们的积极性和创造性，发掘学生的潜能，培养学生的自信心，让学生们健康快乐的成长！

（九）应对突发事件的能力

辅导员不仅肩负着学生思想政治教育、日常生活管理等方面的工作，同时负责学生安全问题。大学生心里健康问题日益增多，社会上不法分子侵害学生事件时有发生，对于这一系列不可遇见的突发事件，辅导员要具有及时应对和处理的能力。

二、高校辅导员队伍能力建设存在的问题

（一）知识结构缺乏"专业化"

大部分高校辅导员都是从各个专业优秀毕业生选拔出来的，他们只是很好的掌握了大学期间所学专业这一单一专业相关的知识，文理科分化明显，文科生对于自然科学普遍缺乏，二理科生则对于人文社科方面的知识匮乏。没有经过系统的思想政治教育课程的学习，则对于辅导员工作重思想政治教育这一重任更是无法很好的完成，达不到一定的理论高度，理论脱离实践，思想政治教育达不到一定的深度，只是浮于表面，不能成为大学生思想者政治教育工作的骨干力量，严重影响教育效果。

（二）辅导员结构不合理

目前高校辅导员中以年轻辅导员为主，结构很不合理，无论从素质还是工作能力上与辅导员岗位的要求都具有一定的差距。这些年轻辅导员队伍充满朝气和生机活力，但是却在以下问题：一是工作经验不足，对工作缺少耐心与细心。二是对工作的认识不准确、不全面，只是被动的应付日常的工作，不去主动的思考问题。

（三）工作重点不明确

高校辅导员工作按职责可分为两大类：一是对学生进行思想政治教育工作，二是对学生日常事物的管理工作。辅导员的主要职责是对学生进行思想政治教育，由于平时日常事物性工作比较多，加之对思想政治工作重要性认识的不准确，导致辅导员把精力都放在了处理学生日常事物性工作上，无暇估计学生的思想动态，对学生的思想状况及问题不能够及时掌握，从而忽视了对学生的思想政治教育工作。同时自己也没有时间进行系统的思想政治理论学习。

（四）能力结构不平衡

辅导员工作的复杂性，事物的琐碎性，需要辅导员具备多方面的能力。然而目前高校辅导员工作中体现出了能力结构的不平衡，主要表现在表达能力、组织能力、管理能力比较强，心里辅导能力，应对突发能力、创新能力、学习能力较弱。部分辅导员墨守成规，安于现状不主动去思考问题，缺乏创新精神，对于新思想不去主动学习，这些严重影响了工作效果。

（五）心理素质方面的问题

辅导员工作具有工作对象的特殊性、工作内容的复杂性、工作时间的无界性等特点，使辅导员在工作中产生了一些心里问题。主要变现为：一是工作一段时间后，由于工作的复杂性，对工作缺失了兴趣与热情，产生了倦怠的情绪。二是知识浅，阅历少，经验不足，忍耐力差导致的自我放松，对工作不够认真负责。三是同其他任课教师相比，觉得无论是在时间上，还是待遇以及晋级政策上有很大差别，心里觉得有落差，导致工作积极性不高。四是对于突发事件，处理能力的欠缺导致的心里焦虑与不自信，工作缺少干劲。

（六）服务意思欠缺

辅导员工作最本质的就是要为学生服务，以学生为中心来开展工作。目前高校辅导员中工作中普遍存在着以"强调学校轻视学生，强调管理轻视服务，强调一刀切轻视个性化"等现象，这种陈旧、落后的学生管理工作暴露了其严重的固有的非人性化的缺陷，削弱了管理的效果，同时还面临着来自大学生这一主体的严峻挑战。为学生服务就是要做到"以人为本"就是指以大学生这一主体为中心，管理工作中所开展的内容、形式和方法都是围绕"人性化"这一理念展开的。做到充分尊重大学生的基本权益，充分发挥大学生的主体作用，充分满足大学生多方面发展的需求，充分促进大学生的全面发展，激励、启迪并引导大学生积极、自主的为未来的人生去奋斗。

（七）人员流动性较大

由于辅导员工作比较繁杂、工作时间无限性、工资待遇偏低等原因，有些辅导员只是把辅导员工作当作是一个跳板，不能安心长期潜心工作，一旦有机会就要调整岗位。这就造成资源和经验的严重流失，不利于辅导员队伍长期的建设。

（八）工作机制不健全

高校对辅导员的工作绩效考核机制不恰当，许多高校对于辅导员这一特殊的工作性质没有给与正确的认识，制定的考核机制不能给与考核辅导员的工作一个客观的评定。激励措施不健全，辅导员承当着学校学生工作中最为繁杂的工作，时间和精力投入也是最大，但是工资确很低，社会地位低等问题让辅导员心里产生落差。培养机制不完善，对于辅导员的培训只是停留在岗前培训或是短期的培训，没有形成系统长期的培训机制。以上机制的不健全，不能激发辅导员的工作热性，从而导致辅导员工作积极性不高。

（九）学生管理不到位

有的高校的辅导员一个人要负责管理几百个学生。尤其是新工作的辅导员，对于事物繁杂的辅导员工作，由于没有经验更是无暇估计到所有的学生。通常只是一头抓学生干部，一头抓较差的学生，中等学生则一直扮演"做过路车"的角色，有些学生大学 4 年下来，与老师接触的机会屈指可数，学生都是需要老师关怀，与老师进行心灵的沟通，这部分没有被顾及到的学生，是学生工作中的一个死角。

三、加强辅导员队伍能力建设的途径

（一）建立合理的选拔制度，整合优化辅导员队伍

提高辅导员的能力，首先把好入口这一关。要严格考察其政治立场是否坚定、思想品德是否端正、是否具有很强的工作能力。高校辅导员都应该是中共党员，目前大部分高校都选择本科以上学历的人员来担任辅＝辅导员一职。建议学校多从思想政治教育、德育教育和心里教育等相关专业来选拔辅导员。同时学校应该打破地域观念，要坚持内外相结合，既从本校选拔，同时也接收外校优秀的人员，做到整合资源。同时也要考虑到辅导员队伍中，男、女比例的分配要恰当，这样有利于日后辅导员工作的开展，更利于辅导员队伍的发展。

（二）建立科学的培养机制，促进辅导员队伍能力的提高

由于高校中绝大部分辅导员都是来自于不同的专业，其中涉及思想政治教育、德育教育以及心里教育等专业的人员很少。由于理论上的缺乏造就了辅导员队伍整体能力上不去，因此我们要建立科学的培养机制。主要通过以下几种方式来对辅导员进行培养。一是建立岗前培训，辅导员在上岗前一定要进行系统专业的

岗前培训，培训后要有考核，考核合格者方可上岗。二是在职培训，定期组织辅导员进行专业培训，业务学习，对辅导员进行思想教育和奉献精神以及爱岗敬业精神的教育，使他们提高自我主动进步的意识，激发他们的工作热情，让他们能够积极主动的投入到工作中。三是专门为辅导员设立思想政治教育硕士专业，供辅导员攻读或进修。辅导员可以进行系统专业的学习，由于具有了工作经验，攻读硕士时，可以做到理论结合实际，使日后的辅导员工作更专业化、系统化和规范化。四是加强高校之间的交流与学习。各高校有各自的风格与特点，因此对应的辅导员工作也各有长处，我们在注重理论学习的同时，更应该加强实践。组织各高校辅导员工作交流会，大家在交流会上探讨工作中好的经验，探讨工作中遇到的问题；同时各高校间经常进行走访、考察与学习，积累好的工作经验。

（三）完善高校辅导员考核制度

为确保辅导员工作有序有效的开展，必须制定完善的考核制度。公平、公正、公开、合理地对辅导员的工作态度、工作能力以及业绩等进行全面的考核，考核要具有科学合理性。做到奖惩分明，以此来调动辅导员的工作热请和积极性。

（四）制定有效的激励政策

辅导员作为学生工作第一线的组织者和实施者，任务繁重，为了更好的调动辅导员的工作情绪，使其热爱本职工作，应该制动有效的激励政策。在职称的评定，应根据辅导员工作的特殊性，进行适当的倾斜；工作中的评优等方面上给与重视，同时在工资待遇上给与辅导员一定的提高，使其感觉到自己的劳有所值，增强辅导员的岗位自豪感和职业归属感。

（五）强化学习，提高能力

高校辅导员肩负着培养祖国人才的重任，是学生思想政治教育工作的骨干力量，辅导员必须有较强的政治理论基础。同时，辅导员还承担着学生就业指导、心里辅导等具有较强的专业性和技术性的工作，为了很好的适应这些工作的需要，光是靠工作热情是不够的，辅导员队伍应该营造浓厚的学习氛围，努力充实自己的专业知识、改善自己的知识结构，让自己的工作从单纯的事物型向学习型转变。同时，应该鼓励学术研究，学校应该鼓励辅导员多参加科研项目与相关课题的研究，多发表文章，只有深入研究理论，才能更好的开展工作，让管理工作上升一个台阶。

四、辅导员队伍能力建设促进整体素质的提升

高校辅导员是从事学生思想政治教育工作的骨干力量，肩负着培育祖国栋梁之才的重任，是学生健康成长的引路人。在新时期，面对国内外的各种新形势，高校辅导员本身必须具有高素质，这样才能培养出高素质的人才。辅导员队伍的能力建设，对辅导员整体素质的提升具有促进作用。

（一）辅导员队伍的能力建设，能够提升辅导员的政治素质

一名合格的高校思想政治教育工作者，最基本的素质要求就是政治素质，即鲜明的政治态度和坚定的政治立场、要有优秀的政治品质、要有较高的政治和政策水平。

高校辅导员通过加强能力建设，能够更好的站在培养社会主义合格的接班人和建设者的立场来处理问题，能够更坚定的做到忠于党和人民的事业，能够明辨是非，保持清醒的政治头脑，具有较高的政治敏感性和实际处理政治问题的能力，使政治素质得到提升。

（二）辅导员队伍的能力建设，能够提升辅导员的业务素质

随着时代的发展与变化，对于高校思想政治教育工作提出了新的要求，辅导员必须努力提高自己的业务素质，做到教育手段

现代化与教育方法科学化，更好的完成培养社会主义栋梁之才的神圣使命。

高校辅导员通过加强能力建设，能够全面掌握马列主义、毛泽东思想、邓小平理论、"三个代表"重要思想、科学发展观等科学理论，对于思想政治教育的专业知识能够全面掌握，还能够掌握工作中一些相关的学科知识，从而提升业务素质，提高工作效果。

（三）辅导员队伍的能力建设，能够提升辅导员的思想素质

所谓思想素质就是指运用科学的理论观点来分析问题解决问题的能力和水平。主要是指人的世界观、人生观和价值观。

高校辅导员通过加强能力建设，能够更好的掌握辩证唯物主义和历史唯物主义的科学的世界观和方法论，正确的认识事物发展的客观规律，端正工作态度与方法，避免在思想政治教育中犯主观片面主义等错误；能够树立崇高的、积极向上的人生观；全心全意的为人民服务的人生目标以及乐观向上的人生态度，使思想素质得到提升帮助和引导学生们树立正确的世界观、人生观和价值观。

（四）辅导员队伍的能力建设，能够提升辅导员的道德素质

辅导员是学生接触时间最长的人，辅导的道德素质是一种无声的教育力量，能够深深的影响着学生的思想和行为，对学生的成长具有潜移默化的作用。

高校辅导员通过加强能力建设，能够具有无私奉献的道德境界，明确自己的社会责任，无私地为学生服务，完成好自己育人的职责。能够具有坚定不移的道德信念，具有坚毅的道德控制能力，自觉地格守道德要求，升华和提高自己的道德境界。使道德素质得到提升，为学生树立良好的榜样。

（五）辅导员队伍的能力建设，能够提升辅导员的心里素质

高校辅导员通过加强能力建设，具有积极向上的精神状态，保持平和的心态，能够引导学生将康快乐的成长；能够培养自己广泛的兴趣，在工作中采取灵活多样的教育形式；培养良好的性格，对人宽容，对己谦虚；具有坚强的意志，具有百折不挠的精神，面对挫折永不退缩，为学生树立坚强的好形象。

第三章　高校辅导员队伍能力建设的状况

　　高校辅导员是开展大学生思想政治教育工作的骨干力量，承担着学生的日常管理、思想教育、心理健康、素质拓展、就业指导、生涯规划等与大学生成长成才息息相关的工作。辅导员的工作性质和任务，决定了辅导员队伍应是一支政治素质高、理论功底深、业务能力精、专业化程度高，能保证高校社会主义办学方向的职业化、专家型队伍。

一、高校辅导员队伍建设的历史回顾

　　党和政府历来对辅导员队伍建设给予高度重视。20 世纪 50 年代我国设立辅导员制度以来，在不同的历史阶段制定出台了一系列的有关辅导员队伍建设的政策和文件。

（一）20 世纪 50 年代，辅导员制度初步创立

　　1951 年 11 月，政务院批准的《关于全国工学院调整方案的报告》中首次提出了建立政治辅导员队伍。1952 年 10 月，教育部发出《关于在高等学校有重点的试行政治工作制度的指示》，提出全国高等学校应有准备地建立政治辅导员制度。1964 年 6 月 10 日，中共中央批准了高等教育部党组《关于加强高等学校政治工作和建立政治工作机构试点问题的报告》。1965 年，教育部制定了《关于政治辅导员工作条例》，以法规的形式对辅导员的有关问题进行了明确规定。

（二）文化大革命结束后，辅导员制度得以重新确立，并不断发展加强

1980 年 4 月，教育部与团中央共同下发了《关于加强高等学校学生思想政治工作的意见》，文件提出要加强学生的思想政治工作，要建立一支坚强的有战斗力的政治工作队伍。1987 年 5 月 29 日，中共中央颁发的《关于改进和加强高等学校思想政治工作的决定》，将辅导员作为高校教师队伍的有机组成部分。教育部依据此文件制定了《关于加强党务和思想政治工作队伍建设的若干意见》，具体规划了高校学生辅导员队伍建设的目标、原则、素质要求、岗位培训、职称评定、严格管理等方面的问题。1995 年，国家教委颁布试行的《中国普通高等学校德育大纲》，提出"学校应当采取有效措施切实加强这支队伍建设，努力培养和造就一批思想政治教育的专家和教授"，① 并要求"专职政工人员与学生的比例大体掌握在 1：120—150。规模较小的学校应视情况酌情提高比例"。② 1999 年，中央召开了第三次全国教育工作会议，随后颁布了《中共中央关于加强和改进思想政治工作的若干意见》，强调"按照提高素质、优化结构、相对稳定的要求，建设一支政治强、业务精、作风正的思想政治工作队伍。"③

二、高校辅导员队伍的自然状况

（一）师生人数比例、政治面貌、职称结构、学历层次、年龄结构等自然状况方面的现实状况

在师生人数比例方面，从总体上看，各高校基本实现了由教

---

① 《中国普通高等学校德育大纲》，国家教委 1995 年 11 月 23 日颁布试行。
② 《中国普通高等学校德育大纲》，国家教委 1995 年 11 月 23 日颁布试行。
③ 《中共中央关于加强和改进思想政治工作的若干意见》，中发 1999 [17] 号。

育部制定颁发的《普通高等学校辅导员队伍建设规定》中"高等学校总体上要按师生比不低于 1：200 的比例设置本、专科生一线专职辅导员岗位"① 的规定要求。截至 2008 年底，"全国高校共有本专科生专职辅导员 91808 人，与 2006 年底相比，增加了22610 人，增长 33％。专职辅导员与学生的比例为 1：207；研究生专职辅导员 3680 人，与研究生的比例为 1：323，另外还有本专科生兼职辅导员 29329 人，班主任 212851 人，与专职辅导员一起共同构成了做好大学生日常思想政治教育的重要组织保证。"②

在政治面貌方面，《普通高等学校辅导员队伍建设规定》明确提出："加强辅导员队伍建设，应当坚持育人为本、德育为先，促进高等学校改革、发展和稳定，促进培养造就有理想、有道德、有文化、有纪律的社会主义建设者和接班人。"③ 在辅导员数量大幅增长的情况下，辅导员队伍的政治素质也有了较大提升。根据教育部截至 2006 年的统计数据，"辅导员中党员比例为77％，比 2005 年底的 74％有所提升，其中教育部直属高校辅导员党员比例已近 97％。"④

在职称结构与学历层次方面，近年来随着党和国家重视程度日益提高，高校辅导员队伍专业化、职业化、专家化的水平有很大提高，学历结构和职称结构有很大改善。以沈阳地区为例，目前专职辅导员学历均已达到本科以上，其中硕士及硕士在学人员占 43.8％；博士及博士在学人员 16 人。教授 9 人，副教授 248

---

① 《普通高等学校辅导员队伍建设规定》，中华人民共和国教育部令第 24 号，2006 年 7 月 23 日。

② 《思政司副司长刘贵芹做客人民网谈高校辅导员队伍建设》，中华人民共和国教育部网站 http：//www. moe. edu. cn/publicfiles/business/htmlfiles/moe/A12_ft/201004/83140. html.

③ 《普通高等学校辅导员队伍建设规定》，中华人民共和国教育部令第 24 号，2006 年 7 月 23 日。

④ 李卫红：《在创新中不断提升辅导员工作水平》，《中国高等教育》2008 年第6 期。

人，中级职称人员 735 人。

从年龄结构上看，高校辅导员队伍普遍较为年轻，具有较强的战斗力，且由于年龄差距较小，年轻辅导员与学生进行沟通和交流较为容易找到共同语言和话题。以沈阳地区高校专职辅导员队伍的年龄结构为例，20％为 28 周岁以下的新任辅导员，50％为 28——38 周岁的青年辅导员，20％为 38——50 周岁的中年辅导员，其中绝大多数为学校中层干部，50 周岁以上的专职辅导员占 5％，其余 5％为研究生辅导员。基本上形成了老中青相结合的合理年龄梯队结构。

（二）辅导员队伍的思想状况

从岗位认知角度对辅导员队伍进行调查，辅导员对自身的工作定位存在着不同程度的差异，主要表现为在自身工作在整个高校工作体系中功能的认知上，以沈阳地区高校辅导员为例，认为辅导员是大学生全面发展的促进者的占 27％、认为辅导员是大学生思想政治素质的提高者的占 29％、认为辅导员是学生稳定保持者的占 23％、认为辅导员是学校工作传达者的占 16％，此外还有 5％的辅导员认为辅导员是学校层次的提升者。

从思想理论水平方面考察辅导员队伍，中央 16 号文件将"以理想信念教育为核心，以爱国主义教育为重点，以思想道德建设为基础，以大学生全面发展为目标"[①] 列为加强和改进大学生思想政治教育的指导思想，高校辅导员队伍中绝大多数在政治面貌上为中共党员，其中一部分具有马克思主义理论学科本科或研究生学历。从总体上看具有较高的思想素质、理论水平和政治素养，为培养社会主义事业可靠接班人提供政治保障。

---

① 《中共中央国务院关于进一步加强和改进大学生思想政治教育的意见》，中发 [2004] 16 号。

（三）辅导员队伍工作和业务能力状况

新形势下学生思想政治教育是一个复杂的综合性系统工程，工作内容辐射面宽、工作环节繁杂、工作责任重大，经常要面临突发性和不可预测的事件，辅导员站在学生工作第一线，面临着巨大压力和挑战，这就要求辅导员具有较强的业务能力，不仅要具备良好的组织管理能力、协调沟通能力、语言表达能力和调查研究能力，还要具有对复杂局面的驾驭能力和对大局稳定的把握能力。

以辽宁省高校为例，新任辅导员要经过教育部暨辽宁省辅导员培训和研修基地（辽宁大学）的岗前培训，培训内容包括报告、讲座、研讨和素质拓展训练等项目，经考核合格颁发培训上岗证书。通过培训，新任辅导员不仅汲取到长期从事辅导员工作的老同志的丰富经验，更获得了进步的动力和目标。素质拓展训练更使得新任辅导员同志获得了关于沟通交流能力、组织协调能力、驾驭全局能力等方面的直接体验。通过培训，使得新任辅导员在工作和业务能力方面有一个质的提升。

此外，各个高校为全面提高辅导员思想素质和业务能力，也采取了各具特色的具体措施，如沈阳师范大学在培训班、座谈会、经验交流会等传统做法的基础上启动辅导员能力培训提升工程，倡导并践行以系统培训规划与培训内容开展培训、以新生入学教育为切入点强化培训、以生活区辅导员队伍建设深化培训、以学院辅导员队伍建设补充培训、以在学生工作的具体表现考核培训、以进行系统的理论研究升华培训的理念与要求，使得全校的学生工作做得有条不紊，稳中有新，工作完成保质保量。

三、高校辅导员队伍的管理状况

（一）党和国家关于辅导员队伍管理的规定

进入新世纪新阶段以来，辅导员工作面临着前所未有的挑战，出现了学生数量过快增长、学生沉迷网络游戏而荒废学业、学生心理障碍、学生就业困难等诸多新问题，辅导员的职业诉求与角色定位也随之发生了新的变化。党和国家根据形势的变化和要求，对辅导员队伍建设高度重视，提出了新的要求，特别是2004 年 10 月 14 日，中共中央、国务院下发了《关于进一步加强和改进大学生思想政治教育的意见》（中发［2004］16 号），明确指出辅导员和班主任在大学生思想政治教育工作中的主体地位，发挥着骨干力量的重要作用。2006 年 9 月，教育部颁布实施了关于《普通高等学校辅导员队伍建设规定》的 24 号令，文件中对辅导员队伍建设的要求与职责、配备与选聘、培养与发展、考核与管理做出了明确的要求和规定，这是辅导员队伍建设的纲领性文件。除上述重要文件外，中宣部、教育部、团中央等相关部门还制定颁布了一系列与之相配套的政策性文件，并执行了一系列的具体措施，如教育部为落实中央 16 号文件要求，制定出台了《教育部关于加强高等学校辅导员、班主任队伍建设的意见》（教社政［2005］2 号）。

（二）各级党政机关和教育主管部门有关管理的规定

按照中央 16 号文件精神、教育部 24 号令规定要求，各省市党政机关及教育主管部门结合本区域实际情况，也制定出台了一系列具体政策和措施。如中共辽宁省委、省政府于 2005 年制定颁布了《中共辽宁省委、辽宁省人民政府关于进一步加强和改进大学生思想政治教育的实施意见》（辽委发［2005］18 号），辽宁省教育厅制定颁布《关于加强全省高等学校辅导员队伍建设实施意见》，江苏省教育厅出台了《关于加强高校辅导员队伍建设的意见》，以此保证了当地高校辅导员队伍建设的方向既符合中央文件精神，又与地方实际情况相适应，将中央文件精神落到实处，切实加强对辅导员队伍的管理。

（三）各高等学校有关管理的文件、规定和做法

为落实中央、教育部、辽宁省的相关文件要求，各个高校大多在辅导员选聘、晋级、考核等方面制定了相关的具体工作管理办法，出台了若干措施细则。

以沈阳地区为例，在辅导员选聘方面，东北大学、辽宁大学等 18 所高校单独制定了辅导员选拔聘任工作管理办法，明确了面向全社会选聘辅导员的原则，从学历、素质、专业上规范了辅导员队伍的准入门槛，部分高校根据学生的呼声和实际工作的需要，增配了艺术、文学、思想政治教育等专业毕业的辅导员，把普通话水平和语言表达、形体和诚信状况等作为选聘的条件。实践证明，这些措施使辅导员队伍专业素质结构得到优化，从根本上保证了辅导员队伍建设的质量。

以沈阳地区为例，在辅导员管理考核方面，各高校立足于辅导员队伍建设和管理的科学化、规范化，制定加强辅导员队伍管理的制度和条例。沈阳药科大学、沈阳农业大学、中国刑事警察学院等高校在辅导员工作管理考核上，建立了量化考评、末位淘汰等管理制度，并狠抓落实；沈阳工业大学、沈阳建筑大学等在考核辅导员工作中实施分级考评，并将大学生的评价意见作为考核评价辅导员的重要依据；辽宁广告学院、辽宁美术职业学院针对民办院校的特点，加强辅导员管理考核体系建设，形成了鲜明的特色。

以沈阳地区为例，在辅导员晋升方面，许多高校出台文件进行了详细的规定，制定了倾斜政策，增强了辅导员的荣誉感，激发了辅导员的进取意识，鉴定了辅导员的发展信心。比如，辽宁中医药大学等高校党委专门下发文件，认真落实辅导员从不同从

业年限所享受的职级待遇。规定经有关部门考核合格，专职辅导员工作 3 年、5 年、8 年、12 年未走上实职领导岗位的分别享受副科级、正科级、副处级、正处级岗位津贴。沈阳工程学院在机构改革中取消了三级机构和科级干部，只有系部负责学生工作的团总支书记、总辅导员保留科级待遇，大大提升了辅导员的地位和士气。

四、高校辅导员的教育和培训状况

"加强辅导员、班主任的培养工作，是加强辅导员、班主任队伍建设的关键。"[①] 教育部办公厅 2006 年 7 月 30 日印发了《2006－2010 年普通高等学校辅导员培训计划》，2011 年 4 月 2 日印发了《教育部高校辅导员培训和研修基地建设与管理办法（试行）》和《教育部高校辅导员培训和研修基地建设与管理基本标准（试行）》，作为政策性文件指导全国高校辅导员教育培训。因此，高校辅导员的教育和培训状况是进行辅导员队伍能力建设体系中不可或缺的重要组成部分，从中央到地方也形成了多层次、系统化的辅导员教育培训体系。

（一）全国高校辅导员骨干示范培训

全国高校辅导员骨干示范培训是整个辅导员教育培训体系的龙头[②]，由教育部委托中央党校、国家教育行政学院或高校承办。自 2005 年至今，教育部已经连续举办 24 期全国高校辅导员骨干示范培训，每期培训辅导员骨干不少于 200 人。骨干示范培训将全国高校辅导员中有突出表现者集中在一起，使他们有了一

---

① 《教育部关于加强高等学校辅导员、班主任队伍建设的意见》，教社政 [2005] 2 号。

② 参见《2006－2010 年普通高等学校辅导员培训计划》，教育部办公厅，2006 年 7 月 30 日发。

个沟通、交流的平台和空间，能够使全国高校辅导员在这一层面上形成互通有无的良好机制；在培训中通过专题报告、主题讲座、小组讨论等形式，参加培训的辅导员骨干普遍在自身岗位认识上提升了高度，增强了自身的历史责任感和民族使命感；培训后的辅导员骨干大多能够在回到原单位后，以更加饱满的热情投入基层辅导员工作中去，在原有基础上发挥更为积极的作用。

（二）思想政治理论教育培训

中央 16 号文件明确指出："所有从事大学生思想政治教育的人员，都要坚持正确的政治方向，加强思想道德修养，增强社会责任感，成为大学生健康成长的指导者和引路人。在事关政治原则、政治立场和政治方向问题上不能与党中央保持一致的，不得从事大学生思想政治教育工作。"[①] 基于此，沈阳各高校高度重视辅导员的思想政治理论培训，制定相应的工作制度和管理条例，如沈阳大学等院校明确提出，专职辅导员的培训，以马克思列宁主义、毛泽东思想、邓小评理论、"三个代表"重要思想和科学发展观为主要内容，并且进行教育学、心理学、管理学等与思想政治工作相关学科专业的培训。学校每年至少举办一次辅导员业务培训班。每年 9 月份，学校举办培训班，对辅导员进行大学生心理健康教育工作的专题培训，从根本上提高大学生思想政治工作的效果和层次。

（三）业务能力教育培训

由于辅导员处于学生工作的第一线，辅导员业务能力的高低直接关系到培养目标能否实现，因此，各高校高度重视对辅导员的业务能力教育培训。各高校除积极推荐辅导员参加全国、全省各级各类学生工作培训班外，一些高校还制定了本校辅导员培训

---

① 《中共中央国务院关于进一步加强和改进大学生思想政治教育的意见》，中发［2004］16 号。

规划，明确提出按照辅导员队伍职业化、专业化、专家化的要求，对辅导员进行系统培训，建立了辅导员岗前培训、日常培训、专题培训、进修考研和参观考察相结合的辅导员培训制度，形成了多层次、多元化得辅导员业务能力培训工作运行体系。

（四）学历学位教育和研修

中央 16 号文件明确要求："选拔推荐一批从事思想政治教育的骨干进一步深造，攻读思想政治教育相关专业的硕士、博士学位，学成后专职从事思想政治教育工作。"① 各高校坚决落实这一文件精神，充分利用辅导员培训和研修基地、思想政治教育学科点的载体优势，积极为优秀辅导员定向攻读思想政治教育及相关专业硕士、博士学历学位创造条件。以沈阳地区高校为例，目前各高校辅导员在读硕士以上学位的有 272 人，平均每五名辅导员中就有一位在攻读硕士以上研究生学历。

（五）高校学生工作骨干出国考察和研修

《2006－2010 年普通高等学校辅导员培训计划》中明确提出："配合教育部留学基金委员会设立专项培养计划，每年选送30—40 名优秀骨干到国外参加短期访问与课程学习；积极联系国外或港台地区培训机构和专业机构和专业学会，开展形式多样的国际合作培训，逐步确定一批中长期辅导员研修项目，帮助辅导员开阔视野，更新观念，提高队伍的综合素质。"② 从 2005 年起，教育部和国家留学基金委分批选派高校学生工作骨干赴国外开展高校学生事务管理研修。

---

① 《中共中央国务院关于进一步加强和改进大学生思想政治教育的意见》，中发［2004］16 号。

② 《2006－2010 年普通高等学校辅导员培训计划》，教育部办公厅，2006 年 7月 30 日发。

（六）社会实践与挂职锻炼活动

《2006—2010 年普通高等学校辅导员培训计划》中明确提出："各地教育部门和高校要创造条件，积极组织辅导员参加社会实践、挂职锻炼和学习考察。"① 2009 年北京市启动了高校辅导员挂职锻炼工作，选派高校辅导员到街道（街道办事处、街道党工委）、乡镇等正处级单位挂任"一把手"助理，从事基层党群建设、文化建设和社会建设工作。自 2010 年 12 月起，天津市组建了援疆高校团干部挂职团，并多次围绕挂职团干部如何认识援疆工作使命，如何理解"桥头堡工程"，如何开展基层共青团工作做了专门培训。

五、总结与启示

（一）沈阳高校辅导员队伍能力建设的经验

加强辅导员队伍建设，是以人为本的教育方针的必然要求，是高等学校全面发展的必然趋势，是培养造就高素质人才的必要保障。自中央 16 号文件下发以来，各个高校把辅导员队伍建设放在大学生思想政治教育的突出位置，精心部署，狠抓落实，在辅导员队伍选聘、管理、培训、发展和理论创新等方面，从制度和实践层面进行了不懈探索，取得显著成效。

第一，广视野高标准的辅导员选聘机制。教育部 24 号令颁布以来，各高校认真贯彻落实规定要求，高度重视辅导员队伍建设，普遍把选好配齐辅导员作为加强和改进大学生思想政治教育的当务之急、重中之重。各个高校先后按照 1：200 的标准解决辅导员编制问题，并对辅导员选聘方式进行改革，以更广的视野

---

① 《2006—2010 年普通高等学校辅导员培训计划》，教育部办公厅，2006 年 7 月 30 日发。

和更高的标准完善辅导员选聘机制。实践证明，这些做法改变了辅导员全部为高校"自产自销"的选聘模式，辅导员队伍专业素质结构得到优化，从根本上保证了辅导员队伍建设质量。

第二，规范化科学化的辅导员考核标准。依照中央 16 号文件精神，各高校积极探索辅导员工作规律，以辅导员管理和队伍建设的科学化、规范化为立足点，制定出台多项制度和条例，以此加强辅导员队伍建设和管理。从制度上确认了辅导员作为教师和管理干部的双重身份，明确了辅导员的工作定位和具体工作职责，从定性和定量两方面规定了辅导员的考核管理标准。辅导员管理考核制度的全面建立和务实推进，使得辅导员工作职责更加具体明晰，辅导员管理更加规范，辅导员队伍情绪饱满精神高涨，工作效能大大提高。

第三，职业化专业化的辅导员培养模式。各高校积极探索辅导员队伍职业化、专业化的实现途径，对辅导员进行岗前培训、业务培训和学位培训，基本形成了全面系统的辅导员培养模式。以沈阳地区为例，据统计，自 2004 年以来，沈阳各高校 40％的辅导员和学生工作干部参加了上级组织的校外培训，100％的辅导员接受了本校组织的各种业务培训。通过形式多样的培训，辅导员的理论修养和业务能力得到了较大的提升，职业化专业化的程度明显提高。

第四，人性化的辅导员激励机制。各高校以建设高水平辅导员队伍为出发点，注重激励机制建设，以政策激励人、以事业感召人、以发展凝聚人，使辅导员队伍日趋稳定，辅导员地位不断提升。许多高校出台文件，在辅导员职务晋升、职称评定、评优奖励、学习深造、培养使用等方面进行了详细的规定，进行政策倾斜，增强了辅导员的职业荣誉感、个人进取心和发展自信心。各高校普遍规定以优秀辅导员作为学校后备力量重点培养，制定了辅导员合理流动的政策措施，较好解决了辅导员"出口"分流问题。各项措施使辅导员队伍生机和活力日益凸显。

第五，深化发展的辅导员队伍理论建设。理论研究是牵动辅导员队伍建设水平提升的重要举措，这已经成为各个高校的广泛共识。各高校搭建平台，积极鼓励辅导员申报研究课题，撰写理论文章，参加学术会议。以沈阳地区为例，近三年来，高校辅导员共有400余篇学术论文在省级以上刊物公开发表或在市级以上会议进行交流。辽宁大学、东北大学、沈阳农业大学等学校每年都出版学生工作干部的理论文集，组织学习交流。

（二）启示

通过调查研究可以看到，各个高校在中央16号文件、教育部24号令颁布出台之后，制定并执行了有关辅导员队伍建设的若干制度和规定，取得了丰硕的成绩和经验，但我们在此基础之上，仍要有更高的追求，以辅导员队伍职业化、专业化为目标，努力打造一支能够作为培养社会主义事业可靠接班人政治保障的辅导员队伍，因此我们必须正视高校辅导员队伍建设存在的不足，以此探求沈阳高校辅导员队伍建设的科学发展道路。

高校辅导员队伍建设方面的不足主要表现在以下方面：第一，部分高校对辅导员队伍建设重视不够，辅导员队伍建设的长效机制还没有真正建立，辅导员的有关待遇还没有全面落实到位，专职辅导员数量还没有完全达标；第二，辅导员队伍专业化、职业化建设的任务还相当繁重；第三，辅导员队伍整体政治理论水平不高，高学历比例偏低，高职称人数偏少；第四，开展网上思想政治工作和心理健康教育的能力和水平还不适应形势的要求。上述问题都需要我们在未来的工作中认真研究，不断加以完善和改进。

为今后进一步提高辅导员队伍整体水平，各高校要以中国特色社会主义理论体系为指导，围绕中央16号文件精神这一主线，立足于沈阳高校实际情况，在巩固以往工作成果的基础上，要把辅导员队伍建设放在加强和改进大学生思想政治教育的全局中来规划实施和推进，其关键在于为辅导员提供一种切实可行的政策支持和条件保障，同时进一步完善辅导员队伍的发展和激励机制，使辅导员能实现"事业有平台、工作有条件、发展有空间"的愿望。

第一，营造良好工作环境，切实提高辅导员队伍建设的重视程度。在国际金融危机的挑战下，党和国家面对着纷繁复杂的国内外形势，高校辅导员工作也面临着巨大的挑战，全国上下也进入了一个和谐发展的新时期。各个高校自身已经进入到强化内涵建设、注重科学发展的新阶段。高校面临着巨大的竞争压力、发展压力。在这一新的发展阶段，辅导员队伍责任重大、任务艰巨。为此，各高校要对辅导员队伍建设工作给予高度重视，将辅导员队伍建设作为一项重要的战略任务，不断增强建设的责任感和使命感。各高校要建立健全党委统一领导、党政群齐抓共管、有关部门各负其责，全校大力支持的领导体制和工作机制。在干部使用、人才培养、经费支持等方面高度重视、大力支持辅导员队伍建设。

第二，积极推进制度建设，全力构建辅导员队伍建设的长效机制。中央 16 号文件、教育部 24 号令，明确了高效辅导员队伍建设的基本任务，也提供了队伍建设的制度规范和政策保障。各高校要以此为契机，针对辅导员队伍的实际情况，紧紧围绕高校辅导员队伍建设的基本任务，抓住岗位职责、领导和管理体制、激励保障机制、人才培养模式等几个主要环节，强化落实措施，全面理顺辅导员队伍建设的体制和机制。

第三，坚持专业化职业化，培养造就专家型辅导员骨干人才。大学生思想政治教育能否加强和改进，我们能不能建设好一支高水平的辅导员队伍是一个关键因素。胡锦涛强调："特别是要采取有力措施，按照政治强、业务精、纪律严、作风正的要求，着力建设一支高水平的辅导员和班主任队伍，使他们在学生思想政治教育中发挥更大作用。"① 着力建设一支高水平的辅导

---

① 《胡锦涛在全国加强和改进大学生思想政治教育工作会议上的讲话》，2006年 10 月 29 日。

员和班主任队伍，就是要从提升辅导员队伍的专业化、职业化建设方面入手。各高校要针对本校实际情况，从结构、数量、素质、能力和培训渠道等方面明确目标、落实责任，充分发挥高校辅导员培训和研修基地、思想政治教育学科点等载体优势，切实抓好辅导员队伍建设。

第四章　辅导员思想政治素质培养

"素质是人们在先天遗传条件下，经过环境熏陶、教育培养和自身活动的历练，日积月累起来的基本稳定的内在品质，是智力因素与非智力因素的统一。"① 辅导员应具备的素质是融思想政治素质、职业道德素质、专业素质和心理素质的综合素质体系。其中，思想政治素质决定了辅导员整体综合素质的方向，而且直接影响辅导员自身的职业道德素质、专业和心理素质的形成、发展和发挥的程度。同时，作为大学生日常思想政治教育和管理的工作者、组织者、指导者以及大学生身边的良师益友，辅导员的思想政治素质直接决定了他们所从事的针对大学生的日常思想政治教育和管理的质量和水平，进而影响大学生的人格成长和全面发展。因此，加强辅导员思想政治素质培养，提高辅导员队伍的整体能力意义重大而深远。正如毛泽东指出："政治路线确定之后，干部就是决定的因素。"② 2004 年，中共中央、国务院公布了《关于进一步加强和改进大学生思想政治教育的意见》（中发〔2004〕16 号）（以下简称《16 号文件》），为进一步加强高校辅导员思想政治素质的培养提供了明确的政策导向。《16 号文件》指出，辅导员是大学生思想政治教育工作队伍的主体之一，是开展大学生思想政治教育的骨干力量，要采取有力措施，着力建设一支高水平的辅导员队伍。

---

① 谢安邦、朱宇波：《教师素质的范畴和结构探析》，《教师教育研究》2007 年第 2 期。

② 《毛泽东选集》第 2 卷，人民出版社 1991 年版，第 526 页。

思想政治素质，具体可以细化为两类：思想素质和政治素质。其中，思想素质是指人的思维能力、思想觉悟和理想信念等。政治素质主要指政治方向、政治立场、政治纪律、政治鉴别力、政治敏锐性等。当然，这两方面是相互影响、相辅相成、密不可分的。

一、辅导员应具备的思想素质

（一）辩证思维能力

何谓辩证思维能力？简言之，即指人们有意识地运用辩证法进行思维的能力。马克思主义哲学实现了唯物论与辩证法的统一。唯物辩证法认为，世界的本原是物质的，物质的世界是普遍联系和永恒发展的。这就为人们认识世界和改造世界提供了根本的世界观，为人们宏观把握自然、社会和思维三大领域的矛盾运动规律和微观分析实际工作中错综复杂的矛盾问题提供了具有普遍意义的方法论指导。因此，我们应照唯物辩证法办事，用联系和发展的观点看问题，顺应规律，乘势而为，运筹帷幄，以至高瞻远瞩。只有具备辩证思维能力，才能从整体上、本质上深刻地认识事物。对于高校辅导员来说，具备辩证思维能力，以应对成长中的大学生遇到的各种实际问题和突发事件，意义尤为重大。要想提高辩证思维能力，关键是要精通唯物辩证法的精髓之所在。

首先，唯物辩证法是客观辩证法和主观辩证法的统一。

所谓客观辩证法，也称"事物的辩证法"、"存在的辩证法"，是指客观世界（自然界和人类社会）的发展规律；所谓主观辩证法，也称"思维的辩证法"、"头脑的辩证法"，即辩证的思维，是指人类思维和认识运动的发展规律。二者的表现形式各不相同。客观辩证法表现为外部的必然性，即脱离人的意识、逻辑而存在，不以人的意志为转移；主观辩证法则表现为观念的、逻辑的形式，即以概念为基础的思维的自觉活动。

唯物辩证法认为，二者之间在本质上是统一的，体现了唯物主义、辩证法、认识论的统一。正如恩格斯所说："所谓的客观辩证法是在整个自然界中其支配作用的，而所谓的主观辩证法，即辩证的思维，不过是在自然界中到处发生作用的、对立中的运动的反映。"① 这里所说的"自然界中到处发生作用的、对立中的运动"，即是客观辩证法。由此可见，客观辩证法决定主观辩证法，主观辩证法是客观辩证法的反映，辩证思维就是客观辩证法在人们头脑中的表现形式。因此，要提高辩证的思维能力，就要实现主客观辩证法的有机统一。

其次，唯物辩证法是科学的认识方法和工作方法的统一。

唯物辩证法是一种科学的方法论体系，其中既内涵了科学的认识方法，又内涵了丰富的工作方法。将唯物辩证法的一系列规律和范畴运用于思维和工作中就会转化为认识方法和工作方法。

唯物辩证法的一系列原理之中都渗透和体现着科学的认识方法和工作方法。例如，世界普遍联系和永恒发展的原理，告诉我们看待万事万物都应采取联系的观点和发展的观点，树立整体性、开放性观念，善于分析事物的具体的、动态的联系，用发展的观念和思路把握人与人、人与自然、人与社会这张扑朔迷离又经纬分明的大网。又如，质量互变规律的原理，告诉我们事物的发展是在一定质的基础上的量的积累，超过一定度的界限的量变才能转化为质变。因此，在人际关系中，要把握适度原则，掌握好分寸；在日常生活和工作中，要脚踏实地又善于把握时机，适时飞跃。再如，事物的发展是前进性和曲折性的统一原理，告诉我们任何事物的发展都不是一帆风顺的，遭遇苦难和挫折是人生中的常态，充分估计未来的风险和困难，坚定信心，迎难而上，方显英雄本色。人生如此，社会进步亦如此，建设有中国特色的社会主义事业更是如此。对此，我们既应坚持共产主义必胜的信

———————————

① 《马克思恩格斯选集》第 4 卷，人民出版社 1995 年版，第 317 页。

念，又应努力探索适合本国国情的社会主义发展道路，在实践探索中走向辉煌。

在唯物辩证法的方法论体系中，居于核心地位的是矛盾分析法。这是由对立统一规律在唯物辩证法中的地位决定的。作为唯物辩证法的实质和核心，对立统一规律提供了人们认识世界和改造世界的根本方法——矛盾分析法。矛盾分析法由来已久且内容丰富。中国古代的"执两用中"、"尚和去同"、"举一反三"等都是矛盾分析法的经典表述。矛盾分析法具体包括：分析矛盾特殊性的方法，"两点论"与"重点论"相结合的方法，批判与继承相统一的方法等。在唯物辩证法的基本范畴中，蕴含着彻底的矛盾分析法。原因与结果、现象与本质、内容与形式、必然性与偶然性、可能性与现实性、整体与部分皆体现对立统一，彰显矛盾。

最后，唯物辩证法是辩证思维方法和现代科学思维方法的统一。

唯物辩证法要求人们在进行理性思维的时候，要正确运用辩证的思维方法。辩证的思维方法包括：归纳与演绎、分析与综合、抽象与具体、逻辑与历史相统一等。

归纳与演绎是人类思维最常用的推理方法。作为思维方法，归纳指从个别的或特殊的事实中概括出一般的原理、原则；演绎指运用一般的原理、原则去认识或说明个别的或特殊的事物。恩格斯说："归纳和演绎，正如分析和综合一样，是必须相互联系着的。不应当牺牲一个而把另一个捧到天上去，应当把每一个都用到该用的地方，而要做到这一点，就只有注意它们的相互联系、他们的相互补充。"① 在思维过程中，二者往往相互包含，互为前提，互相补充，共同起作用。

分析与综合，相对于归纳与演绎而言，是一种更为深刻的思维方法。分析是指在思维中将客观事物分解成各个部分、阶段、

① 《马克思恩格斯选集》第3卷，人民出版社1995年版，第548页。

属性，区别本质的与非本质的、偶然的与必然的各种因素以获得对事物某些侧面或某些联系的正确认识。综合是指把客观事物的各个部分、阶段、属性在思维中结合起来，探求各种简单的规定之间的复杂联系，把事物作为多样性统一的整体再现出来，深入事物本质，把握事物发展规律，分析与综合既相互对立又相互联系，二者在一定条件下相互转化，在思维过程中，二者往往相互交织。分析中有综合，综合中有分析。其实质是建立在调查研究基础上的矛盾分析方法，是客观事物的辩证联系和过程在思维中再现。

抽象与具体是辩证思维的高级形式，具体指具有多种属性的事物的整体，分为感性的具体和思维的具体。感性的具体，即对事物表面能直接感知的所有属性的完整的表象；思维的具体，即在思维中对事物各种内在属性，特别是本质属性的统一的综合的把握。抽象指在思维中抽取事物的某种属性而撇开其他属性的方法。具体和抽象在思维过程中既相互对立又相互统一，感性具体是必要的，但有待于上升为思维具体，以至进一步上升为抽象，抽象最终要回归多样性的具体。对辩证思维而言，重要的是从抽象上升到具体，即以抽象为逻辑起点，通过各种形式的逻辑中介达到以思维具体为逻辑终点的运行过程。

逻辑与历史相统一是从抽象上升到具体的内在要求，辩证思维中的"历史"和"逻辑"范畴有三层含义。其一，"历史"指事物本身的发展过程，"逻辑"指这种过程在人们思维中的反映。在此意义上，恩格斯说："历史从哪里开始，思想进程也应当从哪里开始，而思想进程的进一步发展不过是历史过程在抽象的、理论上前后一贯的形式上的反映；这种反映是经过修正的，然而是按照现实的历史过程本身的规律修正的。"[①] 其二，"历史"指人类认识客观现实的历史发展过程，"逻辑"指辩证论者头脑中思维运动的逻辑。在此意义上，逻辑与历史相统一就是指辩证论

---

① 《马克思恩格斯选集》第 2 卷，人民出版社 1995 年版，第 122 页。

者思维运动的逻辑应与人类思维发展的历史相一致。其三，"历史"指历史的方法，即按照客观事物历史发展的过程来研究其发展规律的方法，"逻辑"指逻辑的方法，即以理论的形式来分析客观事物的各种矛盾，以揭示其本质和规律的方法。在此意义上二者是辩证思维不可分割的两个环节，历史的东西总包含偶然因素、次要因素及迂回曲折的细节，具体而生动，逻辑的东西则是修正过的历史的东西，是对历史事实加工改造从而把握历史发展的内在规律。

随着现代科学的发展，产生了现代科学思维方法，包括：控制方法、信息方法、系统方法、结构——功能方法、模型化方法、理想化方法等。辩证思维方法与现代科学思维方法既相互联系，又相互补充。辩证思维方法为现代科学思维方法提供了方法论前提，现代科学思维方法又进一步丰富了辩证思维方法。辩证思维方法侧重于揭示人与世界的整体关系，现代思维方法在确认世界普遍联系和永恒发展的前提下，深入研究世界的某些具体部位和层次，这就为辩证法向纵深发展提供了丰富的营养。

实践表明，人们通过辩证思维才能够正确认识客观现实，选择正确的生活道路。因为客观现实充满着矛盾，各种矛盾又处于复杂的普遍联系之中，并不断运动、发展、变化着。只有辩证地思考对象，才能认识其本质和发展规律，把握客观真理，从而正确指导自己的行动。只有以辩证思维去认识人生与社会的辩证关系，指导自己的行动，才能确定正确的生活道路，才不致在茫茫的生活大海中迷失方向。

但是，一个人的辩证思维方式，不是生来就有的，也不是一帆风顺树立起来的，而是在实践中，通过努力学习，通过与形而上学思维方式不断斗争而逐步形成的。

应该引起我们充分重视的是，培养和提高青少年学生的辩证思维能力，引导他们与非辩证的思维方式或形而上学的思维方式作斗争，有着特殊的重要性。这不仅是因为缺乏或不善于辩证思维，他们将难以成长为合格的革命者和建设者，难于正确对待生活道路上和社会发展中出现的种种问题；而且因为青少年时期是形成正确思维方式十分重要的时期。机不可失，时不再来。因此，如何充分发挥各科教学在培养学生辩证思维能力方面的作用，是一个应认真研究的问题。

（二）历史唯物主义修养

马克思说："人的本质不是单个人所固有的抽象物，在其现实性上，它是一切社会关系的总和。"① 生活在纷繁复杂的社会关系中的人们，面对社会生活中的诸多矛盾和问题，难免产生困惑和迷茫，需要把握社会生活的规律。同自然界的运动发展一样，人的活动和人类社会的发展也有其自身的规律性。马克思亲自参加无产阶级革命实践，把辩证唯物主义运用到社会历史领域，从社会存在与社会意识的辩证关系出发，深刻揭示了人类社会发展的基本规律，铸就了他一生中的两个伟大发现之———历史唯物主义。历史唯物主义也称"唯物主义历史观"、"唯物史观"，是关于人类社会发展的普遍规律的科学，是人们正确认识人类社会历史及其发展趋势的科学的指导原则。提高高校辅导员的历史唯物主义修养，提高辅导员运用历史唯物主义正确认识历史和现实、正确认识社会发展规律的自觉性和能力。

首先，熟练掌握历史唯物主义的基本原理，注重加强历史知识的学习，是形成历史唯物主义修养的前置要素。

历史唯物主义的内容博大精深。马克思 1859 年在《＜政治经济学批判＞序言》中对唯物史观的基本思想作了经典阐述："人们在自己生活的社会生产中发生一定的、必然的、不以他们的意志为转移的关系，即同他们的物质生产力的一定发展阶段相适合的生产关系。这些生产关系的总和构成社会的经济结构，即有法律的和政治的上层建筑竖立其上并有一定的社会意识形式与之相适应的现实基础。物质生活的生产方式制约着整个社会生

---

① 《马克思恩格斯选集》第 1 卷，人民出版社 1995 年版，第 60 页。

活、政治生活和精神生活的过程。不是人们的意识决定人们的存在，相反，是人们的社会存在决定人们的意识。社会的物质生产力发展到一定阶段，便同它们一直在其中运动的现存生产关系或财产关系（这只是生产关系的法律用语）发生矛盾。于是这些关系便由生产力的发展形式变成生产力的桎梏。那时社会革命的时代就到来了。随着经济基础的变更，全部庞大的上层建筑也或慢或快地发生变革。"① 这段话明确回答了社会历史观的基本问题即社会存在和社会意识的关系问题，强调社会存在决定社会意识；深刻阐释了人类社会发展的基本规律即生产力和生产关系、经济基础和上层建筑矛盾运动的规律，强调生产力决定生产关系，生产关系对生产力具有反作用，经济基础决定上层建筑，上层建筑对经济基础具有反作用；有力提供了考察人类社会历史及其发展规律的基本理论依据。同时，唯物史观认为，人类社会发展背后存在一个巨大的动力系统，社会基本矛盾、阶级斗争、革命、改革和科学技术在不同层次和程度上共同推动社会从低级向高级发展，历史的主体是人民群众，人民群众是历史的创造者，等等。熟练掌握上述这些唯物史观的基本原理，深刻领会其精髓，是培养和提升历史唯物主义修养的必要前提。

其次，注重加强历史知识的学习，是形成历史唯物主义修养的知识基础。

抽象的历史唯物主义原理寓于鲜活灵动的历史运行轨迹之中。如果说掌握历史唯物主义的基本原理是对历史的宏观把握，那么，回到历史原形，掌握基本历史知识就是对历史的微观扫描。这种微观扫描是宏观把握的有力支撑。关于学习历史知识的重要性，江泽民同志曾经指出："一名领导干部不善于从历史中吸取营养，不可能成为高明的领导者；一个政党不善于从历史中认识和把握社会发展规律，不可能成为顺应历史潮流的政党；一个民族不善于从历史中继承和发扬本民族与世界其他民族创造的

---

① 《马克思恩格斯选集》第 2 卷，人民出版社 1995 年版，第 32——33 页。

优秀文明成果，就不可能屹立于世界民族之林。"① 肩负着培养祖国未来栋梁之才重任的辅导员，学习历史知识，具备一定的历史知识储备，提升历史唯物主义修养，可以更好地引导学生树立正确的世界观、人生观、历史观，引导学生从历史的视域宏观把握现实问题。

一方面，辅导员学习历史知识，首要的是正确把握社会发展规律。

清代龚自珍说："欲知大道，必先为史"。即要真正掌握社会发展的"大道"，就必须先研究蕴含社会发展"大道"的历史。毛泽东同志曾多次要求全党同志学习历史，提出："指导一个伟大革命运动的政党，如果没有革命理论，没有历史知识，没有对实际运动的深刻了解，要取得胜利是不可能的。"他本人就是勤于学史、善于用史的楷模，这一点充分体现在他成功的战略决策、著作理论以及日常生活的讲演之中。比如，他在认真研究历次中国古代农民起义、国外资产阶级民主主义革命和俄国十月革命的基础上，根据中国的社会实际，提出了农村包围城市武装夺取政权的中国革命之路。特别是三大战役胜利之后，国内外不少人提出划江而治的方案时，毛泽东断然予以拒绝，告诫全党"不可沽名学霸王"，毅然做出了"将革命进行到底"、"解放全中国"的重大决策，从而避免了中国革命半途而废的历史悲剧。可见，学习历史，对于我们科学判断形势，提高战略思维能力和驾驭全局的能力是大有裨益的。辅导员在学习历史知识时，可抓住一些重大历史事件中的一些具有里程碑作用的决策，在深入分析当时历史背景的基础上，进行细细品味和对照比较，这样才能切实提高自己透过现象看本质的政治敏锐力和洞察力，以及审时度时的决断力。

另一方面，辅导员学习历史知识，应着眼于客观借鉴历史经

① 《江泽民在省部级主要领导干部金融研究班上的讲话》，《人民日报》1999 年 1 月 12 日。

验教训指导现实。

自古以来，中国人便注重以史为鉴，指导现实。中国共产党历代领导人更是高度重视历史，注重借鉴历史经验及教训。在七届二中全会上，毛泽东提出"进京赶考"论。他指出：夺取全国胜利仅仅只是"万里长征走完了第一步"，执政就是"进京赶考"，一定要考好，不能学李自成。在十一届三中全会上，邓小平提出：应该结束"以阶级斗争为纲"，把工作重点转移到经济建设上来，以及"解放思想、实事求是，团结一致向前看"的方针，都是基于对历史经验教训的科学总结。在建党 80 周年之际，江泽民通过对各国政党兴衰成败的历史研究，通过对马克思主义经典著作以及中外历史的研究，科学而客观地总结了我党八十年的历史经验，并站在时代发展的高度，与时俱进地提出"三个代表"的重要思想，从而在马克思主义与中国实际相结合的历史上又写下了继承与创新的光辉一页，也由此迎来了全面建设小康社会的大好形势。中国共产党第十七次全国代表大会将科学发展观写入党章，并成为中国共产党的指导思想，这标志着中国共产党对于社会主义建设规律、人类社会发展规律、共产党执政规律的总结和认识达到了新的高度，标志着马克思主义和新的中国国情相结合达到了新的高度和阶段。由此可见，党的工作可以从历史经验中借鉴丰富的营养，辅导员工作同样如此。经历是一种财富。辅导员老师尽管自身社会阅历各不相同，但都可运用借鉴式学习方法，通过"去伪存真"，不断丰富和弥补自身阅历的不足，从而在"前车之鉴，后车之师"的影响下努力提高工作的前瞻性、科学性和合理性。

最后，自觉运用历史的和阶级的分析方法，科学评价历史人物和事件，是提升历史唯物主义修养的关键。

所谓"历史的分析方法"，是指着眼于特定的历史背景，从当时的客观历史条件出发，具体、全面的评价历史人物和事件的是非功过。同一个历史人物或在不同的历史时期所起的作用可能是不同的，有时甚至截然相反。所谓"阶级的分析方法"，是指将历史人物和事件置于一定的阶级关系中,从其阶级属性出发加以考察和评价。同一个历史人物或事件,对不同的阶级而言所起的作用是各不相同的,极有可能是针锋相对的。在阶级社会,历史的分析方法与阶级的分析方法具有内在的一致性,前者内在的包含了后者。纵观历史,任何历史人物和事件都是一定时代的产物,必然带有特定时代的历史特征和局限性,在阶级社会中表现为阶级的局限性。正视这种局限性,致力于实现以劳动人民为主体的最广大人民的根本利益,实事求是地评价历史人物和事件,是一个人的历史唯物主义修养高低的集中体现。

大学生是祖国的未来,肩负着实现中华民族伟大复兴的历史使命。同时,大学生也是一个思想活跃、不断成长中的群体,面对纷繁复杂的历史与现实,容易被历史长河中的漩涡和逆流所迷惑。辅导员如果能够密切关注大学生的思想动向,基于自身较高的历史唯物主义修养适时做出正确的引导,使大学生自觉认识社会历史发展的规律,用历史唯物主义武装头脑,并作为行动的指南,必将有助于大学生的健康成长。

(三) 科学的理想信念

科学的理想信念是照亮通往未来成功彼岸的灯塔。在当今时代,辅导员应具备的科学的理想信念就是坚定的共产主义理想和中国特色社会主义的信念。科学的理想,是将个人理想与国家的命运、民族的未来相结合,实现个人利益与国家、社会利益相结合。科学的理想应与建设中国特色社会主义伟大事业和实现共产主义相联系。无论从事什么具体、平凡的工作,只要胸怀祖国、勇于担当社会责任,个人的理想就应当得到尊重。当然,理想的实现并不是一帆风顺的,需要坚定的信念来支撑,只有在对社会发展规律的客观把握基础上,对科学理想坚信不疑,才能将理想付诸于实践。作为大学生的人生导师的辅导员更应树立科学的理想信念,不应仅以实现个人的荣华富贵为人生的理想,而应将个人理想与国家、民族和时代的需要相统一,将个人的命运与国家和人民的命运相联系，并将崇高的理想付诸于一点一滴的奋斗，通过言传身教，影响身边的年轻大学生。

理想信念既是一个思想认识问题，更是一个实践问题。人们在理想确立之后、实现理想的过程当中，经常遇到来自现实的诸多矛盾。实现理想的过程就是不断发现和逐步解决现实矛盾的过程。因此，正确认识和处理理想和现实之间的关系是实现理想的思想基础。

科学而崇高的理想信念，历来是推动党和人民事业前进的强大精神力量。中国共产党党章明确规定：党的最高理想和最终目标是实现共产主义。中国共产党自诞生之日起，就把实现共产主义作为自己的最终奋斗目标。建党 90 年来，我们党之所以能够从小到大、由弱到强，领导人民取得革命、建设和改革的一个又一个伟大胜利，一个很重要的原因就是广大党员具有坚定的理想信念，从而产生了强大的凝聚力和战斗力。在激情燃烧的革命岁月里，共产党员抛头颅，洒热血，用鲜血和生命践行了为共产主义而奋斗的誓言，迎来了新中国诞生的胜利果实。历史经验告诉我们，共产主义理想和社会主义信念，是共产党人崇高的追求和强大的精神支柱，也是共产党的政治优势。不管世界如何变化，理想信念决不能丢。

当前，中国社会深化改革、扩大开放、发展社会主义市场经济正处于关键时期，在这种大背景下，坚持科学的理想信念就显得尤为重要。西方敌对势力对社会主义中国实施"西化"、"分化"和"和平演变"的战略图谋的一个重要途径和手段，就是通过意识形态多元化来削弱共产党人的理想信念。社会上拜金主义、享乐主义、利己主义等腐朽的思想、文化、生活方式对党员也产生了形形色色的诱惑、渗透和冲击。面对这些既十分严峻又十分现实的考验，辅导员必须不断增强拒腐防变的鉴别力、免疫力和抵抗力，毫不动摇地坚守理想信念的防线，在社会主义市场经济的大海中既学会游泳又不被淹没。要耐得住平凡，管得住小节，顶得住歪理，经得住嘲讽，坚决抵制那种把商品交换和市场交易活动引入党内生活的消极腐败现象。只有这样，才能始终坚持正确的理想信念。

辅导员队伍中的绝大多数都是共产党员，具有良好的党性修养。在当下的中国，绝大多数党员具有坚定的理想信念，在改革开放和社会主义现代化建设中保持了先进性，发挥了先锋模范作用，这是我们的事业能够不断前进的根本保证。但不容忽视的是，在新世纪新阶段，随着国内外环境的变化，面对各种诱惑和挑战，也有极少数党员在理想信念方面出现了问题。有的对马克思主义产生了疑惑，对社会主义经过长期发展最终必然战胜资本主义的信心产生了动摇；有的思想空虚，甚至到封建迷信中寻找精神寄托。理想信念是思想和行动的"总开关"、"总闸门"。理想的滑坡是最致命的滑坡，信念的动摇是最危险的动摇。

二、辅导员应具备的政治素质

西方先哲亚里士多德有一句经典名言：人是天生的政治动物。马克思说：人是最名副其实的政治动物，不仅是一种合群的动物，而且是只有在社会中才能独立的动物。孤立的一个人在社会之外进行生产……是不可思议的。① 我们党历来重视培养和提高广大党员干部的政治素质。世纪之交，中国共产党开展了为期两年的"三讲"（讲学习、讲政治、讲正气）教育活动，着重解决了党性党风方面存在的突出问题，对提高全党干部的政治素质，加强党性修养，端正思想作风，增强在改造客观世界的同时改造主观世界的自觉性具有重大意义。当前，我国高校辅导员队伍中基本上都是中共党员。面对当前风云变幻的国际局势和西方敌对势力从未片刻停息的"西化"、"分化"势头，提升辅导员队伍的政治素质，就好比在广大青年学生身边筑起了一座坚强堡垒。辅导员的政治素质归根到底就体现在辅导员在工作中要时刻

---

① 《马克思恩格斯选集》第2卷，人民出版社1995年版，第2页。

"讲政治"。江泽民同志说：讲政治，包括政治方向、政治立场、政治纪律、政治鉴别力、政治敏锐性。

（一）切实提升辅导员的政治素质

第一，在政治方向上，辅导员要始终坚持建设有中国特色的社会主义方向。江泽民同志曾说："如果政治方向模糊不清，就难当重任，难受重托。"邓小平同志也曾强调：在改革中坚持社会主义方向，这是一个很重要的问题。"所有从事大学生思想政治教育的人员，都要有坚持正确的政治方向，加强思想道德修养，增强社会责任感，成为大学生健康成长的指导者和引路人。"① 在事关政治方向问题上不能与党中央保持一致的，不得从事大学生思想政治教育工作。

第二，在政治立场上，辅导员要坚定不移的站在无产阶级和人民群众的立场、党性的立场上，坚定不移的维护党的利益，国家的利益和人民的利益。政治立场是人们观察事物、处理问题的政治立足点和着眼点。辅导员在大是大非、大风大浪面前要首先经受住考验、站稳脚跟，才能旗帜鲜明、理直气壮的引导学生支持一切正确的东西。对于危害国家利益、人民利益的思想和行为，要善于甄别，坚决纠正和制止，决不能麻木不仁，不注意社会思想政治动态。所以，辅导员一定要立足平时，着眼于关键时刻，在贯彻党的路线、方针、政策和上级指示过程中要立场坚定、旗帜鲜明，创造性的开展工作。

第三，在政治纪律上，辅导员要严格贯彻执行民主集中制，发扬求真务实、言行一致的优良作风，坚决防止腐败。政治纪律是各级机关等为维护政治利益，保证工作正常进行而制定的要求每个成员都必须遵守的规章、制度。对于辅导员来说，不但要遵守国家的法规法纪、党的规章制度，更要把它内化为严格的政治纪律观念，成为严守政治纪律的楷模，使党和国家的意志在辅导

---

① 《关于进一步加强和改进大学生思想政治教育的意见》（中发〔2004〕16 号）

员本职岗位上不折不扣的贯彻执行。实际上就是坚持民主集中制、坚持个人服从组织、少数服从多数、下级服从上级、全党服从中央。为此，辅导员要光明磊落，讲真话办实事，言行一致，表里如一，反对当面一套，背后一套，当面不说，背后乱说，搞无原则的纠纷，破坏和影响党的民主集中制原则的贯彻执行。

第四，在政治鉴别力上，辅导员要具备运用政治眼光辨别真伪的能力。一个人的政治鉴别力，是政治能力的突出表现，是政治素质强的前提。辅导员要具有高超的政治鉴别力，要在错综复杂的国际国内环境中，善于判别是非；要透过现象，认清本质，分析矛盾，把握大局；要善于从政治上认识问题，处理问题特别是面对纷繁复杂的各种社会思潮，辅导员首先应划清马克思主义、反马克思主义、非马克思主义思潮之间的界限，在政治上保持清醒的头脑。

第五，在政治敏锐性上，辅导员要通过不断地政治上的锤炼，对外界事物反应灵敏，眼光锐利，对来自社会各方面的各种问题以及内部的矛盾，从政治上善于防微杜渐，深谋远虑，对新生事物能及时发现，从党、国家和国家的大政方针根本利益出发，对不良倾向迅速做出反应，牢牢把握政治领导的主动权。

（二）辅导员提升政治素质的关键

首先，认真学习政治理论知识，加强政治理论修养。首要的是加强马克思主义基本理论的学习。这里的"马克思主义"是指广义的马克思主义，既包括马克思、恩格斯、列宁等马克思主义经典作家创立的理论，也包括马克思主义基本原理与各国具体实际和实践相结合并经实践检验的马克思主义。在当下中国，尤其要领会中国特色社会主义理论体系。同时，加强学习思想政治教育学的基本理论和工作业务方面的知识。具体包括党的思想政治教育的传统经验，思想政治教育学原理、方法论，思想政治教育发展历史的专门知识等。

其次，注重社会实践和经验积累，在重大的政治事件面前经受检验，锤炼政治素养。辅导员工作中，会直接广泛地接触学生，会遇到大量的突发事件，特别是一些敏感的政治事件。这些事件的妥善、及时处理，需要较高的应对技巧，要求辅导员能够审时度势、灵活反应、当机立断。这些技巧不是与生俱来的，需要辅导员通过在复杂环境中的实践锻炼逐步加以培养和提高。因此，辅导员在日常生活中应处处做有心人，不断积累生活经验，勇于面对各种复杂困难局面，做到胸有成竹。当情况突发新的变化时，能够从现实状况出发，及时调整原有的决策、方案和意见，因势利导，把工作向前推进。

第五章　辅导员职业道德素质培养

　　高校辅导员是大学生思想政治教育工作队伍中的骨干力量，是在大学生中宣传和执行党的路线方针政策的主力军，是始终战斗在高等学校教育工作第一线的先锋战士。随着我国教育教学改革的深入，辅导员队伍的工作越来越引起人们的重视与关注，对高校辅导员的职业道德素质培养的探索也日益加深。人们越来越认识到，在构建和谐高校，推进社会主义和谐社会建设过程中，具备良好的职业道德素质对搞好辅导员的工作非常重要。广大高校辅导员在工作中要提高职业道德素质，增强职业自信心和自豪感、成就感，使职业道德成为监督和鞭策辅导员工作态度及行为的内在动力，忠诚党的教育事业，为人师表，爱岗敬业，在教育教学中自觉贯彻党的基本路线，既要勇于探索，又要严谨求实，用先进的思想、高尚的道德情操和精湛的科学文化知识培养教育学生，为社会主义建设事业培养全面发展的合格人才。

一、加强辅导员职业道德素质培养的重要意义

　　职业道德是从业人员在职业活动中应该遵循的行为准则，涵盖了从业人员与服务对象、职业与职工、职业与职业之间的关系。职业道德是社会道德原则和道德要求在职业领域的具体化，在职业活动进行的过程中发挥着重要作用。

　　辅导员的职业道德素质是指在进行大学生的思想政治教育过程中，辅导员所具备的遵守道德规范的素质。这种素质是社会对辅导员工作的特殊要求，也是辅导员对待工作规范所表现出的观

念意识和行为品质。辅导员是高等学校教师队伍的重要组成部分，是高等学校从事德育工作，开展大学生思想政治教育的骨干力量，是大学生健康成长的指导者和引路人。由于辅导员工作的特殊性，其身上所体现出来的职业道德水平不仅是自身的道德修养水平的体现，还会直接影响到所管理和服务的大学生群体的道德修养水平，进而影响到整个社会的精神文明建设。

因此，强调辅导员的职业道德水平，加强职业道德素质培养，无论对于高校学生工作的开展，还是，对于整个社会精神文明水平的提高，都有着重要的意义。

（一）加强辅导员职业道德素质培养是辅导员职业性质和特点的内在要求

辅导员是大学生日常思想政治教育和管理工作的组织者、实施者和指导者，是大学生健康成长的指导者和引路人。在高校思想政治教育工作中，辅导员以其特有的职业性质和特点成为高校思想政治教育工作的主体，加强辅导员职业道德素质培养，这是决定高校思想政治教育工作成败的核心力量。

辅导员最重要的职业性质和特点就是育人，是大学生素质的主要塑造者。辅导员自身素质、工作水平、工作效果的好坏，甚至辅导员的人格魅力、道德品质和学识修养都将直接影响到学校办学质量、社会声誉和人才培养目标的实现，影响大学生的成长。对大学生进行正确的世界观、人生观、价值观的指导，要求辅导员必须具备较高的职业道德素养，这是由社会主义高校的育人目标和辅导员的工作性质决定的。2007 年 10 月，胡锦涛在党的十七大上提出："要全面贯彻党的教育方针，坚持育人为本、德育为先……培养德智体美全面发展的社会主义建设者和接班人。"[1] 2010 年《国家中长期教育改革和发展规划纲要》中明确

---

① 胡锦涛：《高举中国特色社会主义伟大旗帜，为夺取全面建设小康社会新胜利而奋斗》，《人民日报》2007 年 10 月 25 日。

规定，我国的教育工作方针是"优先发展、育人为本、改革创新、促进公平、提高质量"。可见，教育的根本目的是培养德智体美全面发展的社会主义建设者和接班人，育人为本、促进学生健康成长是学习一切工作的出发点和落脚点。坚持以人为本、全面实施素质教育是教育改革和发展的战略主题，是贯彻党的教育方针的时代要求，核心是解决好培养什么人、怎样培养人的重大问题。因此，辅导员工作坚持以人为本，在教育工作中的最集中体现就是育人为本、德育为先。德是做人的根本，只有提高辅导员职业道德素质，体现优良的道德品质，遵循职业道德准则，在长期的实践工作中培养职业素质，培养祖国未来的接班人才有保障。

（二）加强辅导员职业道德素质培养是增强思想政治教育工作感染力的需要

中国共产党历来重视思想政治教育工作，始终把德育放在我国教育方针的首位。早在新中国成立初期，毛泽东就曾指出："我们的教育方针，应该使受教育者在德育、智育、体育几方面都得到发展，成为有社会主义觉悟的有文化的劳动者"。改革开放以来，随着国情、世情和党情的变化，加强辅导员职业道德素质培养，改善工作理念、更新工作方法、推动了大学生思想政治工作的有效开展，也增强了思想政治工作感染力，为高校思想政治工作做出了突出贡献。1999年6月，江泽民在全国教育工作会议上的讲话中指出："思想政治教育，在各级各类学校都要摆在重要地位，任何时候都不能放松和削弱。要说素质，思想政治素质是最重要的素质。不断增强学生和群众的爱国主义、集体主义、社会主义思想，是素质教育的灵魂。"[①] 辅导员是高校学生思想政治教育的一支主要力量，起着不可替代的作用。

在大学生成长的过程中，辅导员肩负着领路人的重要职责。

[①] 《江泽民文选》第2卷，人民出版社2006年版，第332页。

大学时期在人的一生成长中是最为重要的时期，是人的世界观、人生观和价值观的形成时期。一个优秀的辅导员就是学生的一面旗帜，可以在潜移默化中引导学生树立正确的人生信念，培养良好的道德规范，塑造高尚的灵魂，形成正确的人生态度。温家宝总理在全国教育工作会议上对教育者给予了高度的评价，也提出了更高的要求。他指出："教育是心灵与心灵的沟通，灵魂与灵魂的交融，人格与人格的对话。教师应该成为传道、授业、解惑者，成为具有教育智慧的学者，成为人格修养的楷模。如果说教师是太阳下最光辉的职业，其光辉之处就在于教师可以照亮一代又一代新人，从而提高全民族的素质和推动社会的发展进步。教师不仅要注重教书，更要注重育人；不仅要注重言传，更要注重身教。必须更加重视教师职业理想和职业道德教育，增强广大教师教书育人的责任感和使命感。"① 作为新时代的辅导员更要以自身的人格魅力、知识魅力和学识魅力感染学生、教育学生，成为学生的领路人和人生导师。在这个过程中，辅导员职业道德素质为增强高校思想政治教育工作的感染力发挥了积极有效的作用。

（三）加强辅导员职业道德素质培养是辅导员完善自我和成才发展的需要

职业道德是公民道德的构成部分，加强我国公民道德建设，特别是加强具有行业特点的职业道德建设，是构建和谐社会的重要基石。因此，辅导员职业道德素质的培养，既要注重理论学习及业务能力培训，还要继续完善辅导员职业发展体系，使辅导员工作有指导、学习有机会、发展有空间，进一步增强他们对学生工作的认同感与归属感，使辅导员在学校的发展及人才培养过程中发挥更大的作用。

---

① 温家宝：《加快从教育大国向教育强国迈进——全国教育工作会议》，《人民日报》2010 年 7 月 4 日。

辅导员构成了高素质人才的主体，一名合格的辅导员要具备较高的职业道德素质，按照"政治强、业务精、纪律严、作风正"的要求，在工作岗位上涌现出了大批优秀的管理干部、学术带头人和专门人才。经过辅导员岗位的磨练，不断完善自我，一些优秀人才脱颖而出，成为各个岗位的骨干力量。他们的敬业精神、较强的综合素质、处理复杂事务的能力以及政治觉悟使他们在人才竞争中具有得天独厚的优势，从而成为骨干力量。对辅导员个人层次的培养力度的加大，以及辅导员学历结构的日益合理，辅导员的自身素质得以显著提高，从而构成高素质人才的主体力量。

（四）加强辅导员职业道德素质培养是加强辅导员队伍建设的重要途径

辅导员是具有教师和管理者双重角色的职业，是一种崇高的事业，"崇高性"是辅导员职业的本质特征。辅导员的职业活动就是教育劳动，是以培育人、塑造人为己任的崇高劳动。辅导员的职业道德素质是辅导员为了顺利进行教育活动，实现教育目的和任务所具备的基本素质要求。它是辅导员的思想素养、文化素养、教育素养和道德素养的综合体现，其中最根本的是以热爱教育、献身教育的事业心为核心的职业精神。具有高度职业精神的辅导员会更加热爱本职工作，为学生的全面健康成长付出更多。辅导员的职业道德素质是与辅导员的工作性质紧密相关的，它反映了辅导员的精神追求和人生境界，它一方面激发辅导员的工作热情和进取精神，激励辅导员努力工作，为个人的事业发展提供精神动力，另一方面能促进整个辅导员队伍建设的和谐有序发展，提升整个职业的信誉和形象。

建设一支强有力的辅导员队伍，就必须加强辅导员职业道德素质培养，把职责同道德义务、良心等道德感情结合起来，提高辅导员职业道德修养和职业荣誉感，增强这支队伍的战斗力。辅导员职业道德素质的培养，对于辅导员队伍的职业化建设来说，具有重要的现实意义。

二、辅导员职业道德素质培养的基本内容

辅导员是高校培养社会主义建设者和接班人的最直接的教育施行者，辅导员的职业道德素质对学生培养的影响最为直接，较高的职业道德素质应该有较高的政治素养，有崇高的道德品质，同时，也应该有较高的道德水准，树立"育人为本"，"德育为先"，爱岗敬业、无私奉献的职业理念，能够将这种崇高的理念与精神应用到实际工作当中。辅导员要有敬业精神，热爱社会主义高等教育事业，热爱辅导员工作；增强责任感，以教书育人、为人师表为己任，以身作则，言行一致、以身立教；献身教育，乐为人梯，做社会主义精神文明建设的表率，真正做到"德高为师，身正为范"。

（一）爱岗敬业，无私奉献

爱岗敬业、无私奉献，这是辅导员职业道德素质培养的核心和基础，是建立在对职业认同并产生职业情感基础之上的敬业态度，应当真正内化成为辅导员的思想信念，成为辅导员工作的行为准则。

爱岗就是安心自己的本职工作，热爱自己的工作岗位；要把自己从事的工作视为生命，尽心尽力去工作。在实际工作中辅导员要热爱自己的工作岗位，热爱学生，从点滴做起，对小事的处理体现出辅导员对工作的态度和看法。大学生离开父母独自出外求学，如何适应新环境，正确处理人际关系，制定人生发展规划都非常需要辅导员的悉心指导。辅导员要认识到自己肩负的责任，要具备高尚的情操，以帮助学生健康成长为己任，做学生的良师益友。

爱岗和敬业密不可分的，只有爱岗，才能敬业。敬业是爱岗意识的升华，是爱岗情感的表达。敬业通过对本职工作的负责表

现出来，辅导员在工作中要无私奉献，当学生需要辅导员的时候，辅导员应第一时间出现在学生身边，给学生支持与关爱，鼓励学生战胜困难，收获成功。辅导员的工作非常的复杂，也非常的繁琐，工作的性质决定了辅导员很少会有惊天动地的成就，有的只是日复一日辛勤的劳作。

（二）以身立教，为人师表

以身立教，为人师表，这是辅导员职业道德素质培养的关键，是适应大学生思想政治教育工作实际的需要，是辅导员的行动准则与职业道德建设的重要组成部分。

对于一个辅导员来说，必须清楚认识到自己作为一个思想政治教育和德育工作者身上所承担着的责任，不仅仅只是简单的对学生学习、生活事务的管理和相关服务的提供，更重要的是发挥为人师表、道德表率的作用，通过自身的言行教育、引导学生，帮助学生正确认识和处理身边的人和事。前国务院副总理李岚清同志曾说过："教师的一言一行无不给学生留下深刻的印象，有的甚至影响学生一辈子。因此，教师一定要在思想政治上、道德品质上、学识学风上全面以身作则，自觉率先垂范，真正为人师表。"

辅导员要求学生做到的，自己要率先做到；要求学生不能做的，自己坚决不能做；要求学生不迟到，预备铃声一响，教师就提前到教室门口等待等等，看似区区小事，实则细微之处见精神做表率，时时刻刻严格要求自己。这就是为人师表对学生产生的一种无声的教育，它爆发的内驱力不可估量。因此，以身立教，为人师表是当好辅导员最基本的要求。

（三）明礼诚信，以德服人

明礼诚信，以德服人，努力建立良好的师生关系。明礼诚信是公民应遵循的行为准则，它对于规范人们在社会关系中的道德行为，提高人的素质和社会文明程度，是社会主义精神文明建设的重要内容。一般说来，"明礼"是人的外在行为表现，"诚信"是人的内心状态。

明礼诚信是必不可少的职业道德的要求。辅导员在工作中要彬彬有礼，办事热情，服务周到，互相尊重，穿着打扮，行为举止，都要做到得体、适宜。诚信是建立良好师生关系的基础，辅导员要做到为人正直，诚实可靠，以诚待人，不言过其实，欺骗学生，不侵犯学生利益，为学生的成长成才提供有利帮助。孔子讲"民无信不立"，统治者"无信不立"，领导者"无信不立"，家庭"无信不立"，个人当然也是"无信不立"。现今，辅导员职业道德建设中，要大力倡导做老实人、说老实话、办老实事，以信待人、以信取人、以信立人的美德。

以德服人，是辅导员职业道德素质升华为一种境界。就是辅导员在工作中以宽大的胸怀对待每一个人，无论高低贵贱、大小强弱。辅导员要以诚待人，以德服人，相互照应，尊重学生的处事方式、生活习惯，寻求和谐，共同创造良好的工作环境，体现辅导员的宽宏大度的胸怀。辅导员要拥有一个博大的心理空间，懂得尊重他人，能忍受痛苦、委屈，就会减少碰撞和磨擦，世界就会在心中变大，矛盾减少，欢乐增多，阳光灿烂，生存和工作的空间也就自然显得宽阔了。

（四）尊规守法，循章守纪

没有规矩，不成方圆。尊规守法，遵章守纪是辅导员工作顺利开展的基石。辅导员必须熟悉学校的校规校纪，国家相关法律法规，特别是与自身业务有关的法律、法规，严格遵守辅导员的职业纪律，遵守思想政治教育的政治性、思想性与规律性，处理学生事件的及时性、准确性与公平性，对待各项学生工作的务实性等。辅导员遵守职业纪律是否严格，决定着其作为"先锋战士"能否发挥出战斗力。严格职业纪律是克服工作困难、扫清工作障碍、坚定工作意志的必要条件，也是团结统一骨干力量、建设"主力军"队伍的重要保证。

辅导员不断增强教师职业意识，要时刻想到自己是学生的人生导师，自己的一言一行都会给学生以影响，违反职业纪律不仅会影响工作目标的实现，更重要的是会影响学生的行为。辅导员认真学习职业纪律的有关规定，对教师职业纪律的有关规章、条例、守则等要进行认真的学习，这是模范遵守纪律的前提。辅导员应将教师职业纪律落实到实际教育教学活动中，职业纪律不能只写在纸面上，更不能只停留在口头上。

当代青年大学生主观意识强，纪律观念、集体意识淡薄。辅导员虽然要常把教育学生遵纪守法挂在嘴边，但言传不如身教。辅导员要有针对性地不断强化自身纪律意识，遵守职业纪律，严格履行学校的规章制度，做学生"文明守纪"的楷模，以自己的言传与身教强化学生的纪律意识。

（五）精于钻研，提高能力

作为高校辅导员，为了培养一代新人，必须具有高度的政治思想道德修养和博大精深的科学文化知识，丰富的马克思主义基本理论知识、掌握教育科学基本理论，熟悉教育、教学的基本规律，具有较强的教育、管理能力，了解最新的科技发展动态和成果。时代的发展，社会的变革，大学生思想政治教育已不单单要求解决学生的政治思想问题了，还要求解决学生新出现的、复杂的多方面新问题。辅导员只有具备全方位的、精钻的业务素质，才能够一方面得到学生的信赖，一方面从容地面对复杂情况，解决问题。这就要求辅导员要掌握包括思想政治教育、学生事务管理、学生发展指导的基本理论；掌握心理学、教育学、哲学、伦理学、法学、社会学、管理学、职业生涯规划与指导等多学科的专业知识及技能。其次是要提高管理能力。辅导员从事学生工作，一方面履行教育职能，一方面还要履行管理职能。这就要求辅导员要具备宏观调控及全局决策能力，引导能力，调配好学生学习、生活中的各种资源，及时对学生出现的问题进行管理及疏导；锻炼语言表达及文字表达能力，努力掌握语言表达技巧、沟通技巧、精准地撰词达意；提高应变能力及分析判断能力，建立应急机制，设置应急预案，遇有突发事件能做出分析判断，并能在第一时间内控制局面，解决问题；培养创新能力，面对新情况、新问题，要突破传统思维，实事求是，大胆创新，稳步操作，用新方式、新方法解决新问题。

通过提高职业能力，使辅导员充分认识加强大学生思想政治教育的意义，提高辅导员的职业道德素养，使他们树立育人为本、德育为先的教育理念，从而使他们为培养中国特色社会主义事业的建设者和接班人，培养有理想、有道德、有纪律、有文化的新时代大学生，为确保我国在激烈的国际竞争中始终立于不败之地，确保中国特色社会主义事业兴旺发达、后继有人，而辛勤工作，努力拼搏。

（六）知荣明耻，廉洁自律

社会主义荣辱观是当今社会人们对荣誉和耻辱的根本看法和态度，是世界观、人生观、价值观的重要组成部分。荣和辱不仅是人们在进行自我评价时产生的自尊或自愧的心理体验，而且是指社会在对人们的思想行为进行评价时形成的褒奖或贬斥。以"八荣八耻"为主要内容的社会主义荣辱观内涵丰富，是对社会主义合格公民应该遵守的基本思想道德规范、法律法规和应该养成的健康文明的生活方式的高度概括。辅导员作为从事思想政治教育的骨干力量，其职业的特殊性，这使得辅导员一定要知荣明耻，廉洁自律。必须也只有树立正确的荣辱观，分清是非荣辱，明辨善恶美丑，才能形成正确的价值判断和良好的道德基础，摒弃功利化、实用化倾向；在实际工作中，还要求辅导员以相关的国家法规、政策、制度为准绳，公平、公正、公开，正确行使职权，不搞吃、拿、卡、要，绝不允许不给好处不办事，坚持原则，厉行节俭，勤奋工作，树立起辅导员的威信和形象。

（七）与时俱进，勇于创新

与时俱进，勇于创新，是辅导员职业的精神。解放思想，实事求是，与时俱进，改革创新的精神，是我们党一直以来所提倡的革命精神。以改革创新为核心的时代精神，就是要把实现"每个人的全面而自由的发展"作为终极目标。大学生思想政治教育工作更需要辅导员解放思想，开拓创新，不断探索工作的新模式、新途径和新内容。创造性地开展本职工作，克服工作方法的简单，变革工作形式的单一，注重在形式、内容、方法、思路上的变革，全面地提升自己的综合业务水平，全面地服务于学生。

随着经济全球化的不断深入，随着我国进入全面建设小康社会，加快推进社会主义现代化的新的发展阶段，社会经济成分、组织形式、就业形式、利益关系和分配方式日益多样化，新事物、新问题、新矛盾不断涌现。这些变化都对青年大学生的思想意识、生活方式、价值取向产生巨大的影响，给高校学生思想政治工作带来了许多新情况、新问题。这就需要辅导员队伍勇于践行以改革创新为核心的与时俱进、开拓进取、求真务实、奋勇争先的时代精神，敢于突破已有的瓶颈，在实践中不断研究和探索，不断丰富自己的知识，更新观念，总结思想政治教育规律，创新教育方法，提高自身素质，把学习和工作融合起来，全面提高大学生思想政治教育效果。

（八）知行合一，稳重大方

知行合一，稳重大方，这是辅导员的职业形象要求。辅导员的职业形象必须是可亲的，是贴近学生心灵的。辅导员的主要职责是指导学生学会学习、学会做事、学会做人。辅导员在引导学生健康成长中应注意两个方面：其一，辅导员的言行举止是学生成长的参照，是与教育内容相辅相成、不可分割的。如果辅导员不拘小节，言行不一，在学生面前讲的是一套，自己做时又是另一套，这会对学生产生极大的影响。辅导员从事的是一项关注学生心灵成长的伟大事业，一定要以良好的形象在学生心目中树立道德的典范。其二，辅导员要有亲和力，培养广博的爱心、极高的责任心和极强的耐心。坚持以学生为本，营造尊重学生、爱护学生、关心学生、鼓励学生的环境氛围。因此，从事辅导员工作的人员应怀着对学生的爱心和责任心，耐心倾听学生的烦恼，做学生的思想工作。只有这样才能做学生的良师益友，帮助学生解决生活中的实际困难。同时，辅导员也只有通过爱的传递、关注、信任、尊重、鼓励学生，才能促进学生进步，帮助学生树立正确的道德观、价值观，才能搭建起师生之间感情的桥梁，形成健康良好的师生关系，进一步促进学生工作的顺利开展。

三、加强辅导员职业道德素质培养的方法

辅导员在高等学校人才培养工作中承担着重要的职责，这就要求辅导员必须具备过硬的职业道德素质。辅导员要具有高尚的职业道德修养不是一蹴而就的事情，需要辅导员长期自觉地努力和艰苦的追求，以及对它认识和学习体验的过程。

（一）学习的方法

高校辅导员应当具备丰富的理论知识、精湛的业务技术和多方面的工作能力。时代发展的特点与高等教育的新发展，给高校辅导员职业素质和职业技能提出了更高的要求。建立辅导员队伍的学习机制，把岗前学习、业务学习、工作研讨、外出学习与交流等项目制度化，每年都按计划、分步骤地组织辅导员的在岗培训，使辅导员在提高职业能力的同时也增强职业的信心和兴趣。学校应定期组织教师进行有计划、有组织的职业道德理论学习。依据社会发展现状，与时俱进，加强对辅导员职业理想、职业形象、职业责任、职业纪律的教育，使广大教师爱岗敬业，树立正确的教育价值观和人生观。热爱学生，以身立教，不断提高辅导员职业道德素质。

第一，辅导员要加强政治理论与政策学习，保持政治上的坚定立场。辅导员应具备马克思主义基本理论素养，掌握邓小平理论、"三个代表"的重要思想和科学发展观，坚持党的基本路线不动摇，在政治上、思想上同党中央保持一致，能运用马列主义和唯物主义辩证法去分析问题和解决问题。对国家的教育方针、法律等问题正确的认识并能做出明确的解释，辅导员应将《中共中央国务院关于深化教育改革全面推进素质教育的决定》和《中共中央关于加强和改进思想政治工作的若干意见》、《国务院关于大力推进职业教育改革与发展的决定》等纳入平时学习计划。

第二，提高知识水平，努力成为专业化人才。辅导员要成为以学生思想政治工作为职业的专业型人才，并向专家学者型方向发展。鼓励辅导员成为思想教育、心理健康教育、职业生涯规划、学生事务管理等方面的专业人才。因此，辅导员应该积极接受思想政治、时事政策、管理学、教育学、社会学和心理学以及就业指导、学生事务管理等方面的专业化学习，主动开展与辅导员工作相关的科学研究，同时要切实加强自身的党性修养。

任何一个人要想获得进步，都不能满足于已有的知识能力，而应当不断地学习新的知识，强化新的能力，才能跟上时代发展的需求。辅导员的工作尤其如此，辅导员在学生不断追求上进的同时，也要以同样的标准要求自己，充分发挥榜样的鼓励和促进作用，辅导员面对的是求知欲望极其强烈的大学生，他们对于未知的领域有着很强的好奇心和探知欲，辅导员应当跟上学生探求知识的步伐，尽可能了解与学生兴趣相关的知识，搭建更多与学生沟通的平台。

（二）实践的方法

理论联系实际，积极投身于实践，这是提高辅导员职业道德素质的最有效的途径。理论联系实际，在理论的指导下进行实践；在实践的过中，认真总结自己的经验教训，并使之升华为理论；再用它来指导实践，在不断的实践中提高自己的工作能力。

这是马克思主义的基本要求。对于辅导员来说，就是要深入到学生中间，去了解学生的思想动态，做到心中有数，运用科学的理论知识对学生进行因材施教。同时用深情去温暖学生、用道理开导学生、用为人感染学生、用榜样示范学生，解除学生的各种心理负担，帮助他们排忧解难，为学创造一个良好的发扬个性、健康成长的环境。

辅导员工作是一个实践性很强的工作，没有现成的经验可以照搬照抄，必须在实践中不断发现新问题，进而解决它，从而提高自己的实际管理水平。从实际出发，把马克思主义的立场、观点、方法运用到工作中去，提高自己分析问题、解决问题的能力。辅导员要通过经常深入学生宿舍、班级和课堂，准确掌握学生的基本情况和思想动态，及时倾听学生的心声，努力解答学生的疑问，妥善解决学生遇到的实际问题。要勇于实践，善于实践，在实践中不断思考和创新。

实践活动可以培养辅导员创造力思维，是帮助辅导员实现创造目标的手段和桥梁，也是提高辅导员职业道德素质的重要环节。一方面需要辅导员尽可能创造更多的实践机会，参与学生活动、讨论、管理等，在实践中发现问题，寻找解决问题的方法，提高创造力。另一方面，要抓住辅导员培训的良机，提高辅导员的职业道德素质。

（三）内省的方法

辅导员职业道德活动主体是各个实际工作者，职业道德素质的养成过程是辅导员人性向善的过程。也就是说，任何职业道德教育活动，都要在辅导员身上去体现，通过辅导员的自觉活动来体现和反映教育活动的实际效果。所以辅导员职业道德素质的培养要充分发挥辅导员自身的积极性、主动性、创造性，通过自我内省、自我觉悟、自身教育，提高职业道德素质的水平。

每一个人都有缺点和不足。辅导员也不例外，他们面对的是一种极具有复杂性和不确定性的工作：大到学生的政治理想、人生观、价值观；小到学生的吃饭和生活；尤其是面对当今社会生活方式和人生观念发生巨大变化的时代，这也是当代辅导员工作的艰难性和挑战性的充分体现。因此，辅导员不管工作能力有多强，本事多大，素质多高，也不可能事事通，样样精，处处行。所以，辅导员应该坚持内省的方法，在帮助学生纠正错误和不足的同时，要正确认识自己的缺点和不足，通过自我改造，逐步克服；要勇于承认自己所犯的错误，并主动承担责任，及时纠正。只有如此，辅导员职业道德素质水平才会不断提高。如果自以为是，骄傲自满，有错不改，就永远不会进步，且会失去组织和学生的信任，思想政治教育工作也无法完成，甚至会被淘汰。

提高辅导员的内省一方面要充分信任和依靠辅导员的自我内省、自我教育的能力。目前，我国高校辅导员大多都是大学本科或研究生毕业，接受了系统的马克思主义理论和思想道德教育，有良好的思想道德基础和专业基础。参加工作后，又经常参加各种教育和理论学习活动，具有明辨是非的能力。信任并依靠他们，就能使他们更加自觉地改进自己的职业道德修养。另一方面是倡导自我内省和自我教育的同时，提倡辅导员之间在思想道德上互相帮助、互助影响、互相启发、共同提高。

（四）导向的方法

榜样的力量是巨大的。通过对典型人物和典型事迹进行深入挖掘，高度概括并大力宣传和引导，能够给辅导员树立前进的标杆，营造向先进典型看齐的良好氛围，带动其他辅导员和典型一起前进。辅导员职业道德素质培养坚持典型向导，要把握好三个重要环节。一是积极挖掘典型。典型都来自于群众，来自于基层。开展职业道德素质培养必须经常深入实际，认真观察和总结辅导员工作职业道德活动中的伟大实践，把优秀的典型以鲜明、生动、具体的形象呈现在人们面前，作为衡量人们履行辅导员职业道德的标杆。二是大力宣传典型。必须采取有效措施，发挥各种媒体的作用，在广播、报纸、电视、网络等各种媒体上大力宣传职业道德建设中的先进典型，使典型的个人行为上升为具有行业意义的行为，帮助其他辅导员在与典型对照和比较中，产生认同感，找出自身差距，萌发比学赶超的强烈愿望，从而焕发出强大的内在动力。三是广泛开展学习典型的活动。要善于并及时总结先进典型在工作实践中创造的新途径、新方法、新经验，组织学习活动，帮助其他辅导员从先进典型的感人事迹中受到鼓舞，汲取力量。

（五）监督的方法

辅导员职业道德的形成是一个由他律向自律转化的过程，是一个不断提高、反复完善的过程，不仅要靠辅导员自身的努力，还要有严格的监督机制。学校应该制定辅导员职业道德素质监督及考评办法，从制度上规范辅导员职业行为。辅导员考评是教师德才表现和业绩的综合检查，对辅导员职业道德素质的发展有着重要的影响作用。通过监督机制使教师认识到自己的德行、形象的重要性。从而使自己在任何时候都必须注意体现完善的师德。每学年对辅导员考核要制度化、规范化，考评的指标要体现对辅导员职业道德的要求，并尽可能细化。学校可依据辅导员职业道德考核测评标准，积极建立自评、互评；学生评价、组织评价相结合的师德考评机制，力求客观、公正。对优秀辅导员要表彰和奖励，激励他们更加努力地工作。

第六章　辅导员专业素质培养

在我国高校，辅导员的职业化趋势日渐明显，辅导员已经成为大学生思想政治教育第一线的工作者。辅导员的职业化必然引起人们对辅导员专业素质的关注和重视，辅导员的专业素质培养已经成为当前思想政治工作者的重要课题。

一、辅导员专业素质的内涵

当我们探讨辅导员专业素质时，就暗含了一个内在逻辑前提，即辅导员是一门专业。没有辅导员专业，就谈不上其专业素质。但我们对辅导员的专业发展还不甚清楚，本节内容就从这个起点开始，澄清三个问题，即我们为什么要研究辅导员的专业素质？什么是辅导员专业素质？辅导员专业素质的地位怎么样？

（一）辅导员是一门专业

高校辅导员制度是新中国成立初期为加强党对高等院校的理论指导，保证社会主义的办学方向，培养社会主义事业的建设者和接班人而设立的一项思想政治教育制度。半个世纪的高校辅导员制度证明，高校辅导员制度是适合我国高校发展的并具有社会主义鲜明特色的思想政治教育制度。在当前我国高等教育进入新的发展阶段的历史时刻，高校辅导员制度也必将不断完善，以适应社会经济的发展。

教育部明文规定，辅导员是教师的重要组成部分，由此辅导员的教师身份得到官方认可。"师者，传道、授业、解惑也。"①高校辅导员的工作是直接与当代大学生面对面，担负着大学生思想灵魂的启蒙者和塑造者的重要角色。大学生是一个复杂的群体，而这个群体的每一员又都有自己的个性和特点，不能用统一的方法和原则教育他们。同时，思想政治工作又是一项充满复杂性和创造性的工作，思想政治工作方法和理念会因时间、环境和对象的不同，出现不确定性的特点。因此，高校辅导员的工作是专业性与综合性相统一的工作。在具体的工作实践中，包括政治导向、思想引领、理论教育、行为示范、心理辅导、就业指导、社团建设等等。所以，高校辅导员要具备较高的专业素质，只有这样，才能胜任大学生的思想政治工作。俗话说，要给学生一杯水，自己要有一桶水。如果没有较高的素质，辅导员就难以成为"辅导员"，就无法胜任时代和社会赋予的这一神圣职责。

高校辅导员的高素质要求，必然使辅导员走上职业化、专业化道路。1966 年，联合国教科文组织《关于教师地位的建议》中提出，应该把教师工作视为专门教育，认为一种要求教师具备经过严格训练而持续不断的研究才获得并为此专业知识以及专门技能的公共业务。② 我国已明确规定辅导员是一种专业，在很多高校，已开设了思想政治教育（辅导员方向）的本科、硕士、博士专业，培养了一大批具备辅导员专业素质的专门人才。专业素质是在对所从事专业的价值、意义深刻理解的基础上形成的一种精神，应该包括正确的专业意识、良好的专业心态和高尚的专业道德。辅导员的专业素质是和辅导员专业发展紧密结合在一起的。指辅导员在专业发展过程中不断在外在价值的引导下，独立于外在压力，订立适合自己的专业发展目标、计划，选择自己需要学习的内容，监控自己专业发展的过程，评价专业发展的结

---

① 韩愈：《师说》。
② 孙航、陈冲：《基于职业角色分析的高校辅导员专业成长探讨》，《新西部》2009 年第 2 期。

果，而且有意愿和能力将所订立的目标和计划付诸实施。

（二）专业、专业素质、辅导员专业素质

前面我们已对辅导员"是一种专门职业"进行了事实概括。下面，我们从理论上阐述辅导员专业素质的概念。

专业是指从事专门性职业的某一群体经过专门的培养教育或训练，掌握了较高深和独特的专门知识和技术，按照一定的专业标准进行专门的活动，能够创造性地解决问题、促进社会发展并获得相应报酬和社会地位的专门职业。一个职业被认可为专业应该具备以下几个方面的基本特征：（1）具有极重要的社会功能。（2）拥有专业的科学知识体系。（3）拥有专业的团队组织和专业法规标准。（4）拥有完善的教育和培训机制。（5）获得国家和社会的支持和认可。[①]

专业素质是指从事社会职业活动所必备的专门知识、技能。主要包括三个方面：扎实的理论基础、熟练的专业技能、全面的业务能力。[②]

辅导员专业素质除了要具备一般意义上的专业素质，还指在对所从事专业的价值、意义深刻理解的基础上形成的一种精神，应该包括正确的专业意识、良好的专业心态和高尚的专业道德。专业意识是指对自身专业的一种认识；专业心态是指从事此专业的人员应积极地对待自己的专业和工作；专业道德是指在专业活动中必须遵循的道德规范和行为准则。[③]

当我们明确了辅导员专业素质的概念，才能谈论它的概况、作用和养成等情况，本章以后所谈论的专业素质都是指辅导员的专业素质。

---

① 张波、潘秀山：《新时期高校辅导员专业素养建设的探讨》，《中国轻工教育》2009 年第 3 期。

② 张庆奎、周春燕：《大学生素质教育理论与实践》，《江苏高教》2004 年。

③ 张波、潘秀山：《新时期高校辅导员专业素养建设的探讨》，《中国轻工教育》2009 年第 3 期。

（三）专业素质的重要地位

一名合格的高校辅导员要有良好的综合素质，包括思想政治素质、专业素质、心理素质、道德素质等。而专业素质在辅导员的综合素质中占有重要地位，如果把辅导员的综合素质比作一座建筑，思想政治素质就好比是地基，专业素质就是整个建筑的结构和框架，心理素质和道德素质则是内部的装饰。由此可见，专业素质决定了这座建筑的风格、样式和功能。

1. 专业素质为辅导员工作奠定基本理论指导

辅导员的专业素质是高校辅导员专业化的必备条件，没有专业素质，就没有辅导员专业。高校辅导员在工作中，必须有其专业理论的指导，这样才能在对大学生的思想政治工作中，提供基本理论依据，否则就会失去方向。辅导员的工作关乎大学生的发展，关乎国家的稳定，是一个必须长期从事的职业。作为大学生日常思想政治教育和管理工作的组织者、实施者和指导者的辅导员应该把其当作一个为之奋斗的职业来看待，为其育人的根本目标付出自己的努力。辅导员的劳动是塑造人的工作，是为大学生尽快适应社会而服务的。这种使命和责任要求辅导员应该具有积极进取的心态，有服务奉献的精神，有乐观向上的思维方式，以研究的态度和方式开展工作，以真诚的工作态度去影响和引导学生发展。由于辅导员在社会中巨大的社会功能及辅导员劳动对象的特殊性，要求辅导员以育人为其专业道德的核心，公平公正，为人师表，勇于承担责任，做学生的引路人。

2. 专业素质为辅导员工作提供具体指导方法

辅导员工作的复杂之处就在于没有千篇一律的方法，这是由大学生的个体特性决定的。因此，就要求辅导员工作灵活，有随机应变的能力。辅导员要善于学习和总结大学生日常思想政治教育工作的经验，掌握做好工作的技巧和规律。当前的世界处在风云变换之中，我国也处在社会转型时期，辅导员要加强对新情况的研究。注意用自己的专业理论指导实际工作，不断探索新途径、新方法，并能在一些突发事件的处理上做到处变不惊、沉着应对，能够从实际出发，因势利导，把工作向前推进。辅导员只有具备了良好的专业素质，才能有很强的组织能力和分析问题、解决问题的能力。

3. 专业素质为辅导员工作提供发挥创造的能力

辅导员工作是做人的工作，是一门科学，一门艺术，一门学问。[①] 当代青年大学生是是富有朝气的一代，他们思想敏锐，信息灵通，接受新事物快，具有一定的科学文化知识。他们积极参与社会实践、社团组织，勇于创新、敢于挑战。面对这样的一群青年大学生，辅导员必须具备良好的专业素质，这样才能掌握学生的思想动态和驾驭学生的组织活动，才能在大学生思想教育中有的放矢，才能在大学生实践活动中发挥创造的空间和能力，不囿于传统活动的方案和意见，展开工作。可见，辅导员专业素质的高低直接到其工作开展的成效影响到其工作的成败。

二、辅导员专业素质的总体状况

教育部要求高校辅导员和大学生的比例为 1：200。目前，全国在校大学生将近 2500 万人。如果按照教育部的要求来计算，我国辅导员队伍将达到 12——13 万人。提高这样庞大的队伍专业的素质是一项十分重要的任务。

（一）我国高校辅导员队伍的专业背景情况

虽然辅导员制度在我国已有五十多年的历史了，然而对辅导员的职业关注和专业探讨还是近十年的事情。通过对辅导员专业素质内涵的分析，我们知道辅导员是一项专业性很强的职业，需要有良好专业素质的人来担任辅导员这一角色。然而，考察一下

---

① 冯刚：《辅导员队伍专业化建设理论与实务》，中国人民大学出版社 2009 年版。

我国高校的辅导员队伍的教育背景，却会发现情况比较复杂。

有一少部分辅导员的专业是哲学、文学等人文社科类，这类专业背景的辅导员具有比较系统的思想政治理论知识，但他们缺乏辅导员专业知识的训练，在工作中还会遇到意想不到的问题，这些问题是以往的专业知识难以解决的。

很多辅导员的专业是理学、工学、医学、农学等，这种专业背景的辅导员由于他们在本科阶段所学内容与工作性质相关性不大，往往会产生"学难以致用"的心理。虽然在大学本科阶段他们也学过"中国近现代史纲要"、"马克思主义基本原理"、"法律基础与思想道德修养"等课程，但他们仍然缺乏系统全面的思想政治理论知识、辅导员专业背景和工作技能的培训。

现在一些高校在开设了辅导员专业，有本科、硕士和博士三个层次的教育。然而由于这一专业还是新兴学科，发展历史很短，还不能迅速为高校培养大批专业的辅导员。

纵观辅导员队伍的专业背景，我们就会发现高校的辅导员队伍是一个"杂牌军"，而且这个"杂牌军"流动性很大，不可避免地导致辅导员工作专业性的降低，也影响了大学生思想政治教育的效果。

(二) 我国高校辅导员专业素质提升的基本情况

近年来，我国辅导员专业素质情况不断得到改观，在辅导员专业素质提升的过程中，出现了有利因素和不利因素。

1. 积极因素

2005 年教育部颁布的《关于加强高等学校辅导员班主任队伍建设的意见》提出："要统筹规划专职辅导员的发展，鼓励和支持一批骨干攻读相关学位和业务进修，长期从事辅导员工作，向职业化、专家化方向发展。"这对辅导员的专业素质培养提供了保障。

第一，从个人角度来说，作为高校辅导员必须要明确职责，不断加强个人的专业素质培养，提高自己的工作能力，使自己真正成为大学生学习、生活和健康成长的指导者和引路人。高校辅导员开始注重对个人专业素质的训练和培养，很多辅导员开始进修思想政治教育（辅导员方向）的硕士学历或博士学历，以加强个人专业素质修养。

第二，从管理者角度来说，近年来各级主管部门和高校管理者都对辅导员专业化予以重视，为未来辅导员工作和辅导员队伍发展指明了具体方向。同时，学校还不断以各种短期培训方式培养辅导员的专业素质，已经取得了初步效果。

2. 消极因素

就目前的情况来看，辅导员的学历层次和工作能力都在不断提高。但是由于主观和客观的因素，辅导员队伍建设离专业化尚有很大差距，辅导员个体的专业成长问题急待关注，主要表现在以下几个方面。

第一，辅导员队伍专业化程度不够。辅导员要有思想政治教育、社会学、心理学、教育学等多学科知识。否则，将影响工作的绩效。但是，现在的辅导员大多是"留校工作"，专业繁杂，没有系统学习过教育学、心理学知识的大有人在，缺乏这方面的专业知识，工作过程中会有一定困难和困惑。

第二，辅导员队伍稳定性差。在很多高校，辅导员队伍都出现了流动性大的特点。"年年旧人走，年年新人留"，似乎已经成为定式。这就为辅导员队伍的专业素质培训设置了障碍，必然影响建设高水平、专家型的辅导员队伍。

第三，大多数辅导员培训机会少。虽然高校对辅导员已建立了培训制度，但在培训的内容上针对性不够强，在培训时间上缺乏持续性。即使这样，能够参加专业培训的还仅仅是辅导员队伍中的少数，大多数辅导员是没有机会参加专业培训的。另一方面，辅导员日常事务性工作比较多，抽时间学习和研究问题的时间不多。

（三）制约我国高校辅导员专业素质提升的主要因素

总的来说，我国高校辅导员的专业素质还不是很高，这是由多种因素造成的。

1. 辅导员专业发展能力较低

当前，在我国高校辅导员岗位选留过程中，都是选用品学兼优的毕业生，由于没有专业的限制，选拔的都是各自所学专业中的佼佼者，所以这些辅导员很难在"大学生思想政治教育"方面有深入系统的研究。因此，专业素质在起点上就比较低。在工作过程中，辅导员缺乏学生工作的专业知识和技能。辅导员为了尽快适应角色，就需要靠老辅导员的"专业指导"，然而学生工作无定势，需要不断改变自己的工作方式，这种"传、帮、带"的模式就无法适应新形势下面临的情况和问题。因为没有进入相关的专业研究领域，对思想政治教育领域的新动态新思路缺乏敏感度，在工作中很难做到创新，也很难出现创新性成果，以辅导员作为职业发展的方向，其现阶段能力必然较低。[1]

2. 职责不明确，事务繁杂

高校辅导员的工作就是对大学生思想政治教育，培养社会主义现代化建设的接班人。辅导员的工作涵盖的范围包括大学生生活区管理、心理健康教育、学风建设、贫困生教育、就业指导等。在日常工作中，辅导员要接受学校学生处、团委的直接领导，同时还与招生就业处、组织部、宣传部、保卫处、财务处、档案管理等部门打交道。高校辅导员的角色多样，日常事务巨多、责任重大，要经常接受来自学校相关部门的工作安排，做学生思想工作的时间相对减少，深入到学生中了解情况的时间自然减少，不能很好地有针对性开展工作，与辅导员的主要工作职责相背离。辅导员无暇顾及对学生工作中遇到的问题进行反思，更

---

① 魏善春：《叙事行动研究：高校辅导员专业成长的有效途径》，《河南职业技术大学学报》2008 年第 2 期。

无从抽身加强专业素质。

3.地位不高，出现职业倦怠

辅导员作为教师队伍的一员，决定了他们必须有一种奉献精神。同时，也应该得到社会、学校和家庭的普遍认可。然而，在现实中，由于受到思维定势和传统观念的影响，大多数人把辅导员从教师队伍中分离出去，把辅导员工作看成是行政管理而不是教学活动，更有甚者，有人认为辅导员就是"生活老师"，是大学生的"校内保姆"。这种社会认同感，让辅导员工作失去了吸引力。另外，辅导员工作的对象是人，而且是做他们的思想工作，很难在短时期内见到效果，会出现在教师中得不到理解，在学生中得不到尊重，在工作中得不到公正的评价的情况。很多辅导员在踏上工作岗位时，都能兢兢业业，随着时间的推移，由于被认可的程度没有改善，就会失去工作热情，出现职业倦怠。久而久之，人们在选择辅导员工作的时候，就把它作为一种跳板，很少有人把辅导员作为终身职业，也就很难制定本职工作的职业规划，更谈不上提升个人专业素质。

三、高校辅导员专业素质的基本要求

辅导员工作的复杂性决定了辅导员专业素质结构的复杂性，也造成了高校辅导员专业素质是一个专业结构不断更新、演进、丰富和发展的过程。高校辅导员的专业素质是高校辅导员专业发展的核心内容和要求，就其专业本身来说，包括专业信念、专业知识和专业能力；就其专业性质和特点来说，还应该包括专业伦理、专业自主和专业自觉。

（一）专业信念

专业信念是辅导员自己选择、认可并确信的教育观念或教育理念。专业信念是辅导员专业发展之魂，是支撑辅导员专业发展的基石，专业信念一旦确立，就会保持恒定，对辅导员的发展起着塑造和指导作用，成为推动个体专业发展的核心因素。① 只有坚定的专业信念，辅导员才能在自身形成一种动力，并产生某种暗示和期待，从而影响整个思想政治教育活动的效果。专业信念包括专业意识、专业态度、政治信念。

专业意识就是辅导员形成对辅导员职业意义与价值的认识，对大学生思想政治工作的深层认识，形成个人强烈的爱岗敬业的动机。专业意识是专业信念的根本和基础。辅导员工作承载着社会的责任，如果辅导员没有专业意识，就不会"干一行，爱一行"，而是"身在曹营心在汉"，就难以形成个人职业规划目标。辅导员工作是一种境界，辅导员要有一种无私奉献不图索取的胸怀。辅导员工作没有固定的模式，也不会像一般的教学那样有量化的形式，而是一种潜移默化的过程。

专业态度就是辅导员对待自己工作的一种形式和风格。对待自己的学生做到倾心相爱、诲人不倦；对待自家的同事做到精诚合作、协同施教；对待自己做到严于律己、为人师表。专业态度是辅导员专业信念的重要组成部分。具有良好专业态度的辅导员，不会喜怒无常、情绪多变，而是一个坚毅、开朗、善解人意的人，用乐观的心态、充沛的精力、健康的体魄，给大学生带来乐观向上的情绪体验，激励大学生充满生机、朝气蓬勃的发展。

政治信念是辅导员专业信念的舵手，引领辅导员专业信念的方向。辅导员必须坚定政治立场，旗帜鲜明。辅导员的政治立场要与党中央保持一致，具有坚定的马克思主义立场，高举社会主义核心价值体系的大旗。辅导员要思维敏捷，时刻保持清醒的头脑，在大是大非面前迅速判断，及时引导大学生。

总之，辅导员要有大局意识和责任意识，能将个人利益和集体利益有效结合，着眼于改革、发展和稳定的全局，做好本职工作。要有高度使命感和责任感，把对大学生的思想政治教育视为

---

① 吴广宇、范天森：《高校辅导员专业结构素质探析》，《南京航空航天大学学报》2008 年第 3 期。

自己终身追求的目标，具备任劳任怨，全心全意为学生服务的思想，做到服务育人，同时要积极调动专业发展的自觉意识，不断提升自身的专业素质。

（二）专业知识

专业知识是辅导员必备从事教育工作所必须的专业知识，即具备党的基本理论知识、学生工作的专业知识，包括心理学、教育学、法学、伦理学、美学、社会学、管理学等，客服思想政治教育与专业教育脱节现象。[①] 辅导员专业知识是一个动态的体系，需要不断更新、补充和加强，只有这样，才能优化知识结构，丰富思想政治教育的内容，才能提高工作的时效性。高校辅导员的知识是多元的，这是由大学生思想政治工作的复杂性决定的。辅导员要使工作做到得心应手得到大学生的信任、尊重和佩服，就必须不断调节自己的知识结构，吐故纳新，广泛涉猎邻近学科的知识，做到"好的教师就是一座学校"。

辅导员要具备思想政治教育基础学科知识。具备系统的马克思主义理论知识，牢固树立中国特色社会主义共同理想。要弘扬和培育以爱国主义为核心的民族精神和以改革创新为核心的时代精神，提升高校思想政治教育的精神凝聚力，要牢固树立和认真实践以"八荣八耻"为主要内容的社会主义荣辱观，强化高校思想政治教育的道德规范力，在大学生中努力建设社会主义核心价值体系。

辅导员还要具备相关的应用学科知识，即在辅导员工作中常用的操作性的学科知识。当今世界处在一个多元变换的时代，信息网络化、知识更新快，都对辅导员工作提出了挑战和新的任务。辅导员必须加强自身学习，提高对现代化手段运用的能力。另一方面，当代大学生的个体性越来越突出，千篇一律的指导方

---

① 孙航、陈冲：《基于职业角色分析的高校辅导员专业成长探讨》，《新西部》2009 年第 2 期。

式不再适应这个群体，辅导员必须掌握系统的心理学、教育学、管理学等相关知识，才能正确引导大学生，使他们健康成长。

（三）专业能力

高校辅导员专业能力是指辅导员在思想政治教育活动中顺利完成工作任务所表现出来的个性心理特征，是辅导员素质结构的外在表现形式。辅导员的专业能力，是从事辅导员职业所应具有的带有职业特点和思想政治教育专业特点的能力，是辅导员专业素质结构中的一个重要组成部分，也是影响思想政治教育效果的决定性因素。[①] 辅导员的专业能力包括教育能力、组织协调能力、调查研究能力和沟通能力等专业的实践应用技能。

教育能力是高校辅导员最基本的能力。高校辅导员首要的工作职责是对大学生进行思想政治教育，用理论说服人，因此辅导员还要有更强的理论教育能力。面对新时代的大学生群体，辅导员的教育能力体现在采用多种教育方法和形式对他们进行有目的、有计划、有组织地思想政治教育，把正确的思想意识、政治观念、道德要求、法纪观念等深入学生的心中并最终转化为学生的内在素质，并付诸实际行动中。

组织协调能力是辅导员处理好各种关系的基本能力。辅导员在从事德育工作，开展大学生思想政治教育工作的同时，还要与学校的各个部门进行接触，处理好日常管理工作。这就要求辅导员要协调好个人同各个部门的关系，在坚持以学生发展为中心的前提下，依据学生事务的具体实际情况服从上级部门的工作安排。

调查研究能力是辅导员专业能力的重要组成部分。随着时代的发展，辅导员工作日趋复杂，这是由大学生个体的性格趋向个性化和成长环境多样化决定的，大学生的日常意见分歧和矛盾冲

---

① 吴广宇、范天森：《高校辅导员专业结构素质探析》，《南京航空航天大学学报》2008 年第 3 期。

突增加，出现的问题也颇多，比如学业问题、感情问题、经济问题等，面对多样的学生和复杂的学生事务，辅导员只有掌握对学生和学生事务进行深入调查并研究的能力，才能把握学生的思想动态、个性，分析问题的性质，有效地开展教育和管理。

沟通能力是最能体现辅导员专业能力的一个要素。生活中的人们都需要沟通交流，有效的沟通也是解决问题的关键一步。辅导员作为育人的职业，就更要善于沟通和交流，这样才能做好大学生的思想政治教育工作。当大学生在学习、人际交往、心理、就业等方面出现问题时，就要求辅导员具有较好的沟通能力。辅导员应该以关注和尊重的态度来对待每一位同学，耐心倾听他们的所思所想；然后针对他们所思所想，做出自己的判断与其交流探讨，最终找到解决问题的实际办法。

（四）专业伦理

专业伦理是人们在从事专业活动过程中必须遵循的行为规范和准则的总和，是一种植根于人的头脑的价值观、态度、信念。辅导员的专业伦理是辅导员专业品质的体现，是辅导员专业形成和成熟的重要条件，也是成为一名合格辅导员的必备条件之一。

辅导员自身的道德，是作为思想政治教育的资源、思想政治教育的内容和手段，参与到思想政治教育工作中的。高校辅导员的德性品质会在思想政治教育过程中不断地自然投射出来，从而产生并喷发出教育智慧，学生才可能从辅导员的专业活动中听到道德的声音、受到精神价值的影响。我国辅导员的专业伦理规范至少应涉及以下几个方面。

公正公平地对待每一个学生，不因学生的美丑、智力、学识和家庭而区别对待学生。同时，与学生保持适当的距离，以维持一种正常的师生的关系，因为与学生及其家庭保持过于亲密的关系可能影响辅导员的专业判断，而导致不公平的产生。

审慎地行使自己的权利。辅导员在行使权利时不能违反法律义务，也不能侵犯他人权利。除此之外，辅导员还应该用更高的专业伦理来约束自己的权利行使。尊重自己的工作，具有高度的思想政治教育效能感。思想政治教育效能感包括两个方面，一方面是辅导员对思想政治教育在学生发展中的作用等问题的一般看法和判断。另一方面是辅导员对自己完成思想政治教育任务、教好学生能力的信念。

坚持专业判断，用专业性来衡量行为。有些教育行为既不涉及法律，也不涉及道德，但事关专业性。对自己对学生采取双重标准，对自己工作和思想政治教育专业的不尊重，显然与法律或道德无关，但显然同样是缺乏专业性的表现；又比如辅导员的形象和仪表，穿着打扮是辅导员个人的自由，但这种自由无疑受专业性的限制。① 所有这些都需要辅导员基于自己的专业伦理来作出判断，采取适当的行动。

四、辅导员专业素质养成的基本路径

高校辅导员队伍建设，首要就是大力培养辅导员专业素质，才能使辅导员走上专业化、职业化道路，才能更好地培养社会主义事业合格接班人。一方面，学校和上级教育主管部门要加强辅导员专业素质的培养与培训，另一方面，辅导员自身要通过内省和反思的方式注重个人专业素质的养成。

（一）切实加强对辅导员专业素质的培养与培训

辅导员专业素质的培养需要社会、学校管理等多方面采取有力的保障措施，完善辅导员队伍选聘机制、管理机制、培养和发展机制，同时还要以多种角度、多种形式加强辅导员的专业素质。

---

① 吴广宇、范天森：《高校辅导员专业结构素质探析》，《南京航空航天大学学报》2008年第3期。

1. 建立科学合理的辅导员选拔制度，保障专业素质培训长效性

科学有效地辅导员选拔制度，是辅导员队伍建设的关键环节，因为这直接关系到辅导员队伍的整体素质、能力和水平，同时也为辅导员专业素质培训奠定良好基础。所以，高校在选拔辅导员时，要坚持高标准、严要求，实现辅导员的专业化。

一要坚持严格选拔。选拔品学兼优、敬业爱岗、乐于奉献，具有组织管理能力和科学创新能力的优秀毕业生充实到辅导员队伍中。但是，目前在各个高校对辅导员的选拔并没有同意的标准，所以要尽快建立高校辅导员职业准入制度，即要有独立的职业资格考试、职业标准和职业规范等。

二要坚持合理调配。高校在选拔辅导员时，要倾向于选拔具有思想政治教育背景和有专业特长的毕业生，有利于辅导员专业素质培养有效进行。同时，还要及时对辅导员队伍进行职业评估，即建立一套完善的辅导员分流机制，"物尽其用、人尽其材"，让辅导员合理流动，避免人力资源浪费。

2. 丰富辅导员专业知识，保障专业素质基本条件

专业知识是辅导员专业素质的重要组成部分，提高专业素质，首先要充实专业知识。根据教师专业发展理论，辅导员的专业知识应包括本体性知识和相关专业知识。

（1）加强辅导员本体性专业知识。辅导员的本体性知识是指辅导员作为教师所依托学科的专业性知识，或者说是指辅导员从事主体角色工作时所应具备的学科专业知识。[1] 辅导员的工作就是对大学生进行思想政治教育，坚定大学生的马克思主义信仰，建立社会主义核心价值体系，使大学生成为合格的社会主义事业接班人。因此，辅导员的学科专业知识就是指围绕"思想政治教育"学科而建构的相关专业知识体系，这是辅导员知识系统中的核心部分。具体来说，辅导员的本体性知识应包括思想政治教育

---

[1] 卢远：《教师专业发展视域下的高校辅导员专业素质探析》，《教育发展研究》2009 年第 3 期。

学、教育学的系统理论知识。

（2）强化相关专业知识。相关专业知识是辅导员除了具备本体性知识之外，还应具有与大学生思想政治教育工作相关的学科理论知识。相关专业知识作为辅导员专业知识的组成部分是不可或缺的。辅导员的合理知识结构并不是知识的简单堆砌，而应经过系统的专业训练，形成专业的知识结构，即"广博的基础知识"加上"精深的专业知识"，凸显思想政治教育学科在专业知识结构中的核心地位。[①] 相关专业知识包括哲学、伦理学、管理学、心理学等。

3. 加强专业能力培养，提升辅导员专业素质

辅导员专业能力是辅导员专业素质高低的表现，如果说专业知识是辅导员专业素质的内在表现，则专业能力是辅导员专业素质的外在表现。根据专业能力的定义，可以看出，专业能力是衡量辅导员教育能力高低的参考条件，是衡量辅导员是否具有专业发展前景的基本参数。所以，提升辅导员的专业能力，是保障辅导员专业素质提高的前提。

（1）提高辅导员教育能力。辅导员的核心工作就是"教育"，所以教育能力是辅导员专业能力的首要能力。辅导员要正确把握大学生思想政治教育的内涵，不断加强自身教育能力。

（2）提高辅导员组织协调能力。辅导员在工作中，要经常充当组织协调者的角色，要组织学生社团活动，并与多部门打交道协调工作，让大学生树立团队意识、发挥团队优势，所以，辅导员要通过各种途径提高自己的组织协调能力，真正做到大学生的社团活动的领导者。

（3）提高辅导员学习能力。辅导员的专业素质提高是一个渐进的过程，专业素质提高的手段就是学习，所以，辅导员的学习能力是辅导员不断进步的基本保障。学习能力是人生存与发展的

---

① 卢远：《教师专业发展视域下的高校辅导员专业素质探析》，《教育发展研究》2009 年第 3 期。

基本能力。从发展的角度看，辅导员的学习不可能一次性完成，而是积累性的和渐进性的，终身学习应成为辅导员的一种生活方式和人生态度，这可以为其专业发展不断补充"动能"。辅导员的学习不是孤芳自赏，而应该建立在团队互助的基础之上，发挥团队优势，互相促进、取长补短，这是辅导员解放自我、实现专业价值的有效途径。

4.加强辅导员专业培训

专业培训是提高辅导员专业素质的有效途径。教育部《关于加强高等学校辅导员班主任队伍建设的意见》提出了"使辅导员队伍的培训、学习制度化"的要求。辅导员专业素质的提高，不可能只靠就业前的一次性学历教育，而需要经过不断的培训，逐渐成为思想政治教育领域内的专家。目前高校辅导员越来越年轻化、高学历化，但并不能因此就断定辅导员的专业素质就一定高，他们在工作技能和工作经验方面还存在着不足和欠缺。

辅导员的在职专业培训，要围绕"专业"这一核心内涵展开，使辅导员进入"专业化"发展的轨道。对辅导员的培训要遵循循序渐进的方法，上级相关部门做好科学体统的教育规划，这样才能取得可观的效果。比如，对新辅导员的培训可由有经验的辅导员进行案例讲解，以保证新辅导员入职时工作顺畅。而后新辅导员在工作中认真体会，把工作方法理论化，再通过一些教育专家来提升辅导员的专业素质。

另外，辅导员在经过了理论和方法的培训后，还要进行一系列素质拓展培训，如带新辅导员参与野外生存、团队信任训练、心理耐受能力训练等，这样可以提高辅导员的心理和生理承受能力，并能深刻理解团队、信任、沟通等内涵，为大学生思想政治工作奠定良好的工作知识储备。

（二）辅导员自身加强专业素质养成

辅导员的专业素质培训除了需要相关部门的制度保障和一系列有效措施，辅导员个人还要积极通过自身素质的提高，不断加强专业成长，可以通过研习会、座谈会、教育观摩、阅读专业书刊及搜集相关资料、专业对话等。而辅导员专业成长主要有以下几种方式。

1. 注重专业内省

对于大多数辅导员来说，个人的教育经历和所从事的工作相关性不大，甚至相去甚远，这就需要辅导员要以一种自我内省的方式快速进入自己所从事的思想政治工作氛围。需要辅导员及时转换角色，以"教育者"的姿态面对自己的学生。所以，辅导员要加强自我内省，自觉投入到辅导员的角色中去。这种方式一般是由辅导员通过自我引导的方式，深刻理解辅导员的职业性质、特点，来达到对自己职业的深刻认同，从而以一种全身心的状态引导教育大学生，真正意识到辅导员在大学生思想政治教育中的重要性和必要性。辅导员只有真正理解了自己职业的重要性，才能为这一职业做好规划，在工作中不断取得进步。

2. 自我导向学习

"自我导向学习"是近年来世界教育领域里迅速发展起来的一种新的学习理念、学习方式和方法，它在成人学习中占据着越来越重要的地位。[①] "自我导向学习"是学习者的一种能力，学习者能够针对自己的专业、爱好，积极主动地学习，并能够设定实际可行的目标。对于辅导员来说，就是能够根据自己的专业特点，运用有效资源，自主地制定职业规划。自我导向学习方式的优点在于：主动性学习、能适应学习者的个别需要、强调与外在环境的互动与着重学习者的特质，且不受到正规教育的限制，可从事正式与非正式的学习活动，符合终身学习潮流的趋势。"自我导向学习"改变了以往成人学习被动应付的局面，有利于提高成人学习的积极性、主动性和有效性。"自我导向学习"在辅导员专业成长上的应用，可通过四种方式达成：（1）追随良师；

---

① 李广平、于扬：《自我导向性学习与教师专业发展》，《外国教育研究》2005年第6期。

（2）多参加思想政治教育研究专业组织的活动；（3）广泛阅读；（4）多开展专题研究。①

3. 反思式专业成长

大学生思想政治教育的质量取决于辅导员的专业素质，辅导员必须通过思想政治教育实务的反思，以及针对自己的教育经验及成长历程进行回溯性的思考与整理。辅导员工作的特点就是工作无定式，对于这样一种没有固定模式的工作，就要求辅导员要不断总结、反思，才能在纷繁复杂的、千头万绪的工作中找到理论的支撑点。辅导员要想成为学生的良师益友，得到大学生的尊重，就要学会思考，懂得如何对大学生表达个人的想法与观点，以达到教育的目的。辅导员需要的不仅是扎实的理论知识，更需要能够活用理论知识的能力。辅导员的反思式专业成长，就是辅导员能够在工作中不断磨练分析技巧、活用理论和沟通技巧，成为具备反思能力的决策者。唯有审慎的思考、反省自己的成长历程及实务经验，才能了解自己的优点、缺点与盲点，也因此才能规划自己专业成长的方向。

总之，随着知识经济时代的到来和素质教育的推行，辅导员队伍在高校教育管理工作中发挥着越来越重要的作用。辅导员应不断提升自身综合素质，以更有效地做好学生教育和管理工作。国家、高校应更好地为辅导员提供展示才华和实现自身价值的舞台。

---

① 何昭红：《试论高校辅导员的专业角色与专业成长》，《思想理论教育导刊》2008 年第 8 期。

第七章　辅导员心理素质培养

胡锦涛指出："要坚持把促进学生健康成长作为学校一切工作的出发点和落脚点，全面贯彻党的教育方针，坚持育人为本、德育为先、能力为重、全面发展，着力增强学生服务国家服务人民的社会责任感、勇于探索的创新精神、善于解决问题的实践能力，努力培养德智体美全面发展的社会主义建设者和接班人。"[①]大学生是国家的未来，肩负着民族振兴的重任。因此，培养良好的思想政治素质和道德品质势在必行。辅导员作为大学生思想政治教育的组织者和实施者，优良品行的示范者，成长成才的服务者，其群体素质直接关系到大学生的健康成长。其中辅导员的心理素质是辅导员素质的重要组成部分，心理素质的高低直接关系到大学生思想政治教育的水平，关系到学生的思想道德教育成败。因此，关注辅导员的心理素质培养，对于实现高校人才培养目标，培养合格的社会主义建设者和接班人，具有十分重要的现实意义。

一、培养辅导员良好心理素质的重要意义

（一）心理素质内涵

心理素质是人的整体素质的组成部分，是人的身体、心理和

---

① 胡锦涛：《在庆祝清华大学建校 100 周年大会上的讲话》，《人民日报》2011
年 4 月 25 日。

社会素质之一。心理素质是以生理素质为基础，在实践活动中通过主体与客体的相互作用，而逐步发展和形成的心理潜能、能量、特点、品质与行为的综合。心理素质一般包括以下几个方面：

一是心理潜能。马克思认为，潜能就是人自身的自然中沉睡着的能力，是体能与智能的总和。通俗的说，潜能就是有待开发、挖掘的处于潜伏状态的能力。潜能的发掘和发挥都存在着极大的心理因素，人们通过提高认识、学习技巧、培养感受力和领悟力、坚强意志能方法都能够发挥人的生理、心理潜能，因此，从广义角度讲，任何的潜能都属于心理潜能。

二是心理能量。也叫心理力量或心理能力，指的是人从事心理活动所需要的能力，包括算数、语言理解、归纳推理、记忆力、知觉速度、演绎推理和空间视知觉。其总量被称为智力。

三是心理特点。人在认识客观事物和改造客观事物的过程中，不仅有认识、情感、意志等各种心理过程，还会表现出每个人心理活动的独特性，这便是人的心理特点。心理特征指一个人在心理过程和个性特征两方面所表现出来的本质特征，包括情感、兴趣、意志、能力、性格等方面。

四是心理品质。心理品质是个人在某一时期、某一场合表现出来的稳定的一贯的心理特征，它是多种心理素质的高度凝结，如记忆品质、思维品质、注意品质、意志品质等等。

五是心理行为。人们无论简单的还是复杂的行为，归根结底都是受人的心理支配的结果，都是人的心理活动的外部表现。因此，人的一切行为都可以称之为心理行为。心理行为是心理素质的标志，通过它可以检测心理素质水平的高低。

（二）培养辅导员良好心理素质的意义

1. 辅导员的心理健康是自身健康成长的基础

辅导员处于教育、管理、服务的第一线，需要处理各种繁杂的事务。面对各种不同的学生，经常是"上面千根针，下面一根线",工作任务繁重,压力大,难免会出现厌烦、焦虑、困惑、倦怠等心理反应。因此,必须要有良好的心理调适能力,保证自身的心理健康,更好的工作和生活。心理健康通常包括能积极的调节自己的心理状态,适应环境;能有效第、富有建设性地发展和完善个人生活。拥有健康的心理状态,才能正确的认识和把握外部世界,保证自身行为的合理性和创造性。人的心理发展水平越高,人的主观能动性和创造性就越能得到有效发挥。因此,辅导员必须要学会正确认识和评价自我,不妄自尊大,也不妄自菲薄;要善于调控自己的消极情绪,缓解精神紧张,保持心理平衡;要掌握与人相处的技巧,保持积极向上的正面情绪;遇到问题要主动寻求帮助,早日解决,防止积压。总之,辅导员要正视自身面对的动力和压力,合理运用心理防御机制,拥有积极健康的心态,保持工作热情和干劲,降低自身心理疾病的发病率,才能更好的工作和生活,才能取得更长远的发展。

2. 辅导员的心理健康是大学生健康成长的保证

辅导员是活跃在高校第一线的学生工作者,每天与学生朝夕相处,与学生交流最多,影响最大,担负着引导和培养学生优良品格和良好人格的重任。《中共中央、国务院关于进一步加强和改进大学生思想政治教育的意见》指出:"要重视心理健康教育,培养大学生良好的心理品质和自尊、自爱、自律、自强的优良品格,增强大学生克服困难、经受考验、承受挫折的能力。"辅导员是大学生健康成长的领路者,他们的精神面貌和心理状况必然对大学生产生强烈而又深远的影响。美国管理学家罗夫·怀特和罗纳德·李皮特提出了三种领导方式理论:权威式、参与式和放任式。他们研究发现,权威式与参与式的领导对学生学习成绩的影响不是很大,但对学生的社会行为,对学习成人的价值观有深远影响。因此,辅导员是否能保持良好的心态,是否能以民主的精神对待学生,是否能将公正与宽容集于一身,是保证大学生能否健康成长的关键。

3. 辅导员的心理健康是校园和谐的重要内容

　　辅导员每天都面临着千姿百态的学生群体，一方面，他们的生理和心理正走向成熟期，自我意识逐渐增强，但情绪控制能力差；另一方面，生存和竞争的压力加大，他们所受的教育与现实环境的冲突对他们的认知造成困惑，导致他们在学习、生活、人际关系、就业等方面的压力加剧，很多大学生无法适当调整和排解，造成心理疾患者明显增多。因此，辅导员必须要培养自身良好的心理健康调适和教育能力，充分利用工作优势，做好大学生身心发展的疏导工作；及时把握和调控大学生的群体情绪；了解不同学生的不同心理需求，努力成为他们情感上的朋友。用乐观、积极、向上的生活态度去引导他们面对学习、生活、家庭、爱情、就业等方面的困难和挫折，及时化解学生矛盾，保证校园的和谐稳定。

二、辅导员良好心理素质的基本要求

（一）辅导员应具备良好的角色认知能力

　　认知是指人们认识活动的过程，即个体对感觉信号的接收、检测、转换、合成、编码、储存、提取、重建、概念形成、判断和问题解决的信息加工处理过程。认知是人们最基本的心理过程，它包括直觉、感觉、想象、记忆、思维和语言等。简单的说，就是人脑接受外界输入的信息，经过大脑的加工处理，转换成内在的心理活动，进而支配人的行为，这就是认知过程。自我认知是对自己的洞察和理解，包括自我观察和自我评价。自我观察是指对自己的感知、思维和意向等方面的观察；自我评价是指对自己的想法、期望、行为及人格特征的判断与评估，这是自我调节的重要条件。角色认知是指角色扮演者对社会地位、作用及行为规范的实际认识和对社会其他角色关系的认识。任何一种角色行为只有在角色认知十分清晰的情况下，才能使角色很好的扮演。角色认知包括两个方面，一是对角色规范的认知，二是对角色评价的认知。角色认知是角色扮演的先决条件，一个人能否成功的扮演各种角色，取决于对角色的认知程度。

《普通高等学校辅导员建设规定》中规定了辅导员的八大职责：帮助大学生树立正确的世界观、人生观、价值观；帮助大学生养成良好的道德品质；了解和掌握大学生思想政治状况，化解矛盾冲突；落实好对经济困难大学生资助的有关工作；积极开展就业指导和服务工作；以班级为基础，以学生为主体，发挥学生班集体在大学生思想政治教育中的组织力量；做好经常性的思想政治工作；指导学生党支部和班委会建设。

由此可见，辅导员是学生思想政治教育工作的实施者、高校思想政治教育规律的研究者、优良品行的示范者、学习求知的引导者、成长成才的服务者、心理健康的疏导者和职业规划的指导者。

我们的国家和民族赋予了辅导员如此丰富而复杂的角色内涵，如此光荣艰巨的历史使命。每一个辅导员都应该清楚的认识到自己职业和职位的重要性，走出自身认知和思维的误区，认清自我价值，提高自信心、归属感和成就感。当学生思想出现困惑时给予正确的点拨，当学生品行上有不良表现时给予指正，当学生学习遇到问题时给予正确的引导，当学生生活出现困难时施以援手，当学生成长遇到障碍时给予他们人生经验和智慧。总之，在学生需要的时候出现在他们身边，使他们及早摆正人生航向，顺利成长，完成使命，出色的扮演好我们的辅导员角色。

（二）辅导员角色需求与动机品质的培养

心理学研究表明，人的积极性是与需求和动机紧密联系在一起的。要使辅导员了解需要与动机在成才中的重要作用，将需求和动机调整到精神需求的层次，保持良好的心态。

需求是个体在生活中感到某种欠缺而力求获得满足的一种内心状态，它是机体自身或外部生活条件的要求在脑中的反映。美国著名心理学家马斯洛将人的需求分为五个层次：最低层是生理需求，如吃饭、穿衣、医疗、住宅等；中层是安全需求，如劳动安全、职业安全、生活稳定、希望未来有保障等；社交需求，也叫隶属与相爱需求，是对友情、爱情、温暖、信任等的需求；尊重需求，包括自我尊重、自我评价及尊重别人；最高层次是自我实现需求，即发展个人信念、理想的需求。

动机是直接推动一个人进行活动的内部动因或动力，是需求的具体表现。由于需求的种类不同，动机的种类也是多种多样的。如可以将动机分为生理性动机和社会性动机；物质性动机和精神性动机；高尚的动机与低下的动机；长远的动机与短暂的动机等等。

辅导员作为普通人，要吃饭穿衣，有着必要的生理需求，需要满足基本的物质生活条件。但辅导员同时又是具备高素质的高等学校教育工作者，是学生的亲密导师知心朋友，在满足基本物质需求的同时，要有更高的精神追求。辅导员应该将自我需求调整到精神需求的层次，将工作目标定位于获得学生的理解和尊重，为祖国发展输送合格人才，实现自我价值上来。总之，最后要实现自我评价为：我是一名好辅导员。

辅导员的工作动机也有外在动机和内在动机之分。外在动机上看，最根本的是要获取基本的生活保障。同需求一样，光有物质没有精神，是无法达到自我完善和超越的，因此，辅导员也要将工作动机调整到内在动机，从内心本质上给自己激励，树立成就目标，加强自身的内在动机指引。首先，要将工作动机调整到获得别人的认可和尊重，获取自尊和自信。其次，要培养自己热爱学生，热爱教育事业，对自己的工作产生浓厚的兴趣。兴趣会带来无穷的动力和创造力。最后，要树立成就目标，激发自身的成就欲望。要经过自己的辛苦努力，将学生培养成为栋梁之才，获取教育成就。

（三）情绪情感品质的培养

我们把人对客观事物的态度体验及相应的行为反应，称之为情绪情感。辅导员的工作特征之一，就是与学生进行情感和心灵交流，获取学生的信任和尊重，以便引导学生。这就要求辅导员必须要有丰富而健康的情绪和情感。那么，辅导员要具备哪些情绪情感呢？

首先，辅导员必须具备爱。辅导员对学生要有无私而理智的爱。无私是因为这种爱要源于社会的需要、教育的需要，要体现一个民族对青年一代的深切期望；理智，是要求辅导员对学生要一视同仁，不分优劣，切不可"偏爱"。辅导员对工作要有执著的爱，对教育要有崇高的爱。十年树木，百年树人。教育不是一朝一夕能够完成的，有时可能要坚持不懈的努力很多年才能收到成效，因此，必须要执著，要坚信自己的工作是为了党和国家的未来，是崇高而伟大的。一个优秀的辅导员，不仅要向学生传授知识，培养能力，更应该把自己美好的情感传递给学生，让学生感悟爱的力量。

其次，辅导员要具备稳定的情绪和开阔的胸怀。人在情绪激动时，往往认识范围狭窄，判断能力下降，思维僵化，不利于工作、学习和解决问题。心胸狭窄的人，心中不能容物，极端的自我与自私，心中只有自己，没有他人。这样的人怎能赢得别人的信任和尊重呢？因此，辅导员应具备稳定的情绪和豁达的心胸，能够与同事和学生融洽相处，能够更公平理智的看待问题和处理问题，能给人以生机勃勃的良好印象，其言传身教能取得更好的效果。

再次，辅导员应具备坚强的意志品质，面对困难时应有较强的坚韧性和耐挫力。坚强的意志品质，是人格构成不可缺少的要素之一，关系到一个人的成长与发展。在现代生活中，一个人能否排除外在环境制约，能否克服内心障碍，有无抗挫折的能力，有无独立自主、奋发向上的精神，不仅关系到人格的形成与发展，也是一个人生存进取的基本条件。坚强的意志品质包含了自觉性、自制力、果断性和坚韧性四个特征。新时期的辅导员，大多数毕业直接留校参加工作，年纪较轻，社会阅历浅，经济压力大，同时还要面对复杂多变的个性学生群体、上级领导交代的繁重的艰巨工作，因此要求辅导员必须要具备坚强的意志品质，调整好心态，从心理上具备战胜各种困难的决心和勇气。要学会确立目标，规划职业发展方向，合理安排时间，协调好工作与生活。

（四）自我意识的培养

自我意识是对自己身心活动的觉察，及自己同客观世界的关系的认识。包括自己对自己及自身状态的认识；对自己肢体活动的认识；对自己心理活动的认识。自我意识在个体的发展中具有重要作用。首先，自我意识是认识外界客观事物的条件。个体如果无法区分自己与外部世界，就不可能认识外部客观事物。其次，自我意识是人具有自觉性和自控力的前提，对自我教育具有推动作用。个体只有认识到自己是谁，有哪些优点和不足，才能取长补短；只有认识到自己要做什么，才能自觉的去行动。再次，自我意识是改造自身主观因素的途径，它能使人不断的自我监督、自我完善。

辅导员要了解自我意识的形成和发展过程；要了解自我意识对人才成长的作用，提高自我意识；有能力实现自我调控，开展自我教育，保持心理健康。辅导员还应该有能力指导学生发现和发展自我意识，开展自我意识的教育。辅导员实现自我意识调控，应该具备以下几种自我意识：

第一，进取意识。江泽民在 1999 年全国教育工作会议上指出：教育者必须要先接受教育，学习专业知识、科学文化知识、实践知识，政治知识，以不断提高教书育人水平。当今时代，知识随着网络和媒体的广泛介入，传播和更新速度飞快。大学生思维活跃，接受新鲜事物的能力强，求知欲旺盛。为了做好大学生的工作，辅导员必须要与时俱进，紧跟大学生的知识跟新步伐，找到与大学生沟通的共同语言。同时，辅导员还要不断的更新工作途径和方法，做一名顺应时代步伐的思想政治教育工作者。

第二，表率示范意识。辅导员做为与学生关系最密切的管理者，很多时候，他的管理职能是通过示范来实现的，表率本身就是一种强有力的教育手段。辅导员通过不断更新知识来教育学生学无止境；通过个人的人际交往关系来教育学生要与人为善；通过自身的工作行为教育学生要肩负责任。总之，辅导员的一举一动、一言一行都可能成为学生效仿的榜样。因此，辅导员必须要严格要求自己，以身作则，为人师表。

第三，服务意识。辅导员作为学生成长成才的服务者，必须要具备服务意识：一切为了学生，为了学生的一切。辅导员要牢记所有的工作都是为了保证学生的健康成长，为学生提供学习环境，提供锻炼平台，提供就业指导。总之，要增强服务意识，端正服务态度，提高服务水平，做好服务工作。

第四，情感意识。辅导员做的是学生的思想政治工作，换句话说，做的是人的思想政治工作。人的感性动物，对情感有着强烈的需求。因此，要想做好人的工作，首先就必须要付出真情，以情感人，以情动人。辅导员只有热爱学生、尊重学生，与他们平等相处，真诚相待，做他们的知心朋友，才能了解他们所思所想，做好他们的思想工作。

第五，反思意识。金无足赤，人无完人。人没有尽善尽美的，任何人的学习工作都有可能出现疏忽和纰漏的地方。辅导员每天面对大量的日常事务和众多的学生思想工作，工作纰漏在所难免。因此，辅导员要具有反思精神，经常进行总结，总结自己的失误和不足之处；虚心听取别人的意见和建议，不断完善和提升自己。同时，也是言传身教学生，要有所担当，敢做敢为，勇于承担。

三、培养辅导员良好心理素质的途径

（一）进行心理学基本知识和基本理论的系统培训

目前我国高校辅导员，大多来自本校本专业或替他专业。虽然求学期间，他们是同学中的佼佼者，是党员是学生干部，但并未经过教育学、教育心理学、心理学、政治学、管理学等相关知识的专业培训，工作后的辅导员忙于繁杂的日常工作，也很难有时间和精力进行自学。虽然在辅导员培训方面，各高校每年都会有工作研讨会、培训讲座等方式，但1－2次的研讨会和讲座根本无法将这些知识讲清，仅仅毛皮而已。辅导员工作的重点之一就是要做好大学生的心理疏导工作，因此，为了真正掌握大学生的思想动态，把握大学生的心理状况，做好大学生心理疏导工作，辅导员应该接受系统的学习和培训。

首先，通过开设专门课程，学习掌握心理学的基本知识。有些高校设有心理学专业，可以组织辅导员统一参加一些课程的学习。有条件的高校，也可以出资为辅导员聘请教师进行专门的系列授课或者到校外的培训机构集中学习，对参加课程系统学习并考核合格的辅导员应给予嘉奖。要掌握心理学的基本概念，即"人在与他人及周围环境相互作用过程中产生的心理和行为、人与人之间的相互作用过程及作为这一过程后果的人际关系，以及作为人们直接社会现实的微观社会怎么样影响人们的行为与思维方式等方面。"① 具体的知识轮廓为印象与归因、态度、沟通、人际交往和人际吸引、人际关系、侵犯和侵犯行为、社会影响等。

其次，通过实践，学习掌握心理辅导和疏导的基本方法。知

---

① 金盛华、张杰：《当代社会心理学导论》，北京师范大学出版社1995年版，第2页。

识学习的根本目的是应用。辅导员掌握基本的心理学知识后，可以适时的发现自己的心理状态并进行适当的自我心理调节。常见的心理疏导方法有：

文饰法：当遭遇某种心理困境时，选择一个合乎需要的理由来自我安慰，以缓解精神痛苦。但是，文饰法是一种消极的缓解痛苦的方法，并不能从根本上解决问题。

情绪转移法：心理学认为，在发生情绪反应时，头脑中有一个较强的兴奋灶，此时如果另外建立一个或几个新的兴奋灶，便可冲淡或抵消原来的优势中心。因此，当情绪低落、沮丧时，可以有意识的转移话题或做别的事情来分散注意力。

暗示法：心理暗示是指人接受外界或他人的情绪、判断、愿望、观念、态度影响的心理特点。它是人或环境以非常自然的方式向个体发出信息，个体无意中接受这种信息，从而做出相应的反应一种心理现象。因此，暗示的作用有好有坏。这就要求我们要利用暗示的积极作用，接受积极向上的信息，培养自己积极向上的心态。

自我悦纳法：人无完人，每个人都有优点和缺点。要学会客观、完全、愉快的接受自我，接受自己的成功与失败，不骄傲自大亦不妄自菲薄。

换位思考法：就是设身处地的为别人着想，想他人所想，这是人际交往的基础法则，可以解决人际交往困扰问题。另外，学会多与同事合作，多与学生合作，也是改善人际关系的有效方法。

目标激励法：就是通过目标的设置来激发人的动机、引导人的行为，以激发其积极性、主动性和创造性。人都要有目标并为之努力奋斗，在这过程中可能会遭遇挫折失败，但只要目标还在，我们奋斗的动力就还在。

再次，各高校要鼓励辅导员进修学习。可以鼓励辅导员在职攻读思想政治教育、心理学、教育学等专业硕士及以上学位。一方面可以提高辅导员自身的素质和能力，有利于学校工作的顺利开展；另一方面，也为辅导员将来的发展埋下很好的伏笔，打下坚实的基础。

（二）提升辅导员自身情绪管理的能力

良好的情绪管理能力对辅导员的身心健康和工作发展至关重要，所以要加强对辅导员的情绪管理能力的培养和训练，提升他们自身情绪管理的能力。

首先，要培养正确的情绪认知能力，即要觉察自己真实的情绪。

人类的智慧在于它不仅能对客观事物进行思考和评价，更在于它能把锋芒指向自己，对自己的身心状态进行思考和评价。对于自身的情绪，也是如此。身处同样的社会环境中，遇到相同或相似的事件，有的辅导员会产生负面的情绪，有的却不会，这说明很多时候，引起负面情绪的不是事件本身，而是人的看法。因此，在工作和生活中，辅导员首先要学会真实的认知自己的情绪。对于某一事件、某一问题或某一现象，你的真实看法是什么，内心的情绪反应是什么。是积极、快乐、幸福、热爱还是消极、苦闷、悲伤、冷漠？只有真实的认识到自己的情绪反应，才能学会怎样去控制和管理情绪。

其次，要掌握管理情绪的有效方法，让正负面情绪都有安全适当的出口。

要想管理自己的情绪，首先要学会合理的表达自己的情绪。正常的情绪反应，不论是积极的还是消极的，都有助于个体的行为适应。情绪的适度表达有正面情绪的表达和负面情绪的表达。经常与人表达自己愉快的情绪，能让人更喜欢接近自己，赢得别人的喜爱；要适度的表达生气、愤怒等负面情绪，自制并不等于情感压抑。

要想管理自己的情绪，还要学会合理的宣泄自己的情绪。当情绪反应强烈时，应该找到合理的宣泄方式，否则积压起来将有害身心，尤其是负面情绪的积压。合理的宣泄方式一般有：倾诉、自嘲、幽默、借物宣泄、哭、大喊等。倾诉是最好的排解方式，有助于排解负能量，并借助反馈提升自我认知；自嘲和幽默可以有效的缓解紧张、愤怒和不安的情绪；借物宣泄，如摔打枕头等，可以宣泄强烈的负面情绪；哭是一种纯真的感情爆发，是人的保护性反应，可以释放积聚的大量负面能量；大喊则是宣泄兴奋或愤怒的有效方法。

再次，辅导员的情绪转移与升华。除了合理的表达与宣泄自身的情绪外，辅导员还应该具备更高级的情绪管理方法，即转移法和升华法。

转移法：指在遭遇消极情绪的困扰时，为了减轻和消除消极情绪，通过转移注意力，使自己的心境较快地从消极情绪中解脱出来，达到心理平衡。① 通常要尽快离开负面情绪产生的环境，可以用看电影、听音乐、打球、散步等活动，来放松自己紧张的心情；要练习微笑，研究表明，经常保持微笑，会让自己和别人都感到愉悦和舒服。总之，在情绪来临是学会转移情绪，待头脑冷静、恢复理智的时候再解决问题，是辅导员工作的需要之一。

升华法：升华，是将不为社会所认可的动机或欲望导往比较崇高的方向，使其具有创造性和建设性。② 升华法是对情绪的一种较高水平的宣泄，能将情绪激发的能量引导到对人、对己、对社会都有利的方面，它跟一个人的修养和觉悟密切相关。辅导员应该克服工作繁琐、自我价值实现缓慢、职业倦怠对自己带来的不利影响，化悲愤为力量，努力提高自己的工作水平，做出成绩，证明自己。

（三）提升辅导员构建和谐人际关系的能力

辅导员既是学校制度的执行者，又是学生权益的维护者。这

---

① 赵美森：《高校辅导员心理和谐的策略研究》，硕士学位论文，大连理工大学，2008年。

② 许国彬、陈宇红：《高校辅导员心理调试教程》，人民出版社2009年版，第190页。

两种角色的互相冲突经常使辅导员陷入两难的境地，甚至有时是两面都不讨好，这就需要辅导员具有高超的人际沟通能力。既要做学生的亲密朋友，取得学生的信任，在严格管理的同时让学生体会到作为师长的良苦用心；又要做一名校规校纪的维护者，在维护校纪的同时，与领导适当沟通，转达学生的利益需求，做好桥梁工作。

怎样提升辅导员构建和谐人际关系的能力呢？

首先，要正确把握人际交往的原则。人际交往中要遵循真诚、平等、尊重、宽容、互利等原则。惟有真诚才能取得别人的信任，得到别人的接纳；平等是和平共处的前提；在平等的前提下，要彼此尊重，尊重是沟通的桥梁；求同存异，互相包容，是建立和谐人际关系的关键；互利互惠，人际交往只有互相的付出物质、精神、情感等，才能交换到和谐的人际关系。只有正确把握人际交往的原则，才能建立持久和谐的人际关系。

其次，要正确掌握人际交往的方法。人际交往固然需要真心，但真心未必能换来和谐的人际关系。人际交往是一门艺术，需要很高的技巧，这就是交往方法。第一，在人际交往中要学会适度调控。交往要保持适当的距离，掌握分寸，给彼此留有空间。零距离的交往必然会导致交往窒息。第二，要学会定期疏导。人际交往中，矛盾总是存在的，磕磕绊绊总是少不了的。因此，必须要学会定期疏导，将可能出现的危机消灭在萌芽状态，第一时间化解矛盾，达到人际关系的和谐。第三，要学会换位思考。人际矛盾产生的原因，大多是只站在自己的立场上看问题，没能换位思考，没能考虑对方的感受。"己所不欲，勿施于人"，只有以诚换诚，用自己的真诚和善意去赢得他人的理解和友谊。

再次，要注重交往礼仪。欲观其人，先观其友，礼貌和修养关系的不仅仅是个人形象，同时也关系到朋友的形象。没有哪个人希望自己的朋友行为粗鲁，言语无度。因此，要注重交往礼仪，加强自身素质修养，培养高雅的气质行为，为自己加分，为朋友加分，以赢得更多的朋友。

（四）开展辅导员良好心理发展的调查研究

辅导员的工作对象是思想不稳定，情绪波动剧烈的青春期大学生，工作重点之一就是关注大学生的思想动态和心理健康状况，因此，辅导员必须要拥有健康阳光的心理状态。高校应密切、持续关注辅导员的心理健康状况，将其作为德育师资建设的重要组成部分来抓。

首先，要把好辅导员的选聘关，确保德育人才的质量。要统一思想，明确对辅导员应聘者进行心理素质考核是确保德育师资人才质量的重要措施，形成不经过心理测试不得上岗的制度。在选聘中，要运用教育学、教育心理学、社会心理学、人才管理学等相关学科的理论知识，制定好相应的心理测量标准，研制科学的心理测验工具。要严格按照测量标准，科学使用测量工具对应聘者进行心理测试，真正严谨、科学的执行测试制度，不敷衍了事，不应付过关。

其次，为辅导员建立心理档案，跟踪监测辅导员的心理健康状况。心理情况与身体状况一样，随着时间的推移及经历的增加而出现波动，需要定期进行心理体检。高校可以利用自己的心理咨询师资资源，每一到两年为辅导员进行心理体检，发现小问题及时疏通，以免积压，心理负担加重而导致心理疾患。

再次，开展辅导员心理调查，调查他们所需所想，从根本上预防辅导员心理疾病的发生。每一种心理的变化都是有诱因的，了解辅导员心理变化的原因，可以确保更好的对其进行心理辅导。有些辅导员心理变化是因为工作任务繁杂、工作压力大待遇却低下引起的；有些是因为缺乏身份的认同，在学校处于尴尬的境地引起的；有些是学生思想工作成效缓慢，缺乏成就感引起的；有些是因为发展空间不明朗，发展方向不明确导致对前途的迷惘而引起的。总之，了解辅导员心理变化的原因，在可行的范围内制定相应的政策和措施，解决其后顾之忧，可以从根本上预防辅导员心理疾患，保证其工作质量。

(五) 健全辅导员心理保障机制

辅导员是作为高校教师队伍和管理队伍的一个特殊群体，肩负着教育与管理的双重使命，压力大，极易出现心理不适。因此必须要健全辅导员的心理保障机制，以保证这只队伍的整体素质和战斗力。

1. 构建有效的社会支持网络

"社会支持水平会直接影响个体的心理健康水平，社会支持水平越高，心理健康水平越高，主观幸福度越高，心理症状越少。"① 社会支持主要从社会舆论支持和政府政策支持双方面入手。

当今的国际社会，经济全球化发展，国际竞争日趋激烈。国家间的竞争就是人才的竞争，因此，辅导员必须根据现实情况，努力提高大学生的综合素质与专业能力，将他们培养成具有国际竞争力的高素质人才，这是历史赋予辅导员的光荣使命。我们的报纸杂志、广播电视、网络媒体等都应该进行全方位的深度分析，认清辅导员所肩负的这一光荣使命，在全社会营造一种能有效促进辅导员的使命感、鉴定职业信念的客观环境，帮助其克服职业危机感和倦怠感。新时代的辅导员，大都是学生时代的佼佼者，具有较高的综合素质和工作能力。他们在辅导员岗位勤恳工作、不畏艰难、不断创新、不辱使命，涌现出大批"政治强、业务精、纪律严、作风正"的优秀辅导员。社会舆论更应该对他们的事迹进行积极的报道，既能宣传他们的工作形式、方法、手段等，与其他辅导员进行工作交流，提升辅导员的整体工作水平；又能赢取社会对辅导员的情感支持，树立辅导员的职业形象，为辅导员开展工作、成长发展和心理减压提供良好的社会舆论支持。

---

① 涧吾森：《社会支持、心理控制感和心理健康的关系研究》，《中国心理卫生杂志》2000 年 4 月。

党的十六大以来，特别是 2004 年，中共中央下发了 16 号文件，对切实加强和改进新形式下的大学生思想政治工作提出了要求。从中央到地方相继出台各种相关的政策和措施，形成了全党全社会共同关注大学生思想政治教育的强大合力。对作为思想政治工作主力军的辅导员提出了更高的要求，也落实了更多的政策，以调动辅导员的积极性。2006 年 4 月，教育部在上海召开了第一次全国高校辅导员队伍建设工作会议，进一步落实了 16 号文件的精神，部署了相关工作。2006 年 7 月，教育部制定了《普通高等学校辅导员队伍建设规定》和《2006－2010 普通高等学校辅导员培训计划》，明确了辅导员"具有干部和教师的双重身份"。但是，政策的落实还需要各地方党委、政府和高校出台相关的配套措施，并坚决贯彻执行。只有落到实处而非空中楼阁的具体措施，才能为辅导员明确角色定位、工作职责、工作待遇、职业发展方向、减轻心理压力给予政策支持，帮助其提升工作信心，维护其心理平衡。

2. 开展针对辅导员的心理辅导活动

针对辅导员面对工作和生活压力带来的心理问题，可以从以下几个方面进行心理辅导，提升其心理健康水平。

开展个体的心理咨询。各高校都设有专门的针对学生的心理咨询中心，应充分利用心理咨询中心的资源，将心理咨询扩展到辅导员队伍中。指派心理咨询师在指定的时间和地点接受辅导员的心理求助，帮助其解决心中的矛盾和困惑，以避免由于心理矛盾和困惑的挤压带来的其他方面的消极影响。

开展朋辈心理辅导。朋辈心理辅导是一种特殊的心理健康教育形式，是一种积极的人际互动过程。指年龄相当者对周围需要心理帮助的人和朋友给予心理开导、安慰和支持，提供一种具有心理咨询功能的帮助活动。[①] 朋辈心理辅导利用的就是朋辈间生

---

① 赵美森：《高校辅导员心理和谐的策略研究》，硕士学位论文，大连理工大学，2008 年。

活环境、价值观念、生活理念等相同或相近，心理距离小，被咨询者能更深刻的体会咨询者的内心体验和感受，使咨询者和被咨询者可以在短时间内建立起互动关系，取得咨询者的信任。高校辅导员大都比较年轻，在读书时是学生中品学兼优的佼佼者，学习、生活、工作经历和体验都相似，相互之间更容易沟通，辅导效果也更明显。

组织一些促进身心健康的文体活动。大量研究表明，文体活动能预防甚至治疗心理疾病。辅导员平时工作事务多，精神压力大，参加文体活动的时间和精力少。因此，高校的管理者们更应该组织开展丰富多彩的文体活动，活跃辅导员的业余生活，加强与辅导员的交流，增强辅导员的集体意识和归属意识。如组织篮球、排球、爬山、合唱等等文体活动，都有助于辅导员缓解心理压力，促进身心健康。

当前国内外竞争形势十分严峻，国家间的竞争就是人才的竞争。辅导员作为高等院校大学生思想政治教育工作的骨干，肩负着繁重的日常管理和细致的思想政治教育双重职责，其本身就是国家建设不可或缺的人才；而其工作的对象——当代的大学生，更是国家的未来和希望。辅导员自身的素质和水平很大程度上也决定了当代大学生的素质和水平。因此，关心关注辅导员的身心健康，对其采取必要的心理培训，提高其掌控自身情绪的能力，提高其人际交往的能力，开展心理健康跟踪调查，并建立完善的心理健康保障机制都是十分必要的。

第八章　辅导员理论引领能力建设

大学生是十分宝贵的人才资源，是民族的希望，是祖国的未来。加强和改进大学生思想政治教育，提高他们的思想政治素质，把他们培养成中国特色社会主义事业的建设者和接班人，对于全面实施科教兴国和人才强国战略，确保我国在激烈的国际竞争中始终立于不败之地，确保实现全面建设小康社会、加快推进社会主义现代化的宏伟目标，确保中国特色社会主义事业兴旺发达、后继有人，具有重大而深远的战略意义。

高校辅导员是对大学生进行思想政治教育的主体之一，是开展大学生思想政治教育的骨干力量，对大学生思想政治教育起着重要的作用。2004 年 10 月 15 日，中共中央、国务院发出《关于进一步加强和改进大学生思想政治教育的意见》。《意见》指出："辅导员、班主任是大学生思想政治教育的骨干力量，辅导员按照党委的部署有针对性地开展思想政治教育活动，班主任负有在思想、学习和生活等方面指导学生的职责。"[①]

高校辅导员对大学生进行思想政治教育活动的过程中，必须运用科学理论的指导。因为科学理论往往走在实践的前面，指导着实践活动的进程。在社会历史运动中，科学理论的指导作用更为显著。因此，高校辅导员必须具备科学理论的引领能力，包括马克思主义基本理论的引领能力、马克思中国化最新成果的引领能力、民族精神和时代精神的引领能力、马克思主义道德观的引

---

① 《中共中央、国务院关于进一步加强和改进大学生思想政治教育的意见》，2004 年 10 月。

领能力。高校辅导员只有具备和不断提高理论引领能力，才能真正提高大学生思想政治教育的实效性。

一、建构高校辅导员理论引领能力的意义

高校辅导员对大学生开展思想政治教育之前，必须深入了解当代大学生的特点。这是辅导员进行思想政治教育活动的有效保障。

（一）当代大学生思想状况的特点

1. 当代大学生思想政治状况的主流积极、健康、向上

第一，当代大学生有坚定的政治追求和信仰。当代大学生生活在我国改革开放和社会主义市场经济快速发展时期，虽然对外开放和市场经济对他们的政治观和价值观都产生了重大影响，相互激荡的各种思潮有时也会给他们带来思想和认识上的波动。但是，总的说来，它们有明确的政治追求和信仰，他们拥护马克思主义及其中国化的最新理论成果。在"当代大学生特点及环境影响"研究报告中，作者经过问卷调查发现，"53.05％的人选择信仰共产主义，64.52％的学生认为社会主义制度优越性很大，对社会主义制度有信心。45.88％的学生表示信任并坚决拥护共产党的领导，88.12％的学生赞成科学发展观"。①

第二，当代大学生心系国家，热爱祖国传统文化，表现出较强的民族自尊心和自信心。随着中国改革开放的不断深入，西方价值观和生活方式不断冲击中国传统文化。但是大多数学生能够旗帜鲜明地维护祖国统一和民族团结，对我国和谐社会建设目标表示赞成，关于个人与社会关系的认识，56.29％的学生认为一个人要正当索取，积极奉献。在"当代大学生特点及环境影响"

---

① 参见赵迎欢等：《"当代大学生特点及环境影响"研究报告》，《思想理论教育导刊》2010年第1期.

研究报告中，作者经过问卷调查发现，有 60.01％的学生认为中国传统节日最重要，表现出他们热爱祖国文化。①

第三，当代大学生善于积极反思，对事物具有较强的辩证分析的能力。当代大学生生活在我国改革开放和社会主义市场经济快速发展时期，他们不再是冲动和盲从的一代，他们善于思考，崇尚理性，对事物有较强的辩证分析的能力。在"当代大学生特点及环境影响"研究报告中，作者经过问卷调查发现，当代大学生认为网络一方面带给它们激情和新的学习方式和生活方式，但同时也看到了互联网的弊端，67.04％的学生表示并没有因为使用互联网而逃课。在检测国内经济发展给大学生消费观念带来的影响时，46.34％的学生认为，一个人应该能挣会花。他们在生活和消费方面决不再是过去的老观念，他们追求时尚，美化生活，向往高品位和高质量的生活，但他们又不失勤俭，仅有5.89％的学生认为吃喝玩乐最重要。尤其在如何对待中国传统文化和西方文化的问题上，当代大学生表现出了较强的辩证分析问题的能力，44.80％的学生认为应博采中西文化之长。在对高等教育及大学生活的反思上，60.32％的学生认为大学生活开阔了眼界，提供了新的思维方式，改变了自己对世界和人生的看法。但与此同时，大学生对高校快速发展和扩招现象，表现出担忧，认为高校扩招发展速度过快，带来学历贬值。

第四，当代大学生尊重知识，具有较强的求知欲望。当今世界是科技日新月异的知识经济时代，当代大学生深刻领会"知识就是力量"。在"当代大学生特点及环境影响"研究报告中，作者经过问卷调查发现，69.42％的人认为，大学生的成才目标是复合型，能力才干是第一位。由此在客观上反映出大学生对知识和人才的尊重态度。45.05％的学生认为在大学期间考各种证书，在某种意义上可以反映一定的个人能力，他们表现出高涨的学习

① 参见赵迎欢等：《"当代大学生特点及环境影响"研究报告》，《思想理论教育导刊》2010 年第 1 期。

热情和学习动力。①

2. 当代大学生在思想上存在的问题

任何事物都是矛盾的统一体。大学生的思想状况也不例外，虽然从主流上看，当代大学生有坚定的政治追求和信仰、表现出较强的民族自尊心和自信心、对事物有较强的辩证分析的能力、有较强的求知欲望。但是，在当代大学生身上，也同时存在着很多问题。这些问题如果不能正确对待与解决，对于我国全面实施科教兴国和人才强国战略和全面建设小康社会将产生负面消极的影响。

第一，一部分大学生政治信仰迷茫、理想信念模糊。随着我国对外开放的不断扩大和经济全球化进程的日益深入，大量西方文化思潮和价值观念涌入国内，对人们的思想造成冲击，对现今青少年的思想上更是产生了巨大影响；同时，在改革开放中出现的一些矛盾和问题对青年学生理想信念造成了负面影响，如发展市场经济中所遇到的一些新情况、新问题，社会贫富差距问题，腐败现象和党风廉政建设方面存在的问题等，使一些青年学生对共产党的领导和社会主义建设的信念发生动摇，信仰迷失。在"当代大学生特点及环境影响"研究报告中，作者经过问卷调查发现，33.81%的学生表示自己没有明确的政治信仰，29.25%的学生选择跟着感觉走，3.27%的人高呼"自由万岁"。

第二，在世界观、人生观、价值观方面出现的问题。随着社会主义市场经济的建立和完善，我国所有制形式、分配方式、就业方式、生活方式都呈现多样性态势。社会进步的同时，社会的全方位深刻转型也带来振荡，市场经济的副作用开始显现。在目前的大学生群体中，功利主义、实用主义倾向明显，个人主义、利己主义膨胀，从而导致了集体主义观念的淡化。一些大学生认为人的本质是自私的，他们选择个人主义为自己立身行事的准

---

① 参见赵迎欢等：《"当代大学生特点及环境影响"研究报告》，《思想理论教育导刊》2010 年第 1 期。

则，一事当前，先为自己打算，把个人利益放在国家利益、集体利益之上。一些人则把人与人之间的关系视为等价交换关系，时时从"利己"出发，对同学漠不关心，对集体活动毫不热情。一部分学生不关心国家大事，缺乏社会责任感，缺乏立足现实、艰苦奋斗的实干精神和奉献精神，对祖国传统文化了解不够，认识不深。

第三，大学生在心理上尚未成熟，产生诸多心理问题。当代大学生的心理素质不仅影响到他们自身的发展，而且也关系到全民族素质的提高，更关系到跨世纪人才的培养。一项关于当代人主要素质的调查表明，当代人的素质不能适应社会进步和发展的需要，最欠缺的是心理素质，具体表现为意志薄弱，缺乏承受挫折的能力、适应能力和自立能力，缺乏竞争意识和危机意识，缺乏自信心，依赖性强等。身处市场经济和改革开放大潮的当代大学生在学习、生活和就业过程中遇到诸多困惑。他们目睹了竞争的激烈态势，感受了失败者的痛楚，一些学生甚至产生心理畏惧，不敢正视自己的能力和水平。

面对高校大学生在思想上存在的诸多问题，最有效的解决办法之一就是高校辅导员应运用科学理论积极引导大学生。

（二）高校辅导员应运用科学理论积极引导大学生

1. 辅导员是大学生思想政治教育的骨干力量

中国教育发展基金会理事长、原教育部副部长张保庆曾经从他的亲身经历出发，阐述大学辅导员对他的大学生活、政治上的影响和关怀都很大，辅导员对引导他的大学生活起到了决定性的作用，辅导员的作用超过父母。张保庆的论述说明了辅导员在大学生的成长成才过程中，发挥着至关重要的作用，辅导员是大学生的人生导师。面对新时期大学生思想状况的实际，辅导员应按照党委的部署有针对性地开展思想政治教育活动，帮助高校学生确立在中国共产党领导下走中国特色社会主义道路、实现中华民族伟大复兴的共同理想和坚定信念，帮助高校学生树立正确的世界观、人生观、价值观，帮助高校学生养成良好的道德品质。

2.科学理论对大学生成长的重大作用

辩证唯物主义认识论认为，人的认识是从实践产生，为实践服务，随实践发展，并受实践检验。认识依赖于实践，离开实践的认识是根本不可能的。肯定实践是认识的基础，绝不意味着认识无足轻重。实践和认识总是相互作用的，认识特别是反映客观事物本质和规律性的理性认识，对实践有着巨大的指导作用。理论是认识的高级形式，随着实践的发展和水平的提高，理论的指导作用愈发明显，它往往走在实践的前面，指导着实践活动的进程。在社会历史运动中，科学理论的指导作用更为显著。

党的历史经验告诉我们，先进理论是党领导人民攻坚克难的制胜法宝，唯有高举理论的大旗，不断推动思想创新，才能凝聚起中华民族的勇气和信心，推动经济社会的进步和发展。先进理论指导着新时代青年大学生人生前进的方向，是新时代青年大学生成才成器的原动力。高校辅导员只有运用先进理论，才能真正帮助高校学生解决思想上存在的问题，才能帮助高校学生树立正确的世界观、人生观、价值观，帮助高校学生养成良好的道德品质。

二、高校辅导员理论引领能力的内涵

(一) 高校辅导员马克思主义基本理论的引领能力

马克思主义基本理论是无产阶级思想的科学体系。它的内容涵盖了社会的政治、经济、文化、军事、历史和人类社会发展与自然界的关系等诸多领域和方面，是极其丰富和深刻的。马克思主义经典作家留给我们的大量精神财富，连同各国马克思主义者在继承和发展的实践中创造的理论成果，构成了无产阶级和全人类的思想宝库。它涉及的众多学科门类所形成的知识海洋，无论在马克思恩格斯所处的时代，还是在人类文明继续发展进步的新时代，都当之无愧称得上是博大精深。

随着我国对外开放的不断扩大和经济全球化进程的日益深入，大量西方文化思潮和价值观念涌入国内，对人们的思想造成冲击，对现今大学生的思想上更是产生了巨大影响。辅导员作为大学生的人生导师，应具备马克思主义基本理论的引领能力。只有运用马克思主义基本理论这个科学的世界观和方法论，才能帮助学生处理好主观与客观、认识与实践、个人与集体的关系，帮助学生坚持一切从实际出发，在实践中坚持和发展真理，坚持人文精神和科学精神的统一，从而更好地认识世界和改造世界，不断培养大学生的创新精神和能力，关注并积极投身我国的社会主义改革开放和现代化建设事业。团中央书记陆昊特别强调："要深入研究经济社会的深刻变革对共青团工作带来的战略性课题，善于在复杂的变化中抓住本质。……团干部练好基本功就要把基本理论学透。"因此，高校辅导员工作一刻也不能离开科学理论的指导，一点也不能放松理论研究。"工欲善其事，必先利其器"，加强理论研究工作正是高校辅导员工作之利"器"。用扎实的研究开路，以科学的成果引领，育人工作就会取得事半功倍的效果。高校辅导员只有具备马克思主义基本理论的引领能力，才能找准大学生思想政治教育工作的切入点。

（二）高校辅导员中国特色社会主义共同理想的理论引领能力

理想体现了人们对美好生活的追求和向往，是一个国家和民族奋勇前进的精神动力。一个国建、一个民族，如果没有共同的理想和信念，就等于没有精神支柱，就会失去凝聚力。邓小平指出，要有远大的理想，才能永远保持前进的勇气和方向。胡锦涛指出："理想信念，是一个政党治国理政的旗帜，是一个民族奋力前行的向导。"[①]

---

① 《中共中央关于构建社会主义和谐社会若干重大问题的决定》，2006年10月。

理想决定行动。有共同理想，行动才能一致。随着我国对外开放的不断扩大和经济全球化进程的日益深入，大量西方文化思潮和价值观念涌入国内，社会意识不可避免会出现多样化。因此，在当代中国，更加需要一个能够代表广大人们根本利益、为社会各个阶层广泛认可和接受的共同理想。只有这样，才能凝聚全国各方面的力量。这个共同理想，就是在中国共产党领导下，走中国特色社会主义道路，实现中华民族的伟大复兴。

作为21世纪社会主义大学的学生，作为新时代的弄潮儿，大学生更应该有理想。大学生失去了理想，生活就会失去光彩，生命就会枯萎。有了理想，生活就会充满希望，生命就会闪光。随着科学技术的迅猛发展、国际国内环境的深刻变化，当代大学生对中国特色社会主义共同理想认同有弱化的趋向，对中国特色社会主义价值的认识存在一定的模糊，对社会主义信念表现出不稳定性，对中国特色社会主义前途缺乏信心，不能处理好个人理想与共同理想的关系。

面对当代大学生中国特色社会主义共同理想教育面临的严峻挑战，高校辅导员应深刻认识到，当代大学生是中国特色社会主义事业的建设者，是民族的希望、祖国的未来，他们是否认同并树立中国特色社会主义共同理想，很大程度上决定着国家、民族的前途和命运。要把他们培养成中国特色社会主义事业的合格建设者和可靠接班人，尤其需要中国特色社会主义共同理想的引领。中国特色社会主义共同理想作为社会主义核心价值体系的主题，是凝聚和统一学生群体思想的有力武器。高校辅导员应具备中国特色社会主义共同理想的引领能力，在以下方面引领当代大学生：中国特色社会主义共同理想，是实践和历史发展的必然结论；中国特色社会主义共同理想，有着广泛的社会共识，这个共同理想，把党在社会主义初级阶段的目标、国家的发展、民族的振兴与个人的幸福紧密联系在一起，具有强大的号召力、亲和力和凝聚力。作为当代中国大学生，能够也应该认同和接受这个共同理想，并且为这个理想而奋斗。

在当代中国，只有牢固地树立起中国特色社会主义共同理想，以社会主义核心价值体系凝聚广大青年学生，才能使大学生充分认识到中国特色社会主义共同理想的科学性，使他们在情感上和理性上都自觉接受、认同中国特色社会主义的价值目标，引导大学生树立正确的世界观、人生观和价值观，确保他们的个人理想沿着正确的方向塑造。

（三）高校辅导员民族精神和时代精神的理论引领能力

1. 高校辅导员民族精神的理论引领能力

民族精神，是指一个民族在长期生活和社会实践中形成的，为大多数民族成员所认同和接受的思想品格、价值取向、理想信念和道德规范的总和。① 民族精神是一个民族生命力、创造力和凝聚力的集中体现，是一个民族赖以生存、共同生活、共同发展的核心和灵魂。马克思恩格斯曾多次在论述民族问题时对"民族特性"、"民族性格"、"国民精神"、"民族意识"等与民族精神相关、相近的问题进行过生动描述与精辟论述。马克思在巴黎出版的《德法年鉴》创刊号发表的《论犹太人问题》一文中，阐述了民族精神在民族解放中的作用。他指出："一个刚刚开始解放自己，粉碎自己各种成员之间的一切障碍、建立政治共同体的民族，怎能郑重宣布和他人以及和这个共同体隔绝的自私人的权利（1791 年'宪法'）。后来，当只有伟大的英勇的自我牺牲精神才能拯救民族、因而迫切需要这种自我牺牲精神的时候，当市民社会的一切利益必然要被牺牲掉、利己主义应当作为一种罪行受到惩罚的时候，居然再一次宣布了这种权利（1793 年'人权宣言'）。"② 这里的"自我牺牲精神"就是指民族精神。在中国的马克思主义经典作家中，毛泽东明确使用过民族精神的提法。他在 1938 年

---

① 荆惠民：《伟大的民族精神——中华民族的精神脊梁》，党建读物出版社，2006 年版。

② 《马克思恩格斯全集》第 2 卷，人民出版社 1995 年版，第 439—440 页。

《论新阶段》的报告中提出要"以民族精神教育后代"。邓小平没用直接使用过民族精神的提法，但他在领导改革开放和中国特色社会主义事业的进程中多次论及爱国主义精神，号召增强中华民族的自尊心，自信心，发扬革命精神。江泽民指出，有没有高昂的民族精神，是衡量一个国家综合国力强弱的一个重要尺度。胡锦涛指出，民族精神是我们民族的生命力、凝聚力和创造力的不竭源泉。

2002 年 11 月 8 日江泽民在中国共产党第十六次全国代表大会上的报告《全面建设小康社会，开创中国特色社会主义事业新局面》中阐释了中华民族的精神："民族精神是一个民族赖以生存和发展的精神支撑。一个民族，没有振奋的精神和高尚的品格，不可能自立于世界民族之林。在五千多年的发展中，中华民族形成了以爱国主义为核心的团结统一、爱好和平、勤劳勇敢、自强不息的伟大民族精神。我们党领导人民在长期实践中不断结合时代和社会的发展要求，丰富着这个民族精神。面对世界范围各种思想文化的相互激荡，必须把弘扬和培育民族精神作为文化建设极为重要的任务，纳入国民教育全过程，纳入精神文明建设全过程，使全体人民始终保持昂扬向上的精神状态。"[①] 胡锦涛同志指出："必须大力弘扬民族精神，不断赋予民族精神以新的时代内涵，使民族精神牢牢扎根于人民群众的心灵中，见诸人民群众的行动上，成为推动中国特色社会主义事业不断发展的强大精神力量。"[②]

培养民族精神是当代大学生思想政治教育的重点。当代大学生对民族精神的理论基础、形成发展、内涵、特点了解不够准确、透彻。在《民族精神在大学生中传承状况调查和分析》一文中，对"什么是民族精神"这一概念上，有 43.75％的学生"非

---

① 江泽民：《全面建设小康社会，开创中国特色社会主义事业新局面》，人民出版社 2002 年版，第 39 页。

② 王扬铭：《对大学生培育民族精神的再思考》，《管理》2007 年第 2 期。

常了解"，44.79％ "基本了解"，还有 11.46％ "不十分了解"；在回答 "民族精神的核心内容是什么" 的问题上，有 82.29％的学生选择了 "爱国主义"；在对待历史知识的学习上，有 71.88％的学生对历史知识 "很感兴趣，很想学习"，有 28.12％的学生对中国历史 "不太感兴趣，不想学习"，9.47％的学生 "没有感觉" 或 "完全没有兴趣"。① 原华中理工大学校长杨叔子院士曾经说过，他的一个美国朋友评价中国留学生时认为，他们外语很好、理科很好，也懂美元、英镑，就是不了解长城、黄河，不太了解中国的历史。②

高校辅导员应具备弘扬民族精神的理论引领能力，充分重视理论知识的传授，在以下方面引领当代大学生：民族精神的概念、内涵、基本特征；民族精神的结构与功能；中华民族民族精神形成的过程、条件和特质；中华民族民族精神的内涵、主要特点、主要功能；和平与发展、经济全球化、市场经济和现代科学技术条件下，中华民族精神发展的现实挑战和机遇；中华民族的民族精神的当代发展及其规律；民族精神的传承与传统文化继承的关系；民族精神的传承与朴素的爱国热情的关系。

2. 高校辅导员弘扬时代精神的理论引领能力

时代，是一个动态的概念，是指历史上以经济、政治、文化等状况为依据而划分的某个时期。精神，是指人的意识、思维活动。时代精神是一个社会在最新的创造性实践中激发出来的，反映社会进步的发展方向、引领时代进步潮流、为社会成员普遍认同和接受的思想观念、价值取向、道德规范和行为方式，是一个社会最新的精神气质、精神风貌和社会时尚的综合体现。时代精神是马克思主义与时俱进的理论品格、中华民族富于进取的思想

① 参见赵其波：《民族精神在大学生中传承状况调查和分析》，《第三届全国高校辅导员工作创新论坛文集》。
② 参见刘成荣：《经济全球化背景下大学生民族精神培育途径探索》，《党史文苑》2004年第10期。

品格与改革开放和社会主义现代化建设实践相结合的伟大成果，已经深深融入我国政治、经济、文化、社会建设的各个方面，成为各族人民不断开创中国特色社会主义事业新局面的强大精神力量。

时代精神具有以下几个方面的基本特征：一是时代性，每个时代精神都是时代的产物，反映时代特征；二是民族性，时代精神是优秀民族精神在当代的反映，因民族的历史传统不同而不同；三是先进性，时代精神是先进文化的代表，是指引民众精神追求的方向；四是社会性，时代精神的产生和发展是由经济基础决定的，并反作用于经济基础；五是实践性，时代精神立足实践并指导实践。

在当代中国，改革创新是新时期最鲜明的特点，也是时代精神的核心。党的十七大报告明确指出，要用以改革创新为核心的时代精神鼓舞斗志，以改革创新精神全面推进党的建设新的伟大工程，把改革创新精神贯彻到治国理政的各个环节。在当代中国，时代精神的内涵十分丰富，还包括：以人为本精神、科学发展精神、民主法治精神、效率公平精神、尊重包容精神等。

大学生是国家宝贵的人才资源。在当代，应积极引导大学生树立以改革创新为核心的时代精神，使大学生尽快成长为符合时代要求的合格人才。培养创新型人才，培育大学生树立改革创新的时代精神，是时代赋予高等教育的重要任务，对于全面实施科技兴国战略，确保我国在激烈的国际竞争中始终立于不败之地，确保实现全面小康社会、加快推进社会主义现代化的宏伟目标，确保中国特色社会主义事业兴旺发达、后继有人，具有重大而深远的战略意义。然而在北京、广东等地大学生思想政治状况调查显示，对当前大学生创新精神的评价，40％的人认为"一般"，11％认为"较差和很差"。在广东，经过多年的努力，这种评价虽然有所改观，但"一般"及"较弱和弱"的比例还占42.1％，这说明引导大学生树立改革创新精神仍然是当前思想政治教育的一项重要任务。[1]

高校辅导员应具备弘扬时代精神的理论引领能力，充分重视理论知识的传授，在以下方面引领当代大学生：时代精神的概念、内涵、基本特征；在当代中国时代精神的核心；当代大学生应具备的时代精神。

3. 高效辅导员应深刻领会民族精神和时代精神的辩证统一，掌握社会主义核心价值体系的精髓

高效辅导员应深刻认识到，民族精神与时代精神作为崇高精神的两个方面，相互联系、密不可分。民族精神只有与时代精神相结合，才会有持久的生命力。时代精神只有与民族精神相结合，才会有稳固的根基。[2] 培育和弘扬民族精神和时代精神，就掌握了社会主义核心价值体系的精髓。在当代中国，要实现中华民族的振兴发展，就必须把弘扬民族精神和时代精神结合起来、统一起来。只有这样，才能使全体人民始终保持昂扬向上的精神状态，使全民族的创造精神和创造活力充分发展。在改革开放新时期，高校辅导员应积极运用"64字创业精神"、"伟大的抗洪精神"、抗击"非典"精神、青藏铁路精神、伟大的抗震救灾精神教育大学生，使大学生尽快成长为具有民族精神、符合时代要求的合格人才。

（四）高校辅导员马克思主义道德观的理论引领能力

道德作为调节人们行为的规范，是社会关系的产物，特别是经济关系的产物。人们在从事物质生产的过程中，必然会形成各种社会关系。在人们的交往活动中，必然会产生个人与集体、个人与社会、个人与个人之间的利益上的矛盾或冲突，为解决这些

---

[1] 朱志明：《积极引导大学生树立以改革创新为核心的时代精神》，2011年3月30日，中国思政网。

[2] 张峰：《民族精神与时代精神是国家精神的一体两面》，2011年5月3日，人民网理论频道。

矛盾或冲突，调节社会关系，就逐渐产生了一些行为准则和观念，这就是道德。道德归根到底是人们物质生产和交换关系的产物。道德具有历史性，道德必然随经济关系的变化而变化，没有永恒的、不变的道德。道德具有阶级性，恩格斯指出："我们断定，一切以往的道德论归根到底都是当时的社会经济状况的产物。而社会直到现在是在阶级对立中运动的，所以道德始终是阶级的道德；它或者为统治阶级的统治和利益辩护，或者当被压迫阶级变得足够强大时，代表被压迫者对这个统治的反抗和他们未来的利益。"①

2006 年 3 月，胡锦涛在看望出席全国政协十届四次会议的委员时指出，要教育广大干部群众特别是青少年树立以"八荣八耻"为主要内容的社会主义荣辱观。以"八荣八耻"为主要内容的社会主义荣辱观，是对马克思主义道德观的精辟概括，是对新时期社会主义道德的总结，是科学发展观的重要组成部分。

当代大学生荣辱观状况的主流积极、健康、向上。但是，少数大学生面对新形势、新情况，存在价值取向发生扭曲、集体主义观念淡漠、诚实守信意识薄弱、艰苦朴素精神缺失、社会公德意识淡薄和知行不一等荣辱观失范现状。

为了帮助大学生树立社会主义荣辱观，在大学生群体中形成良好的道德风尚，高校辅导员应首先在理论方面引导大学生，让大学生深刻理解马克思主义道德观和社会主义荣辱观：荣辱观的含义、基本特征；荣辱观的生成、演进和发展；社会主义荣辱观产生的时代背景、实践基础、现实依据；"八荣八耻"的内涵；当代大学生树立社会主义荣辱观所面临的问题以及如何正确对待这些问题以及如何解决这些问题。

---

① 《马克思恩格斯选集》第 3 卷，人民出版社 1995 年版，第 434 页。

三、建构高校辅导员理论引领能力的路径

"辅导员是高校教师队伍的重要组成部分，是大学生思想政治教育工作的骨干力量，是大学生健康成长的指导者、引路人和知心朋友，为培养社会主义合格建设者和可靠接班人，为维护高校和社会的稳定做出了重要贡献，是保证高等教育事业持续健康发展不可或缺的重要力量。"[①] 辅导员的自身能力直接关系到大学生思想政治教育的实效。对于高校辅导员而言，理论引领能力是基础和灵魂。只有提高理论引领能力，才能真正提高大学生思想政治教育的实效性。提高高校辅导员理论引领能力的建设路径应包含以下两个方面：

（一）建构高校辅导员理论引领能力内在自身机制

1. 加强理论学习

在经济全球化、社会信息化程度越来越高的时代背景下，各种思想观念、政治制度、意识形态、文化价值观念都会对大学生大量渗透和影响，大学生思想活跃、自主性不断增强，辅导员不能仅仅凭借教师的权威和制度的约束管理学生，必须靠先进科学的彻底的理论。"理论只要说服人，就能掌握群众；而理论只要彻底，就能说服人。"[②] 要掌握21世纪的大学生，辅导员必须首先掌握彻底的理论。

第一，认真学习马克思主义基本原理，掌握其科学体系和精神实质。作为高校辅导员，首先应学习理论，武装头脑，要努力在掌握马克思主义基本原理的科学体系上下功夫，努力掌握马克思主义的基本立场、观点和方法，尤其要认真钻研马克思主义经

---

① 陈至立：《着力建设高水平的高校辅导员队伍》，《光明日报》2006年4月29日。

② 《马克思恩格斯选集》第1卷，人民出版社1995年版，第9页。

典著作。要把经典作家的论断放到当时的历史环境中来认识，并紧密结合中国特色的社会主义伟大实践来加深领会，努力分清哪些是必须坚持的马克思主义基本原理，哪些是需要结合新的实际加以丰富发展的理论判断。列宁曾强调："马克思主义的全部精神，它的整个体系，要求人们对每一个原理都要（α）历史地，（β）都要同其它原理联系起来，（γ）都要同具体的历史经验联系起来考察。"①

第二，认真学习马克思主义中国化的最新成果。

高校辅导员要明确学习马克思主义中国化最新成果的必要性，深刻理解运用马克思主义中国化最新成果武装自身的重要性。一方面要反复深入研读文件，切实用马克思主义中国化最新成果武装自己头脑，要克服浅尝辄止、满足于一知半解，学得差不多的思想。另一方面，要把深化学习同查找差距、解决问题结合起来。学习不能只是落在会议上、口头上和报告上，更重要的是体现在贯彻落实的行动上。要把学习马克思主义中国化最新成果与教育引导大学生工作结合起来。当代大学生是中国特色社会主义伟大事业的未来中坚力量，因此，必须培养他们对中国特色社会主义伟大事业和党的方针政策的认同感。高校辅导员只有认真学习并掌握马克思主义中国化的最新成果，才能更有效地教育和引大学生，才能更好地教育大学生运用马克思主义中国化最新成果解释国内外新情况、新问题，分析各种思潮以做出正确判断。

第三，认真学习思想政治教育的专业理论。

思想政治教育学是一门综合性的应用学科，它与教育学、心理学、人才学、社会学、伦理学等诸多学科有着密切联系。作为高校辅导员应积极采用辐射型学习方法，培养发散思维，广泛地积累知识，深刻认识各学科之间的联系，开拓思路，与各专业学生广泛交流，提高思想政治教育的实效性。

①《列宁选集》第2卷，人民出版社1995年版，第785页。

总之，作为一名高校辅导员，应该"强化学习意识，以科学研究带动学习和工作实践，实现工作学习化，学习工作化"① 必须树立全面学习、终身学习的理念，做到知识更新的与时俱进，不断提升辅导员工作的自我成效，从而成为一名学习型辅导员。

2. 深入学生的学习生活实践

实践观点是马克思主义的首要的基本的观点。人的认识从实践产生，随实践发展，并受实践检验。认识依赖于实践，离开实践的认识是根本不可能的。作为高校辅导员，必须深入学生实际，发现学生问题，研究学生问题。因此，高校辅导员有必要深入到学生宿舍、班级，与学生干部、党员、普通同学交谈。只有读懂学生历史，才能深化对学生思想工作规律的认识，才能深化对马克思主义基本理论的认识，深化对马克思主义中国化最新成果的认识，深化对中国特色共同理想的认识，深化对民族精神和时代精神的认识，深化对马克思主义道德观的认识。只有深入学生实际，才能真正做到"以学生为本"，通过"换位思考"，从大学生的角度去思考问题，关注大学生的正当利益诉求，彻底改革大学生思想政治教育中不适应时代发展需要、不适应学生成长需要、不适应社会主义事业发展需要的方式、方法，力求贴近实际、贴近生活、贴近学生，努力提高思想政治教育的针对性、实效性、吸引力、感染力。

（二）建构高校辅导员理论引领能力的外在条件机制

要提高高校辅导员的理论引领能力，不但要建构内在自身机制，还要建构提高高校辅导员理论引领能力的外在条件机制，即在高校中要制定辅导员培训规划，建立分层次、多形式的培训体系，坚持上岗培训和日常培训相结合、职业培训和专题培训相结合、日常培训和专题培训相结合。重点组织辅导员学习马克思主

---

① 陈清华：《构建高校学习型辅导员队伍的策略探讨》，《思想政治教育研究》2007 年第 4 期。

义基本理论和马克思主义中国化的最新成果，学习时事政策，学习管理学、教育学、社会学和心理学以及就业指导、学生事务管理等方面的知识。还应适时安排辅导员进行脱产、半脱产或在职培训进修，选拔优秀辅导员定向攻读硕士、博士学位。为了进一步培养辅导员理论联系实际的能力，还应组织和选送辅导员骨干参加国家级、省级培训和外出考察、社会实践，支持辅导员参加岗位交流、校外挂职锻炼等。只有制定详细的辅导员培训规划，建立分层次、多形式的培训体系，才能真正使辅导员增加阅历、开阔视野、拓展思路，从而为他们提高解决实际问题的能力、增长做好思想政治教育工作的才干创造条件。

第九章 辅导员咨询指导能力建设

《普通高等学校辅导员队伍建设规定》（教育部 24 号令）指出：辅导员是开展大学生思想政治教育的骨干力量，是高校学生日常思想政治教育和管理工作的组织者、实施者和指导者。辅导员应当努力成为学生的人生导师和健康成长的知心朋友。实现上述目标和要求，需要辅导员具备良好的思想政治素养、完善的知识结构等职业素质以及组织协调、学习创新、咨询指导等职业能力。在这些素质和能力要求中，咨询指导能力是重要的基础，无论是良好的道德素质还是组织协调能力，都需要在辅导员咨询指导过程中得以体现。咨询指导是其他能力得以发挥的前提，是辅导员综合素质发挥的重要载体，在辅导员能力建设中具有重要的作用。

一、辅导员咨询指导能力内涵

（一）咨询指导的含义

咨询是通过某些人头脑中所储备的知识经验和通过对各种信息资料的综合加工而进行的综合性研究开发。咨询一词，在汉语中有商量、询问、谋划和征求意见的含义。最初，咨和询为两词，咨表商量，询表询问。"咨询"一词最早见于《诗经》，其中有"载驰载驱，周爰咨询"的诗句，意思是说，君谴使臣，要使臣悉心察访民间疾苦以告天下。古代为统治者出谋划策的谋士、谏臣、军师和食客等就是专门从事咨询活动的人员。中国古代所从事的咨询活动以及对咨询一词的理解，都具有较大的随机性、随意性，跟现代咨询活动是不可同语的。在英语中，与之相对应的是动词 consult 和名词 onsultation，法文为 consulter，来源于拉丁文 consulto，意为磋商、顾问、评议、诊断、了解意见等。还有国外学者从行为学的观点出发，将咨询称作是一种"介入"和"干预"。在日本，人们称咨询为"诊断"。1972 年英国出版《牛津辞典》给咨询人员所下的定义是："胜任提供专业建议和服务的人。"1982 年美国出版的《咨询工程师》一书为从事工程咨询的工程师所下的定义是："咨询工程师是在计费的基础上，为客户提供专业工程服务的独立的专业工程师"，"他们出卖的是服务、知识和判断。"作为一种智力密集型的知识服务性产业，咨询的现代意义是指来自个体和组织外部的专业化技能，它以专门的知识、信息、经验为资源，针对不同的用户需求，提供解决某一问题的方案或决策建议。

指导在现代汉语词典中的意思是指示教导。以一种或多种方式，对目标进行某些知识或经验的教育和导向，使其能正确的理解或应用所传授知识或经验的一种行为。相对于咨询而言，指导更倾向知识的传授，倾向于教育教导，而咨询更多是对受动者的建议和判断，很少有教导教育之意，施动和受动者更多是平等的交流和互动。

咨询指导顾名思义包含两方面的含义，一方面是指顾问、诊断和建议，另一方面是教育和教导的意思。

（二）辅导员咨询指导能力的内涵

辅导员的职业定位和工作内容，决定了辅导员咨询指导的内涵除了具备一般意义上咨询指导的顾问和教导内容外，还具有辅导员职业具体内涵。随着经济和社会的发展，以及高校招生扩招，高校辅导员工作内容发生深刻变化，工作内容不断扩展，辅导员既是大学生思想教育的骨干力量，又是大学生学习、生活、身心健康成长的人生导师和指路人。根据辅导员工作内容要求，辅导员咨询指导能力应包括就业指导能力，心理咨询指导能力，学业咨询指导能力，思想政治指导能力，行为引导能力等方面。

二、辅导员咨询指导能力的重要性和必要性

（一）咨询指导能力的重要性

当代大学生的个性特点迫切需要辅导员进行咨询指导。当代大学生成长在改革开放后，在市场经济的环境中长大，加之绝大多数都是独生子女。因此具有自我意识强，个性独立，崇尚自由和开放，不喜欢过度的束缚和说教的特点。同时，存在责任意识薄弱、集体观念差、心理承受能力弱、缺乏勇气和毅力的缺点。辅导员是大学生思想政治教育的骨干力量，肩负着培养合格社会主义建设者的重任。针对当代大学生的思想特点，辅导员必须充分发挥人生导师和指路人的作用，通过自己的咨询指导工作，引导他们发扬自我意识强，竞争意识强等优点，同时引导其树立正确的集体观念，正确的人生观和价值观，培养其勇气和毅力。

辅导员咨询指导是大学生素质教育的必然要求。随着我国经济和社会的发展，以及社会主义市场经济的进一步深化，社会对人才的素质要求越来越高，不但要求具有丰富的专业知识，还需要有良好的思想道德素质以及健康的身心，即人格健全、品德高尚、知识渊博的全面发展的人才。专业知识培养方面，专业课教师具有关键性的作用，但是大学生人格健全、品德高尚的培养，离不开辅导员员大学生思想政治教育的骨干作用，需要辅导员通过自己的人格魅力以及提供必要的咨询指导，帮助大学生在人格心理、思想道德修养、人生职业规划等方面健康成长。

（二）咨询指导能力的必要性

辅导员咨询指导能力建设是辅导员队伍职业化、专业化发展的必然要求。2006 年 4 月，党中央、国务院出台《关于加强和

改进大学生思想政治教育的意见》。文件指出，辅导员处在大学生思想政治教育第一线。2005 年 1 月教育部出台了《关于高等学校辅导员班主任队伍建设的意见》，提出辅导员队伍建设朝职业化和专家化方向发展，高校辅导员是大学生思想政治教育的骨干力量，是大学生人生发展的导师，是大学生健康成长的知心朋友。这要求我们必须建设一支高素质、稳定的辅导员队伍。目前高校辅导员队伍普遍存在职业感不强，工作职责界限不清，发展缺乏动力的问题，辅导员整天忙于事务性工作，没有精力研究思想政治、心理咨询等方面的理论，学术地位和社会地位不高。很多辅导员把辅导员工作仅仅当做一个跳板，辅导员队伍人员变动频繁，无法真正实现大学生思想政治教育骨干力量，无法发挥学生人生发展导师的作用。只有尽快建立起辅导员队伍的职业定位，确定辅导员队伍的职业标准，严格辅导员队伍资格准入制度，落实辅导员队伍教师地位，而不是把辅导员当成纯粹的行政工作人员，随便什么人员都可以进入辅导员队伍，提高辅导员的职业认同感，才能建立起一支稳定的，高素质的辅导员队伍。辅导员队伍职业化建设，是社会发展和高等教育发展的必然要求，是高校高素质人才培养的需要。

辅导员队伍专业化建设又是职业化建设的必然要求。辅导员队伍的职业化建设，必然要求建立相应的职业标准和职业能力要求。[1] 教育部《高等学校辅导员队伍建设规定》明确指出，辅导员队伍的职业定位是大学生思想政治教育的骨干力量，是大学生学习、生活、身心健康的指导者和领路人，具有教师和管理干部的双重身份。因此，与辅导员队伍职业标准和定位相匹配的职业能力应该包括政治引导能力、组织协调能力、学习创新能力，咨询指导能力等。

咨询指导能力是辅导员职业能力重要组成部分，它是辅导员

---

① 董燕：《高校辅导员的专业化与职业能力培养》，《梧州学院学报》2010 年第 10 期。

其他职业能力得以发挥的载体和体现。咨询指导能力建设在辅导员队伍职业化和专业化建设中具有十分重要的地位，是辅导员队伍职业化和专业化建设发展的必然要求。

三、辅导员咨询指导能力建设的基本要求

（一）加强辅导员队伍职业能力培养机制建设

咨询指导能力建设是辅导员专业化建设的重要组成部分，与辅导员队伍职业能力的整体建设是分不开的。加强辅导员队伍职业能力建设首先需要从政府和学校层面建立起完善的辅导员队伍职业能力培养机制。[①]

一是加强辅导员专业的建设和工作研究[②]。随着社会和高等教育的发展，以及国家对辅导员队伍职业定位的进一步明确，辅导员队伍职责已经从过去单纯的政治指导，发展到人生发展导师和指路人的角色，辅导员除需要具备过硬政治理论素质外，还需要掌握心理学、管理学、教育学、职业生涯规划等专业知识。目前，高校辅导员多数专业结构单一，缺乏辅导员职业所必须的完善的专业知识，加强辅导员专业建设和工作研究，已经成为辅导员队伍职业能力发展的重要基础。一方面，各地教育行政主管部门要在有条件的高校设立辅导员专业，层次涵盖本科和研究生，通过开设教育学、心理学、管理学、职业生规划等专业课程，开展咨询指导、学业指导、班级管理、党团建设等专业技能培训，为高校培养符合职业要求的辅导员；另一方面，加强辅导员工作理论研究，开展辅导员专业知识，课程学科体系，辅导员胜任力等方面的研究，促进辅导员队伍职业化和专业化、专家化的发

---

① 曾准：《高校辅导员职业能力培养机制的构建》，《中国成人教育》2008 年第 7 期。

② 邹慧：《高校辅导员的业务能力建设》，《高校辅导员学刊》2011 年第 2 期。

展。此外，在教育行政主管部门的领导下，成立辅导员职业协会，研究和确立辅导员职业标准，开展辅导员职业资格的培训和认证工作。

二是明确辅导员队伍的岗位职责。辅导员是大学生思想政治教育的骨干力量，是大学生学习、生活、身心健康的指导者和引路人，对大学生的人生成长具有重要的作用。但这不意味着辅导员岗位职责的无限扩大，事无巨细凡是和学生有关的事情都找辅导员，使得本来属于后勤管理的工作也落到辅导员身上，辅导员整天忙于各种事务性的工作，没有时间和学生仔细的沟通，无法完成工作职责赋予的人生导师和指路人的教师身份功能。辅导员队伍职业能力建设，离不开辅导员队伍岗位职责的确定，职责范围清晰了，辅导员的职业能力发展才能有的放矢。

三是建立职业准入制度。当前高校辅导员队伍各类专业毕业的都有，他们基本上未经过专业培训或者经过简单的岗前培训就开始上岗。辅导员普遍缺乏学生教育管理的专业素质，业务能力不强。[1] 加强辅导员队伍职业能力建设，首先要把好入口关。辅导员队伍是教师队伍的一部分，就应该象选择专业教师一样选拔辅导员。选拔辅导员应该从教育学、心理学、管理学、思想政治教育等相关专业生中选拔，并且需要取得辅导员职业任职资格才能从事辅导员工作。高校要改变把辅导员当成单纯的管理干部看待的观念，改变随意把其他岗位上的管理干部调整到辅导员岗位上来做法，真正建立辅导员队伍准入门槛。

四是健全辅导员队伍培训体系。辅导员队伍的培训应该纳入高校统一的师资培训计划，针对辅导员的从业时间、阶段、等级的不同，拟订针对性的培训计划。[2] 培训应该做到岗前培训和在

---

[1] 樊晓东等：《高校辅导员队伍专业化职业化建设的思考》，《高教论坛》2011年第 4 期。

[2] 刘兵勇：《高校学生工作辅导员能力建设的新探索》，《辽宁行政学院学报》2006 年第 4 期。

职培训相结合，综合培训和专题培训相集合，集体培训和骨干培训相结合，培训内容应覆盖马克思主义理论与思想政治教育、管理学、教育学、心理学、就业指导等方面。要建立学术休假制度，从时间上保证辅导员有足够的时间去学习和提升自己的职业能力。

五是完善辅导员队伍职业发展机制。辅导员队伍职业发展应该包括职业能力发展和职业生涯发展，二者是相辅相成的。职业能力发展指辅导员队伍具有胜任本职业所必须知识和能力，并且这种知识和能力能够随着时间发展而得到提升和发展，这样才能使辅导员体会到职业的归属感、自豪感和安全感。职业能力发展包括学历的提升和能力的提高，高校要把辅导员职业能力发展，作为一项重要制度，有系统、有计划、有步骤的实施。职业生涯发展是职业能力发展的继续，职业能力发展了，才能保证职业生涯的可持续发展。目前，多数高校为辅导员职业生涯发展提供的路径为继续从事辅导员岗位、转到教学科研岗位、转到管理岗位三个出路。看似出路很多，但是对继续从事辅导员岗位的辅导员如何提供职业发展出路，如何保证辅导员职业可持续发展做的不够完善。高校为辅导员提供的职业出路应该是如何能更好使其在辅导员岗位上发展，在辅导员岗位上实现自己的职业价值，而不是一味想着如何为辅导员提供转到其他职业的发展出路。只有这样，才能保持辅导员队伍的稳定性，才能真正实现职业化和专业化建设。

（二）辅导员基本素质和基本能力的完善和提高

素质是能力发展的基础，能力是素质的外在表现，辅导员基本素质包括思想道德素质、科学文化素质、身心健康素质，是辅导员职业能力发展的基础。思想道德素质包括政治素质、思想素质、道德素质，体现辅导员本身的理想信念、政治立场以及道德观念，只有具备正确的政治理论素养，清醒的政治头脑，才能正确引导大学生树立正确的人生观、价值观和政治立场，辅导员应该通过学习和培训等多方面入手提高自己的政治素养和政治理论水平。教育部《高等学校辅导员队伍管理规定》指出辅导员是大学生思想政治教育的骨干力量，是大学生学习、生活、身心健康的指引者和领路人。辅导员队伍的这种多种角色身定位，要求辅导员必须掌握教育学、心理学、管理学、马克思主义和思想政治教育理论等在内的广博知识，需要辅导员通过学习培训、学历提升、工作交流等多种方式，完善自身的知识结构。辅导员队伍是大学生人生成长的导师，要求辅导员具备良好的心理素质和健全的人格，辅导员要通过参加心理健康培训和提高自身人文修养，积极参加社会实践活动等方面入手，积极提高自己的身心健康素质。

辅导员职业能力包括基本能力和专业能力。基本能力包括沟通能力、倾听能力、共情能力、观察能力和科研能力等。专业能力包括理论引导能力、咨询指导能力、组织协调能力、学习创新能力。基本能力发展是专业能力（包括咨询指导能力）发展的前提和保障。

沟通能力是传递思想、交流信息的重要能力，通过沟通辅导员可以了解学生的思想动态，也可以将自己的思想传递给学生，在思想政治教育和人生发展指导中，可以有效的引导学生树立正确的观点和心态。沟通能力的培养需要从人格和沟通手段两方面着手。沟通的顺利进行离不开沟通主体良好的人格修养，一个心胸开阔、品德高尚等人，才能在沟通过程接纳别人、敞开自己，做到求同存异；除了具备良好的个人品格外，学习和实践掌握良好的沟通技巧也是沟通能力培养的重要方面。倾听不是指单纯的听，而是包括信息的获得和筛选等过程，倾听过程中需要以适当语言或动作，对倾诉者予以简单回应。积极的倾听在处理问题中具有很重要的作用，倾听能向学生反馈辅导员对学生的尊重和关注，使得学生从心理上接纳辅导员，更容易接纳辅导员的解释和建议。倾听能力的培养需要培养良好的心理素质，能够包容不同的价值观和情感需求，需要辅导员培养自己的责任心和耐心，需要建立师生平等的民主观念。① 共情能力是指设身处地从别人的角度去体会并理解别人的情绪、需要和意图的一种人格特质，它既是一种态度，也是一种能力。共情能力能拉进辅导员和大学生的距离，进而取得大学生的信任，从而有效引导或指导学生，帮助他们解决困惑和问题。共情能力包括感受共情能力、表达共情能力和共情引导能力，是辅导员须具备的一项基本能力。感受共情能力一是需要辅导员树立关心学生的责任感，提高共情内驱力，二是需要加强艺术修养，从提高情商的角度增强感受共情能力；表达共情能力提高，需要从共情语言表达能力入手；共情引导能力提高，需要从熟练掌握沉默、接受、解释、引导等引导技术入手。② 观察能力使辅导员能从大学生的语言、神态、举止等方面的细微变化或不同，发现问题，及时解决问题的能力，观察能力的培养除需要辅导员具有完善的知识和丰富的经验外，还需要有高度的责任心和耐心，需要辅导员能深入学生，了解学生。科研能力是实现辅导员队伍职业化和专业化的重要能力。科研能力提高需要从两方面入手，一是加强理论知识的学习，掌握科学的研究方法和理论；二是需要保持专业的敏锐性，对日常工作中遇到问题和现象，要及时的归纳和分析，进而形成理性的认识，指导辅导员工作实践。

四、辅导员咨询指导能力建设的途径

(一) 就业咨询指导能力建设

1. 就业指导能力的内涵和意义

就业指导指帮助就业者充分了解自己的个性和能力特点，以

---

① 杨赛良：《辅导员的倾听能力及其培养》，《高校辅导员学刊》2009 年第 8 期。

② 唐兴等：《论高校辅导员共情能力的培养》，《高校辅导员学刊》2010 年第 8 期。

及不同职业的岗位要求，进而结合个性和能力特点帮助就业者选择合适的职业，实现人职相配。凡是实现这个过程所需要的能力，可称为就业指导能力，包括信息指导和能力指导两个方面。信息指导指辅导员收集并为学生提供需求信息，能力指导指职业生涯规划指导以及求职技巧的指导。

我国高等教育已经从精英化教育步入大众化阶段，大学生就业也从过去的统一分配，进入到"市场导向、政府调控、学校推荐、双向选择"的就业分配机制。这一新型就业机制一方面为大学生提供了众多的选择机遇，同时也对当前大学生的就业能力提出更高要求。这要求大学生从入学开始就需要树立就业意识，对自己的职业做出规划，根据职业规划确定自己的发展目标。职业生涯规划是一门专业性强的系统科学，具备就业指导知识和丰富实践经验的辅导员，可以帮助学生了所学专业发展前景，确立职业生涯规划，明确专业学习方向，掌握就业技巧，顺利实现就业，实现人生价值。就业指导工作关系到大学生培养质量，关心到高等教育的健康发展，对社会稳定和发展具有重要作用。

2. 提高就业指导能力的途径

加强就业指导知识的学习。就业指导工作已经不能简单地理解为行政工作，已经发展成为一门系统科学，包含着心理学、管理学、职业生涯规划等多方面知识的系统科学。辅导员要从职业化、专业化角度重视就业指导理论的学习，通过交流学习、系统培训、学历提升等多种途径，掌握职业素质测评、职业生涯设计等方面就业指导理论和实践。

提高就业信息的收集和管理能力。一方面，要养成通过报刊、报纸、新闻报道等方式，收集和分析信息的能力，及时掌握国家的大政方针，特别就业方针和政策，为职业指导工作提供决策依据和支持；另一方面，提高自己从各种途径获取和收集企业的用人信息的能力，为学生提供及时、有效的用人信息。加强和用人单位的沟通能力，通过校友、同学、朋友、亲属等多种途径，建立和用人单位的联系，从市场角度出发增强推荐和宣传毕业生的意识和能力，为学生和企业搭建沟通的平台。

（二）心理咨询指导能力建设

1. 心理咨询指导能力的内涵和意义

心理咨询指导是指根据心理活动规律，采取各种方法与措施维护个体心理健康，培养良好的心理素质，包括心理健康教育和心理素质培养两个方面的内容。开展上述工作所需要的能力，即属于心理咨询指导能力，包括发展性心理咨询指导能力和治疗性心理咨询指导能力。发展性心理咨询指导能力指培养大学生良好心理素质能力，治疗性心理咨询能力是及时发现大学生的心理健康障碍或心理疾病，并给予相应的帮助、指导或治疗。大学生所遇到的心理问题基本属于发展性心理问题，因此辅导员应该培养发展性心理咨询指导能力为主。[①]

从心理学上讲，大学生处于青年中期或晚期，心理逐渐趋于成熟。高校大学生大多数心理健康，具有统一而稳定的人格特征，能客观的认识和评价自我，正确认知和处理个人和外部世界的关系，较好的适应社会环境。但随着社会经济的迅速发展，以及高校招生的持续扩招，大学生也会遇到诸如就业、学习、人际关系、情况等方面不适应，出现不同程度的心理问题，甚至是心理障碍，影响学生的健康成长。大学生所面临的心理问题多属于成长过程中的发展性问题，辅导员处在学生教育和管理的第一线，与学生接触密切，开展心理健康教育指导工作，具有先天的积极优势，对培养大学生健康的心理素质具有积极作用。

2. 提高心理健康教育能力的途径

转变人才观念，重视心理健康教育。思想政治教育着重引导学生树立正确的政治立场、政治觉悟，帮助学生确立正确的价值观和人生观，着眼于社会的整体性，强调的是一个社会集体的价

---

① 刘科荣等：《论高校辅导员心理健康教育能力的培养》，《高等教育研究》2006 年第 2 期。

值观和利益。心理健康关注的是学生个人的发展，着眼于学生个人需求的满足，相对思想政治教育强调整体，心理健康关注的是个体的健康和成长。提高心理健康教育能力，首先要我们转变人才培养观念。思想政治素质过硬，不是衡量人才的唯一尺度，只有人格健全，身心健康，同时具备良好的政治素质和专业知识的人，才是 21 世纪需要的人才。辅导员要高度重视心理健康教育，树立以学生为本的理念，积极学习和掌握心理健康教育知识，关心学生的个人成长，关注学生的身心健康。

加强心理学础知识和技能的学习。心理咨询指导能力的发展是一定的心理学知识为基础的，辅导员应该系统的学习普通心理学、发展心理学、教育心理学、个性心理学、变态心理学、心理咨询与诊断等心理学基础知识，构建合理的心理学知识结构。心理咨询指导能力是一种实践性很强的应用能力，需要专门的咨询指导技巧和手段。辅导员一方面要加强咨询指导技巧的学习，一方面要在咨询指导专家的指导下，多参加咨询指导实践，参加咨询指导交流活动，在实践中提高自己咨询指导能力。[1]

（三）学业咨询指导能力建设

1. 学业指导的内涵和意义

学业指导是指借助学习研究的有关理论，帮助学生解决学生学习中遇到的问题，具体讲就是帮助学生解决为什么学、怎么学、学什么的问题，即帮助学生确立学习目标、增强动力，提供学习方法、制定学业规划，掌握专业知识和培养大学精神等，也可以概括为 3W 即 why、how、what。

美国哈佛大学 30 年前曾对当时的在校学生做过一份调查发现，没有做学业规划的人数占 27%，学业规划模糊的人占 60%，有短期学业规划的人数占 10%，长期学业规划清晰的人数占

---

[1] 袁贵勇：《论高校辅导员心理辅导能力的培养》，《中国成人教育》2008 年第7 期。

3%。30 年后追踪调查结果表明：第一类人几乎都生活在社会最底层；第二类人基本上都生活在社会中下层；第三类人大多进入了白领阶层，生活在社会的中上层；只有第四类人，为了实现既定目标，积极进取，最终成为百万富翁、行业领袖或精英人物。由此可见，尽早地指导大学生进行科学的学业规划意义重大。[①]

2. 学业指导能力建设途径

提高对学业指导工作认识。学业指导工作是帮助大学生解决为什么学、怎么学、学什么这些具有根本性和全局性的学习问题，对学生顺利完成大学学业，具有重要作用。目前，高校对大学生学业指导工作的认识刚刚起步，投入的精力还不能满足学生对学业指导工作的需求。辅导员必须高度重要学业指导工作，明确学业指导工作是辅导员工作职责的重要组成部分。在思想上重视了，才能在工作中充分发挥主动性和能力性，工作方法和工作理论上才能进行深入的研究和探索，从而提高学业指导能力。

加强学业指导知识的学习。学业指导工作是一门涉及众多学科知识的综合性工作，加强学业指导能力，要求辅导员必须掌握科学、全面学习指导理论，包括专业认知、学业兴趣、学习目的、学习方法、学习态度、能力发展、学业规划、大学精神、大学培养人才目标等多方面的理论。

(四) 思想政治指导能力建设

1. 思想政治指导能力的内涵和意义

思想政治教育指辅导员以马克思列宁主义、毛泽东思想、邓小平理论、"三个代表"重要思想和科学发展观理论为指导，指导大学生树立正确的人生观和价值观，形成正确的理想信念、政治立场、政治觉悟，为社会主义现代化建设培养合格的建设的建设者，包括思想教育、政治教育、道德教育三方面。完成上述目标需要具备的能力，称为思想政治指导能力。

---

① 李强等：《大学生学业规划研究》，《教书育人》2006 年第 7 期。

随着经济和社会的发展，以及全球一体化的发展，国外越来越多的思潮进入我国，社会思想多元化的正在形成。在新的历史条件下，辅导员作为大学生思想政治教育的骨干力量，努力提高思想政治指导能力，对提高大学生思想政治教育的实效性，培养合格的社会主义建设者，具有重要和深远的意义。

2. 提高思想政治指导能力的途径

提高政治理论素养和政治理论水平。辅导员是大学生思想政治教育的骨干力量，辅导员政治素养和理论水平，直接关系大学生思想政治教育的效果，提高辅导员思想政治能力首先要努力提高辅导员自身的政治素养和理论水平。辅导员必须深入学习和掌握马克思列宁主义、毛泽东思想、邓小平理论、"三个代表"重要思想和科学发展观理论，认真学习党的路线、方针、政策，社会学习特色社会主义理论知识，用科学的理论武装自己，并用来分析、指导和解决具体问题①。

提高思想政治教育创新能力。当代大学生出生在改开放之后，生活在市场经济深入发展的时期，大学生的思维活跃，思想多元化，他们视野宽阔，崇尚自由和个性。当代大学生的特点，要求我们的辅导员必须提高思想政治教育的创新能力，才能做好新时期大学生思想政治教育工作。思想政治教育创新应该包括两方面的内容，一是教育理念的创新。教育理念的创新要求我们的辅导员树立"以人为本"的育人观念，在对大学生进行思想政治教育过程中，既要做到对大学生进行思想政治教育，又做到尊重学生，民主管理，只有尊重了学生的主题地位，才能让学生更好地接纳和理解。二是教育方法的创新。过去时代灌输式的教育，已经不能引起学生的兴趣，甚至引起学生的反感。辅导员在思想政治教育过程，要不断创新教育方式，通过分析讨论、社会实践等方式，和学生一起讨论现实问题，结合具体问题引导学生用正

---

① 宋书全：《高校辅导员政治素质与大学生思想政治教育探析》，《实践探索》2010年第5期。

确理论和观点来分析问题，形成正确的认识和立场。

（五）行为指导能力建设

1. 行为指导能力的内涵和意义

行为指导是辅导员通过对大学生日常交往行为、消费行为、网络行为的引导，帮助大学生树立正确的行为模式，为大学生将来进入社会养成良好生活习惯和文明行为方式。完成上述目标需要的能力，称为行为引导能力。大学不仅要教育学生掌握科学文化知识，更要通过大学教育培养良好的人文素养，养成良好生活习惯和文明行为素养。

2. 提高行为指导能力的途径

发挥人格魅力，以身作则。人格是指人所具有的区别他人的稳定的思维方式行为风格。人格魅力是在人性格、能力、道德品质等人格特征方面所具有的吸引力。在大学生活中，辅导员是学生大学生活中接触时间最长，影响最深刻的人。[①] 辅导员的风格习惯、行为方式、道德品质、人生观、价值观，都会潜移默化地影响学生思想和行为，甚至成为大学生模仿的对象。身教胜于言传，辅导员加强自己的人格修养和提高文明行为，对于大学生的行为引导，具有不可忽视的作用。

宽严相济，加强大学生行为管理。无规矩不成方圆，对大学生的行为引导既要发挥教育和引导作用，也要重视规章和制度来约束作用。辅导员要在班级管理、文明行为管理、学风管理、人际交往管理、网络行为管理等方面，探索和积累有效的管理方法，帮助大学生树立正确的行为方式和文明行为习惯。

---

① 吴燕端：《高校辅导员人格魅力之我见》，《辅导员工作》2011 年第 4 期。

第十章　辅导员组织协调能力建设

辅导员的组织协调能力是辅导员工作真正落到实处的必备能力，是关系思想政治教育工作能否得以实现和能否实现好的关键，是完备高校学生自治组织建设的前提条件，是高校团学工作蓬勃开展的"主推"力量，是维护高校办学秩序的保障。本章将组织协调能力分解为高校学生组织建设与管理的能力、高校团学活动的组织能力和协调学生思想政治教育和管理各方之间关系的能力。辅导员的组织协调能力简言之即为懂管理、会组织、协调好。

一、完善学生组织建设是辅导员组织协调能力的直观体现

高校学生组织是在高校培养目标和办学宗旨的指导下，结合高校办学特色而设立的，并能够为学生成长成才服务，在培养大学生的综合素质进程中彰显组织魅力。组织从广义上说是指由诸多要素按照一定方式相互联系起来的系统，从这个角度看来，组织与系统具有同等程度的含义。从狭义上说，组织是指人们为实现一定的目标，互相协作结合而成的集体或团体，它专门指人群而言，运用于社会管理之中。在现代社会生活中，人们已普遍认识到组织是人们按照一定的目的、任务和形式编制起来的社会集团，组织不仅是社会的细胞、社会的基本单元，而且可以说是社

会的基础。① 目前我国高校的学生组织包括：学生会、社团联合会、社团、班委、团支部、学生党支部、宿舍管理委员会，等等。

经济管理学家巴那尔德曾经说过，一个人不是组织，必须有两个以上的人，有共同的意愿，为了一个共同的目标走到一起来，因此这两个人彼此分工，并且协作，所以它是人与事的分工协作体。两个人都想搬石头，站在东头和西头一起喊号子"一二三"，这两个人既不是八旬老人，也不是八岁的孩子，是能胜任搬石头的人，他们被恰到好处地放到这个工作岗位上，最后"一二三"，搬了起来。卡斯特对组织的定义是：一个属于更广泛环境的分系统，并包括怀有目的并为目标奋斗的人们；一个技术分系统——人们使用的知识、技术、装备和设施；一个结构分系统——人们在一起进行整体活动；一个社会心理分系统——处于社会关系中的人们；一个管理分系统——负责协调各分系统，并计划与控制全面的活动。②

面对大学生组成的学生组织，辅导员肩负着教育、管理、服务三项职能，"三育人"的说法是较好的佐证，由此辅导员对学生组织的建立与维护肩负着重要的职能。然而凡事都要分清主次，针对不同情况要区别对待，才能因人制宜、因地制宜、因时制宜，因此将与思想政治教育工作相关的大学生组织与辅导员工作关联性的大小划分为两个部分进行分别阐述。

首先，从辅导员日常教育管理的角度，将班委、团支部、学生党小组、寝室长等划为第一部分，简称传统学生组织。高校目前班级的设置一般为 30 上下（浮动一般不超过 10 人），班委一般设班长、学习委员、生活委员、体育文员、文艺委员。团支部

---

① 赵雪霏：《DGIS 项目业主方项目组织管理的应用和研究》，上海交通大学硕士论文，2009 年 2 月。

② 范李军：《我国加入 WTO 后人才安全问题的初步研究》，首都经济贸易大学硕士论文，2005 年 3 月。

的学生干部一般为团支部书记、宣传委员、组织委员。班委与团支部的学生干部也合称广义的班委。高校班委的产生要以体现民主和公平为原则。辅导员应该是班委产生的见证者，并负责教育和监督班委对班级的服务能力。高校班委的产生与轮值应该通过班级全体成员的选举产生。一般来说，大一刚入学时应该结合高中和入学一段时间的表现，指定临时负责人，进入正常大学学习生活后应尽快组织班委竞选活动，让同学们选举他们心目中班委的合适人选，这样才有利于调动同学们参与班级活动的积极性，也是大学生入学第一次班级集体荣誉感的提升机会。班委产生后，辅导员应该对班委进行工作指导，介绍高校班委工作的特殊性和挑战性，帮助学生干部尽快转变角色，快速投入班级的工作中。

寝室作为大学生各种组织中最小最基层的单位，起着至关重要的作用。寝室的学习风气和生活氛围将对大学生个体的求学过程产生至关重要的影响，因此从寝室的分配到寝室长的选择都是辅导员做好学生工作的重要环节。一般来讲，寝室划分最好做到地域、成绩、专业等因素的合理配置，避免同类学生扎堆现象。对应的原因分别为：一是地域，缘于大学生来自五湖四海，而且由于家庭的娇生惯养导致了自理自立能力差。此时的"老乡"是众多生面孔中最为亲切和最容易相处的群体，若一个寝室一半为A省生源，一半为B省生源，很容易导致寝室融合度不好，甚至易出现矛盾或更加严重的后果。二是成绩，缘于目前大多数高校全国招生的现状，不同地域教育程度的差异，使得学生基础并非有较好的参考依据，因此，辅导员应该从各个方面了解当年学生考录情况，将不同成绩的学生划分到同一寝室，便于学生入学后的文化课学习中互相帮助，共同进步。三是专业，按照国家规定，辅导员与所带学生比例为 1：200，而实际上，很多高校目前的辅导员数量与学生数量比远远超过人均 200 人，所以大多一个辅导员要关联两个或两个以上的专业，又因不同专业课程设置、研究方向、任课教师特点、学生生活氛围等因素的共同影响，不同专业的学生会有比较明显的"特点"，有的专业学生普遍性格内向，有的活跃，有的低调，有的张扬，因此，寝室分配时也要注意规避个别专业学生普遍存在的消极的特点，通过不同专业的融合将学生至于良好的、和谐的氛围中并向积极地方向成长。

发展大学生加入党组织是辅导员的又一项本职工作。辅导员一般都肩负着自己所带学生的党小组组长和入党培养人的角色，同时负责选拔优秀学生推荐入党等具体事务。结合目前高校党员发展状况，一般一届学生入党数量会占 20% 左右，因此平均一名辅导员将要推荐 40 人左右加入党组织。高校党员发展工作是原则性和程序性很强的工作，因此如何优中选优并让所有的学生赞成选拔的结果是辅导员工作的又一关键环节。拟发展对象的选拔要严格按照组织发展程序，充分发挥党小组内部党员的推荐作用，结合成绩等硬件条件，综合评选出候选人，并通过班委全体大会讨论无异议后在各班进行公示，使得积极要求入党的、综合素质高的、成绩优秀的同学抓住为数不多的发展机会。

其次，将学生会、社团联合会、社团、学生党支部、宿舍管理委员会等其他学生组织划分为延伸型学生组织。之所以称之为延伸型学生组织，是因为上述学生组织或是辅导员的兼职事务岗位，或是自己所带学生是上述组织中的成员。因此，从辅导员兼职工作和学生多角色角度阐述该类组织的建立与管理。

目前，全国高校辅导员兼任学院团委书记、学生党支部书记和宿舍管理委员会主任等很为普遍，如何在辅导员的兼职工作中成功的调动学生组织积极性，以利于高校学生培养与综合素质的提高也成为辅导员组织能力的重要体现。基层院系团委、学生会、学生党支部和宿舍管理委员会等大多随着高校的成立而建立，并经历了几年、十几年甚至几十年或上百年的历史，已经形成了比较完善的传统，作为组织的直接领导者，需要根据不同时期的政策方针变化及时的就所负责的学生组织进行合理的整改，以不断提升学生组织战斗力为出发点，以提升团队成员的基本素质为落脚点，通过占学生总数 10％的学生干部或学生党员的素质提升，带动身边同学的能力进步。具体说来，高校学生的党团组织与社会上企事业单位的工作体系基本无二，也必须有章可循，有法可依，作为学生党团组织的领头羊必须率先垂范、以身作则，并制定符合实际情况的组织规章制度，让学生干部和党员能够在党团组织大家庭里找到自己的位置，明确自身的职责，履行自己的权利和义务。与社会组织不同的是高校的学生组织并不是以营利为目的的，而是发挥学生自我教育、自我管理、自我服务三项能力的，是学生自我成长成才的有效载体。因此，作为兼职身份出现的辅导员又要通过一定的方式方法调动和提升学生干部的积极性，积极的投入到学生工作中去，并使学生切实的在工作中不断地提升综合素质。

对多角色学生的指导是辅导员完备组织能力的又一必修科目。结合国家划定的 1：200 的师生比例，据调查发现，其中有33％的学生在大一入学的时候加入到校院级学生会，有 23％的同学在大学期间入党，有 78％的同学加入过各类社团，显然三项比例之和超 1，说明三种团体间必有重合，充分诠释了学生的多种角色。而且，随着年级的增长，很多同学在各自的学生组织中扮演核心人物的角色，从最初懵懂的大一新生成长为某党团组织的"掌门人"，因此，对于此类多角色学生的合理指导与干预成为必然的工作成分。对多角色学生的指导应主要把握两个方面，一是通过多种方式和渠道了解学生所在组织的构成、职能、归属等信息，及时的向自己的学生传达正面、积极、准确的工作指导，结合学生自身特点给予中肯的建议。二是与其所在学生组织的负责老师建立畅通的沟通渠道，及时的了解自己的学生在不同组织中的成长过程，特别是当出现不良表现时应采用适当的工作方法及时的帮助学生转变亚健康的心态，重新回到积极向上的求学生活中来。

二、团学活动有效开展是组织协调能力提升的根本

团学组织是高校思想政治教育的得力助手，是服务广大学生成长成才的中坚力量，而富有特色的团学活动则是完善团学组织的重要推动力，也是拉近教师与学生、学生和学生之间距离的有效载体。辅导员作为学生进入大学后见到的第一个"家长"，也是学生在校期间接触最多、联系最频繁、相处时间最长的人，需要长期战斗在学生管理工作第一线，因此在团学活动中，辅导员常常既是活动的发起者，又是活动的实践者，既要承担活动的组织工作，又要将活动落实到实处。所以能够积极开展新颖、有效、具有特色的团学活动是一名辅导员必须具备的素质，更是提高自身组织协调能力的有效途径。

当前高校学生活动开展的内容丰富、形式多样，但是由于指导思想、学生资源的有限性、学生组织的构建方式等原因，造成了各高校在组织学生活动时，在持久性、创新性、整合性等方面仍然存在难题。那么，辅导员究竟如何做才能搭建特色团学活动平台，并在此过程中提升自己的组织协调能力呢？要解决这个问题，主要应从高校辅导员的工作方法、工作态度和工作热情三个方面着手。

（一）坚持理论联系实际的工作方法

学生组织作为高校学生管理工作的重要载体，发挥着联系学校和广大学生的桥梁纽带作用。它既是培养人才、凝聚学生群体的工具，又是大学生自我肯定、自我实现的工具，在引导学生自我教育、自我管理、自我服务，繁荣校园文化等方面有着独特的作用。因此，辅导员可以充分依托学生组织载体，组织开展对学生切实有效的团学活动。然而，尽管学生组织在高校发展和大学生成长过程中发挥着十分重要的作用，但要保证学生组织在活动

中功能的发挥，辅导员就应以强化学生组织建设为出发点，以创办特色团学活动为落脚点，通过将相关理论研究融于活动的具体开展过程中，从而对学生组织加以有效的引导和适当的管理。

辅导员应强化自身思想政治教育理论的学习。高校辅导员在确立学生组织为团学活动的对象和依托后，可以通过对他们实施有目的、有计划的教育，使不同的学生组织的成员都能具有思想政治教育者所预期的行为价值，从而能够更好地构筑活动平台，提升大学生思想政治教育的效果。基于创办特色团学活动的角度，辅导员对相关学生组织的思想政治教育主要包括两个方面：一是通过思想政治教育工作，使特定学生组织在团学活动中，成为思想政治教育主体的重要组成部分，具有主体主导作用，具体表现为其具有组织管理、教育引导等功能。如，辅导员借助于帮助班集体、学生会等群体完善其自身的制度，使其规范的运作，成为管理学生、教育学生的重要力量。二是通过思想政治教育工作，发挥学生组织在具体活动中客体的主体性作用。大学生组织作为思想政治教育的客体，其对教育主体所实施的思想政治教育活动接受程度，具体表现为主观上的接受意识、意愿和客观上的接受能力等，也就是学生组织对于相关团学活动的认可程度、参与热情和参与效果。在具体的实践过程中，辅导员对相关学生组织的思想政治教育的这两个方面是相互统一、相互促进的。

辅导员应加强理论联系实际的能力。对于一名高校辅导员来说，仅具备思想政治教育的理论知识还是远远不够的，还要将理论素养与实际能力相合，使其充分运用于特色团学活动的创办和开展，从而进一步提高辅导员自身的组织协调能力。简单地说，高校辅导员为确保特色团学活动的扎实推进，应结合上述理论知识从以下三个方面入手：其一，抓住活动重点。任何工作都有重点，不能眉毛胡子一把抓，更不能本末倒置，没有工作重心只是简单地开展大量的活动，效果往往适得其反。辅导员在开展团学工作时应当把握一个明确的工作重心，并围绕这个重心组织开展有特色的活动。当前，各高校团学工作的重点在于如何围绕党政工作重心，团结凝聚引领青年团员成长成才。因此辅导员应该以此作为切入点，结合当下的党政工作精神，集中力量举办一系列有特色、有影响的活动。例如，党中央在全国范围内正积极开展"创先争优"活动，辅导员可以以此为契机，结合本院系具体情况，提出相关工作思路作为年度团学工作的指导思想，围绕其组织开展活动，从而创行自己的特色精品活动。其二，扩大活动影响范围。衡量团学活动成功与否的关键因素之一就是活动的参与程度，因此辅导员应该通过扩大团学活动的影响范围来提高活动的参与程度。其中，面向学生征集活动方案、采用学生喜闻乐见的活动形式、利用网络等媒介为活动载体加大宣传力度等方式都可以有效地扩大活动的影响范围。其三，结合相关学生的专业设置特点开展活动。高校学生往往因为所学专业不同，而具有不同的专业知识和性格特点，对于优质团学活动的认知也存在差异。因此辅导员应该结合学生的专业设置特色，部署开展具有专业性的团学活动。如辅导员可以结合学生所学专业，组织举办专业技能大赛或能够体现和提高学生专业素养的活动，在提高团学组织凝聚力和创造力的同时，也能营造良好的学术氛围，夯实学生的专业基础。

（二）树立事业心、责任心与爱心三者高度结合的工作态度

别林斯基说过："爱是教育的工具，也是鉴别教育的尺度。"教师是学生的楷模、学习的榜样，这就要求教师要以身立教，为人师表，用心灵塑造心灵，以人格造就人格。对于高校辅导员而言，事业心，就是要热爱教师的本职工作，并通过努力不断克服工作中的各种困难，为教育事业甘愿付出奉献的情操；责任心，是对教育工作的一种使命感，是在完全没有外部压力和监督情况下，自觉地去完成辅导员的日常工作任务，实现社会和学校对于辅导员的工作要求；爱心，是每个辅导员必备的教育素养之一，是教育素养中起决定性作用的一种品质。教师以培养人为职业，前提是必须热爱学生。对于一名合格的辅导员来说，爱心是基

础，责任心是完成工作的动力，而事业心则是其宗旨。因此高校辅导员在处理团学活动有关工作时，应把事业心、责任心、爱心同举并重、高度结合。辅导员的这种工作态度落实到具体团学活动时，要对应以下两点。

一是立足于学生。特色团学活动一定是要立足于学生的实际需求，一定要能服务满足于青年学生的某种能力的提高。脱离学生实际，即使是采用了最先进的活动理念，即使是最有创意的活动形式，都将是无源之水、无本之木。辅导员在开展活动之前可以面向学生征集活动方案，也可以针对学生喜爱的活动进行调研，然后经过整理、讨论、完善，再开始执行。在组织活动过程中，要尽量采用新颖、轻松的活动形式，活动内容要是学生喜闻乐见的。目前高校的校园文化逐步从精英型转为大众型，一味追求高雅的活动成不了可以被学生广泛接受的特色团学活动，因此在举办活动时可以在确保活动主题的基础上多加入一些轻松、娱乐的元素，以便使同学更好地了解活动内涵。在活动举办之后，辅导员还应积极组织对活动的反馈工作，对于学生反响良好的活动总结成功经验；对于反响较差的活动找出不足，进而继续完善。

二是富有实际意义。高校特色团学活动的创建过程中，除了要保证学生在外在、感性认识上的喜闻乐见外，更要注重所举办团学活动的教育性和引导性，团学活动只有具备了这种特点，才具有了灵魂。这种引导和教育是青年学生在参加活动中感悟出来的，是潜移默化的、润物无声的。因此，辅导员在指导具体活动时，要平衡好活动形式与活动主题之间的关系。例如，在学生们普遍喜爱的一些表演类的活动中，可以融入社会主义荣辱观等对于学生而言比较抽象的概念，使学生明确当代大学生行为规范，提高集体荣誉感并强化公共意识和主人翁责任感。

（三）建立学生干部激励机制

学生干部是开展团学活动的重要组成部分，高校团学活动成功开展的关键因素之一，便是能否拥有一支高素质、高水平、强能力的学生干部队伍。因此，高校辅导员在开展团学活动时必须结合当代学生干部的特点及工作动机，充分发挥学生干部的作用，并做到以身作则，用榜样的力量影响和激励学生干部，引导和培养学生干部成为组织开展特色团学活动的中坚力量，将创行特色团学活动推向新的台阶。

所谓激励指的是依据人的需要，能持续激发和影响人行为动机的心理过程，是在内心需求的前提下衍生出来的。所以，在开展团学活动时，辅导员的激励作用是必不可少的。可以此作为切入点，通过辅导员培养自身的工作热情，来调动学生干部不断完善团学活动的积极性。下面将从两个方面具体阐述辅导员如何在活动中影响和激励学生干部。首先，必须确立明确的团学活动目标，因为只有确立了发展目标，才能真正做到有的放矢。辅导员应依据教育、培训工作的计划与目标，围绕当前党政工作的重心，结合学校长远发展的需要，有条件有顺序的为团学活动的发展制定阶段性目标，从而让活动的具体执行者——学生干部，可以把这一发展目标作为指导思想，制定出具体的团学活动方案，以便更好地体会集体工作的乐趣、动力和远景，不会因缺乏美好前景而没有活力，从而提高工作效率。其次，有了目标之后，辅导员要加强对目标的调研和改进工作，对目标要进行认真考核。当辅导员确立了一个目标后，应确保学生干部队伍的每一层级都深刻了解该发展目标核心思想、工作范围，并由此考虑在具体开展活动时，如何在交流与协调等方面进行兼顾，最后通过学生干部辅助完成一系列团学活动来实现长期目标。在这一过程中，辅导员应身先士卒，积极投入活动的各项环节中，依据每个人所担任的责任，给予相关权力，即把目标与个人利益联系起来。

当然，对于高校辅导员而言，要想搭建特色团学活动平台并不是一朝一夕之事，完成以上三点只是特色活动建设的第一步，还应把实际情况放在动态的环境中去分析，不断进行思考，因地制宜，制定出符合自身实际情况的策略，在完善特色活动创建的同时，不断地提高自己的组织协调能力。

三、强化协调沟通能力是辅导员组织协调能力建设的保障

高校思想政治工作辅导员简称一线政工干部，兼具德育教师和行政管理人员的双重身份，任务具体化就是教育和管理所带的大学生，工作任务的实质就是以促和谐、谋成长为目的协调各个相关因子之间的关系。拓展开来，高校辅导员需要协调的关系概括为"十大关系"，即辅导员与学生之间的关系、辅导员与院系主管学生工作领导的关系、辅导员与校学生工作相关部门的关系、辅导员与用人单位的关系、辅导员与学生家长的关系、辅导员与任课教师的关系、辅导员与班主任（导师）之间的关系、辅导员之间的关系、辅导员与党团工作之间的关系和辅导员与兼职事务的关系。辅导员协调能力建设的关键是了解十大关系间的内在联系，重点是采用合理的方式维系并融洽十大关系，着眼于协调的结果更好的服务于思想政治教育工作。

辅导员与学生之间的关系。辅导员的职责与素养明确了辅导员素质的总成，间接地明确了辅导员与大学生之间是一种较为特殊的师生关系，协调和把握两者之间的关系是科学、是专业、是艺术。教育中严爱结合、管理中张弛有度、生活中无微不至、情感中会意知心，这是辅导员与学生之间协调沟通的最高境界。说到协调，一是要了解学生。辅导员作为学生工作的主体应该懂学生之需，急学生之需。要抓住所有跟学生接触的机会与学生尽可能的深入接触，如课堂、寝室、文体活动等，要先站在学生的角度了解情况，而后酌情解决问题，应做到"原则问题不手软，轻度问题教育先"。二是要真正付出。如果说懂学生是前提，那么付出真爱给学生、热爱学生工作的情感就是春风化雨，润物无声的过程。主体的付出不求回报，但结果却必然是收获学生发自内心的感恩。三是要使学生成长。我们虽不是知名教育家，也不是

某专业领域的佼佼者，但我们应无愧于大学生心灵工程师的称谓。作为辅导员的除了了解学生并真诚付出外，切实提高学生的能力，让他们真正的提高、进步和成长才是考量学生工作是否落到实处的关键。

辅导员与院系主管学生工作领导的关系。如果说辅导员是学校与学生的纽带，那么院系主管学生工作的领导就是学生工作的中枢神经，其对于院系学生工作的具体开展发挥着至关重要的作用，他维系着辅导员与校领导及各相关部门之间的沟通，承国家、教育部、教育厅、校级主管部门之"上"，启辅导员、兼职团委书记和党支部书记之下，把握学院学生的整体动态，安排部署学院学生工作的开展。因此，他既是院级领导，又是大学生思想政治工作的同仁；既是一线辅导员，又是普通辅导员学习的学生工作楷模；既是辅导员学生工作的老师，又是辅导员队伍专业化职业化道路上的战友。辅导员应敬重院系主管学生工作领导，学习先进而全面的学生工作经验，畅通沟通渠道，及时汇报学生情况，特别是突发状况和紧急情况。

辅导员与校学生工作相关部门的关系。高校学生工作的顺利开展，与校学生管理部门是密不可分的，根据高校与分工的不同，一般来讲，高校学生工作相关部门包括：学生工作处、毕业生就业指导中心、组织部、团委、教务处、心理咨询中心等。这些部门的设立都是以更好服务于学生的教育与管理为目的的，因此协调好与这些部门的关系是辅导员工作顺利开展的前提。由此，辅导员应该站在学校和一切为了学生的立场，本着对学生工作认真负责的态度，保证与上述部门的紧密联系，作为桥梁和纽带，及时的沟通和解决学生在求学过程中遇到的各种困难和问题。

辅导员与学生家长的关系。家长作为大学生的监护人对子女的成长成才负有监护责任和培养义务，辅导员的职责要求与家长对学生的责任大同小异，二者在大学生的求学过程中起着至关重要的作用。辅导员与家长应该保持良好的沟通，应该主动地通过家长会、家访等方式了解学生入学前和目前的情况，了解学生的受教育环境，以便于更有针对性的开展工作。家长也应及时主动地与辅导员沟通学生在校情况，避免信息滞后所导致的学生教育机遇的错失，特别是对后进生的挽救工作。辅导员应该对心理弱健康学生、家庭经济困难学生、毕业就业困难学生等学生群体多加关注，并与学生家长取得联系，探讨原因，找寻缓解现状的有效方式。

辅导员与任课教师的关系。高校任课教师是大学生成才的知识宝库，是学生专业精进、素质提升、知识丰富的依托。任课教师作为某一领域的专家学者能够在潜移默化中影响大学生对专业的兴趣和对未来走向社会的人生发展道路。大学，乃大师之谓也，非大楼之谓也，因此，辅导员必须能够协调任课教师与学生之间的关系，特别是当学生与任课教师之间有教学上的"摩擦"，当学生因学校活动或个人原因与任课老师之间出现误会，当学生对任课老师的教学方式有质疑，当任课老师对学生综合素质培养的认同度欠缺时，辅导员需要结合不同的情况，教育学生明确尊师重道的优良传统，及时反馈学生的听课感受，改善教学质量，积极的缓解师生间的误会，阐释学生综合素质培养的重要性，使任课教师的授课与辅导员的学生工作形成合力。

辅导员与班主任（导师）之间的关系。据了解，目前，全国普通高校共有专职辅导员约 10 万人，班主任 22 万多人。班主任（导师）负责对学生进行学习指导，帮助学生端正学习态度，明确学习目的，指导学生的专业学习，指导学生开展科技创新活动，培养学生独立思维能力和创新能力，指导学生做好科研工作。对学生进行行为引导，教育学生严格遵守国家法律法规和学校的规章制度，自觉遵守社会公德和大学生行为准则，协助辅导员做好本班突发事件的处理工作。协助辅导员做好学生的管理工作，完成学校和学院交办的各项任务，有问题及时沟通。因此，辅导员与班主任（导师）之间共享学生信息，互通学生动态已成为开展好学生工作的必然，引导学生积极的向班主任（导师）请教学术问题，学习科研方法，培养专业眼光与能力，是对学生专业教育的又一创新之举。

辅导员之间的关系。全国高校辅导员工作队伍正在向职业化、专业化迈进，因此辅导员之间的关系除了同仁、同事和战友之外，也引入了竞争机制和专业化机制，引进了辅导员培训充电体制。面对学生工作的日益复杂化，辅导员的工作面临巨大机遇的同时，也面临竞争的考验，但机遇多于挑战。多种体制的引进无非是推动辅导员工作日臻完善，推动辅导员业务能力的提升。因而，辅导员间应加强联系，广泛开展学生工作论坛等活动，交流先进工作经验，探讨学生工作领域新课题的解决途径等，众人划桨开动全国大学生思想政治工作的巨轮。

辅导员与党团工作之间的关系。辅导员走上工作岗位前都应该在本硕阶段从事过学生干部工作，熟悉大学生文体活动的开展和组织工作，了解党团活动在高校学生思想政治工作的实际意义。辅导员在入职之初，在退团年龄（28 周岁）前，身为共青团员与在校学生并未产生较大的年龄差距，易于融入大学生党团工作中来。因此，一名合格的辅导员应该具备独立开展党团活动的能力，应该具备独立指导学生开展高层次党团工作的水准。辅导员对于高校党团工作开展模式的研究、对高校党团组织建设的探讨是对我国青年教育事业的贡献，也是在具体工作中党团工作经验的积累，是辅导员保持旺盛的工作热情的有效载体，是辅导员保持年轻朝气工作态度的制胜法宝。辅导员应该将大学生思想政治教育与党团工作相结合，切实的将党团工作中好的做法和模式引进大学生理想信念教育和综合素质培养，使大学生们愿意自主的参与到丰富多彩的活动中来，使得思想政治教育的工作在潜移默化中影响学生完善高尚人格、端正人生态度、树立远大理想。

辅导员与用人单位的关系。就业指导能力作为高校辅导员的必备素质之一日益呈现其重要地位，各高校纷纷成立的毕业生就业指导中心或就业办是高校对毕业生就业工作高度重视的集中体现，而辅导员作为毕业生就业工作具体的落实者，其对学生就业观念的引导、就业竞争能力的提升和职业生涯规划中的指导等过程中起着非常重要的作用，其中与用人单位保持长期良好的合作关系也是提高所带学生就业竞争力的关键环节。培养好的学生推荐至用人单位获得良好的口碑，为学校赢得良好的形象并形成良性循环会对高校教育事业的发展产生反哺效应，毕业生经过成长进步会重返母校招聘应届毕业生，更加有利于某专业甚至相关专业的学生就业。因此，辅导员应该具备深厚的就业指导理论与技巧，积极的促成与用人单位间的合作和长期联系，掌握已毕业学生的就业工作状况，及时向在校生传递相关专业学生步入社会的优劣势信息和未来发展方向。因此，提升辅导员沟通协调能力，特别是与社会多家企业的长期合作关系的维护能力，是辅导员工作的重点之一，帮助学生树立正确的择业观念并促进学生成功就业是学生、高校、企业的三赢，是辅导员工作业绩考核的重要指标。

辅导员与兼职事务的关系。目前全国的专职辅导员数量在10万左右，10万辅导员中近20%有兼职工作任务。不同院校根据学校情况的不同，设立了很多由辅导员兼任的职务，如基层院院系学生办主任、团委书记、学生党支部书记、宿舍管理委员会主任等等。兼职事务基本都与学生工作息息相关，多为辅导员本职工作能力较为突出的老师担任，合理的把握和处理本职工作和兼职事务之间的关系有助于促进学生思想政治工作的全方位开展，反之则成为日常工作开展的桎梏。协调此类关系的前提是明确本末、轻重、主次，决不能因小失大，舍本逐末，必须以出色完成学生工作任务为第一前提，必须以有利于学生成长成才目标的实现为第一出发点，能否用合理有效地工作方法扎实有效推进专兼职工作是辅导员能否在未来的高校学生思想政治工作中开拓创新、务实进取的考验。

第十一章　辅导员工作创新能力建设

创新是一个民族进步的灵魂，是一个国家兴旺发达的不竭动力。培养创新型人才已经成为新时期我国发展高等教育的主要目标之一，是实现建设创新型国家的重要保证。辅导员作为高等学校教师队伍的重要组成部分，作为高等学校德育工作者，作为大学生健康成长的指导者和引路人，提高其创新能力是实现建设创新型人才教育战略目标的重要保证。当前，我国高等教育面临着一系列前所未有的新形势和新挑战，迫切要求辅导员开创工作新思维，探索工作新方法，解决工作新问题。因此，在加强高等学校辅导员队伍能力建设中，我们必须要重视和加强辅导员工作创新能力的建设。

一、辅导员工作创新能力建设的内涵

（一）创新是产生新成果的实践活动

创新是指主体综合了各种信息，在形成一定的目标后，通过控制和调节客体而产生有社会价值的新成果的活动过程，是发现、发明、创造的总称。① 新成果作为创新的最终表现形式，包括新的理论、新的方法、新的产品、新的工艺等多种形式。

从创新的成果形式来看，我们可以将创新分为创造、创见和创作三大部分。创造是指主体运用开创性思维通过实践活动生产

---

① 刘昕：《大学生发展导论》，中国石油大学出版社 2008 年版，第 293 页。

出前所未有的事物，产品形式一般是具体实物；创见是指主体对于某种事物或者某种问题形成自己独特的见解和解决意见；创作主要是指从事生产精神产品的工作者生产出新的文艺作品。

从创新对人们所要求的素质来看，创新主要包括创新精神、创新知识和创新能力三个相互联系的要素。创新精神主要是指创新主体进行创新活动时必须具备的心理特征，包括创新意识、创新胆量、创新决心等等，它是进行创新活动的内在动力。只有具备了创新精神，创新主体才会有意识的开始创新活动；创新知识主要是创新主体在进行创新活动时必须具备的相关知识储备和积累，它是创新活动进行的重要基础，是创新活动之本，创新主体只有具备了创新知识，才能将创新活动开展下去；创新能力是创新主体自身所具有的能够促进创新活动发生发展的主观条件，是创新活动对创新主体最重要的素质要求，是创新得以实现的最根本的保证。

（二）创新能力是创新主体实现创新的主观条件

所谓创新能力就是指人们产生新认识、新思想和创造新事物的能力。[①] 能力是人所具有的有利于完成某种任务的主观条件，一般包括观察力、记忆力、思维力、想象力、实践能力等多方面因素。因此，创新能力实际上就是创新主体所具有的创造新事物、产生新认识和新思想的知、情、意、行四方面有利条件的综合。

依据上述概念，我们可以认为，创新能力主要包括创新主体的创新意识、创新思维、创新人格以及创新实践四种能力。其中最重要的是创新思维能力和创新实践能力。创新意识是指创新活动主体根据社会和个体发展的需要，产生创造新事物或新观念的意向、动机和设想，是创新的重要心理素质之一，是创新思维、创新人格和创新实践的前提。创新思维是发明或发现一种新方式

---

① 程世寿：《公共舆论学》，华中科技大学出版社 2003 年版，第 10 页。

用以处理某种事物的思维过程，有五个明显的特征：积极的求异性、敏锐的观察力、创造性的想象、独特的知识结构和活跃的灵感。① 创新思维是整个创新活动的关键，是创新能力的核心。创新人格是指创新主体具有敢于怀疑、批判、冒险的科学精神，在挫折面前不气馁、不动摇，绝不因困难和挫折放弃自己的想法和计划，勇于突破思维定势的束缚，有较强独立性的品格。② 创新人格是创新活动得以进行和完成的最有效的保证。创新实践，一般被称为创新实践能力，是将创新意识与创新思维转化成为有价值的新产品的实际行为能力，它是创新对创新主体最主要的能力要求，是实现创新的核心保证。

（三）辅导员工作创新能力是辅导员创新德育工作的主观条件

根据上文对"创新"和"创新能力"的阐述，结合辅导员这一特殊职业群体的特征，我们可以认为，辅导员工作创新能力，实质上就是辅导员面对学生工作的新挑战，运用不同于传统的理念、思维、方法和模式，去分析新矛盾、解决新问题的能力。

按照不同的标准，我们可以从不同的角度理解辅导员工作创新能力的内涵。从创新能力要素角度出发，辅导员工作创新能力可以包含辅导员工作创新意识、辅导员工作创新思维、辅导员工作创新人格和辅导员工作创新实践；从辅导员工作要求角度而言，辅导员工作创新能力包括创新辅导员工作观念、创新辅导员工作内容和创新辅导员工作方法三方面内容；从辅导员工作性质角度来说，则包括，创新思想政治教育工作能力、创新学生事务管理工作能力、创新职业生涯辅导工作能力、创新学习生活指导工作能力等方面。

辅导员工作创新能力建设，是提高辅导员工作创新能力的根

---

① 刘建明：《基础舆论学》，中国人民大学出版社 1988 年版，第 11 页。
② 陈力丹：《舆论学——舆论导向研究》，中国广播电视出版社 1999 年版，第11 页。

本方法，是加强辅导员队伍建设的有效途径。辅导员工作创新能力建设，以社会主义核心价值观为指导，以增强辅导员工作有效性为目的，以增强辅导员工作创新意识、激发辅导员工作创新欲望、训练辅导员工作创新思维、开发辅导员工作创新精神、培养辅导员工作创新人格和创新辅导员工作方法为内容。

二、辅导员工作创新能力建设的必要性

目前，我国正处在社会转型和社会发展的关键时期。面对新形势新背景，传统的高校辅导员工作受到了前所未有的冲击和挑战，进行高校辅导员工作创新能力建设刻不容缓。

(一) 辅导员工作创新能力建设是现代高等教育的必然要求

1. 人才竞争日趋激烈

科学技术的迅猛发展把世界带入了知识经济时代，知识创新成为了促进经济发展的最主要的动力，人才成为了当今时代最为重要的生产力资源，人才竞争日趋激烈。培养创新型人才、实现科教兴国成为现代教育最主要的出发点。辅导员作为大学生思想政治教育的主力军，必须加强自身工作创新能力建设，才能适应培养创新人才的教育要求。

我国高等教育已经逐步实现了从精英教育到大众教育的顺利过渡，这给我国的高等教育事业带来了新的发展生机，但是一定程度上也给高校学生工作带来了前所未有的新压力。例如，大规模的高校扩招使更多的青年接受到了高等教育，但剧增的大学生人数给高校辅导员的工作带来了新的挑战；高校收费制度和就业制度的改革，使当代大学生因经济、就业带来的心理困扰越来越严重等。这就必然要求辅导员改变传统工作理念和方式，加强工作创新能力建设，适应高等教育改革的新要求。

2. 高校意识形态工作面临新形势新问题

现阶段，高校意识形态工作面临着一系列的新形势新问题，

提高高校意识形态工作者特别是辅导员的工作创新能力显得越来越重要。

当代大学生的主力军是九零后，全新的成长环境让他们呈现出了新特征，主要表现在：主体意识不断增强，集体观念逐渐减弱；个性特征不断增强，承受能力逐渐减弱；民主意识不断增强，责任意识逐渐减弱；价值观念趋向务实，实践能力呈现弱化趋势。可见，当代大学生在学业、心理、生活、就业等各方面要求学校提供更专业的指导，而传统的学校管理模式已经不能满足这种需要。这就必然要求辅导员进行工作创新能力建设。

随着全球化进程的发展和我国改革开放程度的不断加深，国外很多意识形态开始传入我国，并在市场经济条件下得到广泛的传播和渗透，如拜金主义、享乐主义等。高校作为包容各种前沿思想的阵地，必然会受到各种意识形态的影响，这就要求我们必须教育和引导大学生在纷杂的思想意识流中保持清醒的头脑，坚定社会主义信念，要求必须提高高校思想政治教育者应对新挑战的工作创新能力。

面对大学生的新特点，面对社会意识形态的多样化，我国高校原有的意识形态工作应对能力是不够的。这就要求我们从提高辅导员的创新能力着手，增强我国高校意识形态工作的与时俱进性。

（二）辅导员工作创新能力建设是发展学校事业的推动力量

辅导员是大学生思想政治教育工作队伍的主体，加强辅导员工作创新能力建设能够积极推动学校事业的发展。

1. 提升高校师资水平

高等学校的发展，既要求科研教学水平的提高，也要求管理水平的不断增强。辅导员作为大学生日常思想政治教育和管理工作的组织者、实施者和指导者，本身就是高校教师队伍和管理队伍的重要组成部分。开展辅导员工作创新能力建设，能够更好地做好学生管理工作，为教学科研任务夯实组织和思想基础，对提升高校师资力量具有积极的促进作用。

2. 提高学生综合素质

辅导员工作在大学生思想政治教育第一线，同大学生接触的时间长、频率高、范围广，对大学生的思想与行为有着重要的影响作用。加强辅导员工作创新能力建设，一方面有利于辅导员探索解决新问题的新方法，保证大学生在新形势下健康成长；另一方面，辅导员具有不断追求创新的品质和形象，也是对大学生的一种激励和指引，能够对大学生起到良好的模范带头作用，引导大学生努力创新，提高综合素质。

3. 促进校园文化建设

校园文化是高校综合水平的重要体现，能够综合反映高校的教学、科研和管理情况。建设校园文化需要高校教师、管理人员和学生等多方面的共同参与和共同努力。辅导员队伍作为学校、教师和学生之间的联系纽带，在校园文化建设中的重要性不言而喻。加强辅导员工作创新能力建设，能够更好地引导学生积极向上，优化学生与教师、学校间的关系，创造积极、创新、稳定、和谐的氛围，促进校园文化建设。

4. 保障校园安全稳定

校园是大学生学习生活的主要环境，只有安全稳定的校园，才能为大学生提供有利的发展条件。目前，随着社会的转型和发展，社会上存在的一些问题，诸如极端思想、暴力犯罪、邪教团体等，已经对校园环境造成了一定的冲击和危害。大学生正处在青春期，普遍存在易冲动、思想不成熟的问题。辅导员作为大学生身边的良师益友，理应加强工作创新能力建设，提高应对问题的能力，给予大学生思想和行为上的正确引导，尽可能做到对问题早发现、早解决，保障校园的安全稳定。

（三）辅导员工作创新能力建设是实现人才培养目标的重要保证

提高辅导员工作创新能力，能为大学生的成长成才提供良好的条件，是实现高校人才培养目标的重要保证。

1. 解决新形势下大学生面临的新问题

当代大学生是具有全新特点的一代人。他们成长的时期，既是中国社会转型、社会发展的时期，又是知识经济、网络信息技术大发展的时期。这些时代赋予的全新特点，带来了许多全新的问题。一方面，大学生需要面对许多新事物新情况，使得他们对人生价值、社会生活等方面有了许多不同于以往的理解和认识，其中不可避免的会出现一些消极的、负面的因素；另一方面，社会对于人才的要求的不断提高，也使得大学生在成才、就业等方面，背负了更沉重的压力。面对这种情况，辅导员首先要做的就是不断的创新和自我完善，使自己首先具有解决新问题的能力和素质，然后才能帮助大学生实现发展。

2. 带动大学生积极提高自身创新意识

辅导员身处学生工作的第一线，是大学生思想意识和人格取向的塑造者和感染者之一。在日常的学习和生活中，辅导员的一言一行都可能成为学生模仿的对象，对学生的发展起着重要的模范指导作用。一个善于创新、乐于创新的辅导员，其积极进取的精神，必然会对大学生产生积极的作用。大学生正处在进入社会前的准备期，为了应对各种可能出现的情况，大学生必须具备善于创新、开拓进取的素质。加强辅导员工作创新能力建设，是辅导员以身作则、带动学生积极创新的必然选择。

（四）辅导员工作创新能力建设是推动辅导员发展的主要动力

辅导员工作创新能力建设是激发辅导员工作创新意识、培养辅导员工作创新思维、塑造辅导员工作创新人格和强化辅导员工作创新实践的素质提高工程，直接推动着辅导员的自身发展。

1. 推动辅导员业务能力的提高

根据辅导员"教育者、管理者、服务者、指导者"的多重角色要求，辅导员业务能力主要包括辅导员的教育能力、管理能力、服务能力和辅导能力。辅导员业务能力的提高主要体现在德育工作实现与时俱进、管理工作实现有条不紊、服务工作实现贴心周全、辅导工作实现有效到位。辅导员工作创新能力建设就是为了在新压力新挑战面前，增强辅导员应对新形势新困难，打破传统工作思路，运用全新工作方法，解决新问题新矛盾的能力。这样一种创新能力的培养和提高，就必然能促使辅导员在教育、管理、服务等一系列的工作中提高工作实效性，推动辅导员教育能力、管理能力、服务能力等业务能力的提升。因此，我们说辅导员工作创新能力建设是推动辅导员业务能力发展的主要动力。

2. 促进辅导员研究能力的发展

辅导员工作创新能力建设旨在塑造辅导员创新人格，增强辅导员创新实践能力。实践是理论产生和发展的动力，也是检验真理的唯一标准。加强辅导员创新实践能力活动，不但能检验现有的辅导员工作原理是否具有可行性，是否具有指导辅导员工作的可信性，而且可以根据实践事实进行辅导员工作原理和辅导员工作指南的修正，为理论提供更为可靠的发展依据。再加上创新人格的培养，辅导员艰苦奋斗、积极进取、不畏挫折的精神将得到进一步提高，这样就为辅导员开展工作研究提供意志支持。综上，我们可以认为，辅导员创新能力建设能够促进辅导员研究能力的发展，是推动辅导员自身能力发展的主要动力。

三、辅导员工作创新能力建设的基本要求

辅导员工作创新能力建设，就是以社会主义核心价值观为指导，培养辅导员工作创新意识，训练辅导员工作创新思维，培养辅导员工作创新人格，创新辅导员工作方法，从而提高辅导员应对新挑战解决新问题的工作能力。依据辅导员工作创新能力的内涵，结合辅导员日常工作的实际要求，我们认为辅导员工作创新能力建设的基本要求，就是要求实现辅导员工作观念的创新，实现辅导员工作内容的创新，实现辅导员工作方法的创新。

（一）辅导员工作观念的创新

工作观念的创新是实现工作创新能力建设的先行思想准备，建设辅导员工作创新能力首先要以创新工作观念为前提指导，要求辅导员转变传统工作理念，树立合符时代和岗位要求的新的工作观念。

1. 以人为本观念

我国辅导员工作经常被戏称为"大学生的保姆工作"，形象地描述了辅导员工作的繁杂性和辅导员职业的不被重视性，这就使得不少辅导员在开展学生工作时缺乏动力和爱心，很大程度上只是为了工作而工作。面对这一现状，辅导员首先要树立人本观念。

人本观念在辅导员工作中主要体现为两点，一是以大学生为本，二是以辅导员为本。以学生为本，辅导员要尊重学生在学习生活中的主体性，以满足学生需要、为学生服务为工作出发点，结合大学生的个性特点进行因人制宜的教育管理，培养大学生的综合素质，促进大学生的全面发展；以辅导员为本，转变过去传统观念，维护辅导员自身权利，加强自身职业素质和专业技能的培养，结合自身优势，有个性地发展自己在辅导员工作岗位上的积极作用，实现工作创新。

2. 与时俱进观念

目前，国际国内形势正发生着深刻的变化，大学生思想政治教育工作面临新的挑战。应对新情况、解决新问题是辅导员实现工作创新的最基本的要求。辅导员必须树立与时俱进的工作观念，站在时代的前列，着眼于新的发展，用现代的科学技术及最新相关研究成果，对大学生进行思想政治教育和管理、服务。

树立与时俱进观念主要是要求辅导员用发展的眼光看当代大学生、用全面的眼光看高校教育发展，以社会主义核心价值观为指导，遵循学生发展根本规律，借鉴教育新方法，致力于德智体美全面发展的现代大学生的培养。

3. 素质优先观念

素质教育已经成为教育改革的关键环节，推动大学生素质教育成为当前高校工作的着力点。中共中央、国务院《关于深化教育改革全面推进素质教育的决定》明确了素质教育的科学定义："实施素质教育，就是全面贯彻党的教育方针，以提高国民素质为根本宗旨，以培养学生创新精神和实践能力为重点，造就'有理想、有道德、有文化、有纪律'的德智体美等全面发展的社会主义事业的建设者和接班人"。作为大学生思想政治教育主力的辅导员在教育现要求下，必须树立素质为先观念，推动高校学生工作的新发展。

辅导员树立素质为先观念包括两个方面的观念，一方面是要注重大学生素质教育的发展，另一方面是要注重自身综合素质的提高。

4. 角色和谐观念

《关于加强高校辅导员班主任队伍建设的意见》指出："辅导员、班主任是高等学校教师队伍的组成部分，是高等学校从事德育工作，开展大学生思想政治教育的骨干力量，是大学生健康成长的指导者和引路人。"可见，辅导员同时扮演着教育者、指导者、辅导者和服务者多种角色。这就要求辅导员转变过去单纯的政治指导的角色观念，树立角色和谐观念。

所谓角色和谐观念，就是要妥善处理好多重角色集于一身的矛盾，履行好各个角色的职责，做到角色多而不杂、工作繁而不乱。树立辅导员和谐观念还表现在，要树立一切工作为和谐校园建设服务的观念，实现自身学习与工作的和谐、学校智育与德育的和谐、学生生活和学习的和谐、学生和教师的和谐等。

（二）辅导员工作内容的创新

实现工作创新很大程度上就是指要实现工作内容的创新，使工作内容能根据实际发展需求得到补充和发展，因此，辅导员工作创新能力建设要求以工作内容创新为主体。

1. 创新大学生思想政治教育工作

对大学生进行日常思想政治教育是辅导员最重要的工作内容。创新辅导员思想政治教育工作内容，主要是要结合新情况对大学生进行有效的理想信念教育、爱国主义教育和公民道德教育。

创新理想信念教育就是要针对当前我国出现的部分大学生政治信仰迷茫、理想信念模糊、价值取向扭曲等问题，将社会主义核心价值体系作为教育指导，引导当代大学生树立正确的世界观、价值观和人生观。创新爱国主义教育就是要丰富爱国主义教育内容，利用网络、传媒、社会活动等多种渠道，倡导学生从爱学校、爱家庭出发，培养当代大学生理性表达爱国感情的能力。创新公民道德教育，就是要针对当代大学生道德认知与日常行为脱节、集体主义淡薄等道德困境，重视对大学生进行集体主义教育，通过开展传统文化读书会、开设道德修养选修课等形式，提高学生将道德规范落实到实际行为中的实践能力。

2. 创新大学生日常事务管理工作

大学生日常事务管理是辅导员工作中最为常见也是最为主要的内容，主要包括学生入学教育管理、信息档案管理、宿舍文明管理、集体建设管理、学生经济资助管理和学生评估奖惩管理六个方面。① 创新辅导员工作内容，就必须要创新辅导员对大学生进行日常事务的管理。

随着高等教育从精英教育向大众教育的顺利过渡，我国在校大学生人数剧增，加上当代大学生队伍中独生子女的比重不断增加，辅导员进行学生管理的工作难度在不断增大。创新大学生日常事务管理，首先，要树立起辅导员以学生为本的管理理念，从过去的约束管理学生逐渐转变为服务学生，树立日常事务的管理是为服务于学生的学习和生活、服务于学生的全面发展的理念。

---

① 李培林等主编：《社会学与中国社会》，社会科学文献出版社 2008 年版，第 767 页。

其次，要建立学生民主自治管理的管理模式，改变过去辅导员核心管理的模式，推行在学校学生工作职能部门的宏观指导下，在辅导员的具体调控下，积极发挥学生自己的能动性，进行有纪律有组织的学生自治管理。再次，要充分利用现代信息、网络技术、多媒体等手段，建构有效的事务管理信息系统，提高学生日常事物管理工作的效率，包括利用学校共享平台进行信息发布，运用博客、班级论坛、校友录等方式及时了解学生动态等。最后，要结合学生日常事务管理的实际，联合有关管理部门，动员学生参与建立一整套日常事务管理制度体系，包括学籍管理制度、宿舍管理制度、信息档案管理制度、学生评奖评优制度、学生干部选拔制度等，为学生日常事务管理提供制度保障。①

3. 创新大学生学习生活辅导工作

对大学生进行学习生活上的辅导是辅导员工作的又一重要内容。不断发展的素质教育对学生的学习能力和生活能力提出了越来越高的要求，提高学生的学习和生活能力要求着辅导员必须创新学生学习生活辅导工作，包括创新学生学习辅导、创新学生生活辅导和创新学生就业辅导。

辅导员对大学生的学习辅导与导师、专业教师对学生的学习辅导是不一样的，主要是给予大学生对于整体的学习概念的培养和辅导。创新学习辅导工作就是要帮助学生获得对于学习的认同，提高学生的学习能力等。生活辅导是辅导员最主要的辅导职责之一，它是为了帮助大学生形成健康的生活习惯而进行的辅导。创新生活辅导工作就是要针对当代大学生所出现的实际问题，对学生进行身体健康的辅导、心理健康的辅导和人际关系的辅导。就业辅导主要是对大学生进行职业生涯规划的指导，为大学生实现职业理想而进行的辅导。创新就业辅导就是要配合高校就业指导部门，帮助大学生分析就业形势，落实大学生职业规划

---

① 李培林等主编：《社会学与中国社会》，社会科学文献出版社 2008 年版，第767 页。

辅导的"全程化、全员化、专业化和信息化"。

（三）辅导员工作方法的创新

工作方法的优劣是工作能力强弱的最直接的体现。辅导员作为一种专门做人的工作的职业，其工作方法更是直接体现其工作能力。因此，辅导员工作创新能力建设要以创新工作方法为根本。

1. 解决思想问题与解决实际问题相结合的方法

对大学生进行日常思想政治教育是辅导员的重要工作职责，日常思想政治教育主要解决的是学生的思想问题，必然在一定程度上存在着空洞性和抽象性。运用创新方法进行日常思想政治教育，就应该避免教育的空洞化、抽象化和理论化，应该强化日常思想政治教育的实践性特点，将思想政治教育与大学生的实际学习生活联系起来，将解决大学生的思想问题与解决实际问题相结合。如，通过组织学生参加军事训练培养大学生的爱国情怀，通过带领学生参与志愿服务、公益活动提高学生社会公德，通过形式多样的心理辅导学生促进学生心理健康等等。只有将理论教育与具体实践相结合，才能真正实现日常思想政治教育目标，切实提高大学生思想政治素质。

2. 教育内容与新兴载体相结合的方法

随着科学技术的发展，新兴教育载体层出不穷，如网络、学生团体、新媒体等，而且新兴教育载体在大学生教育中的地位和影响呈现一种不断增强的趋势。辅导员作为学生日常教育的主力军，要创新工作方法，就必须要注重将教育内容与新兴的教育载体相结合，运用新产品新技术对大学生进行日常思想政治教育、学习生活指导、日常生活管理和服务。网络被称为继学校、家庭和同龄群体之后的影响大学生思想行为的第四大重要因素，是最重要的新兴教育载体。因此，辅导员要善于利用网络资源，发展网络教育，将日常思想政治教育内容通过网络进行有效传播。学生团体作为校园文化的重要组成部分，是新时期大学生成长成才的良好载体，辅导员可以利用学生团体的实践性和社会性对学生进行思想政治教育和日常管理，将教育内容与学生团体活动结合起来，这样能够一改过去思想政治教育单向传输、效果较差的状况，提高辅导员工作的有效性。

3. 灌输教育与交流教育相结合的方法

灌输教育主要是指用理论灌输的方法对受教育者进行有目、有计划的教育，是我国传统教育的主要形式，并在应试教育背景下取得了一定的效果。但是随着学生自主意识的增强，灌输教育效果大大降低，思想政治教育内化过程难以顺利完成。因此，辅导员在新的教育环境下，应该创新教育方法，注重灌输教育与交流教育相结合，提高学生在日常思想政治教育中的主观能动性，促进思想政治教育目标的实现。灌输教育主要要求辅导员将先进的马克思主义理论知识灌输给学生，引导学生在头脑中逐步树立起科学的世界观、人生观和价值观；交流教育则要求辅导员加强与学生之间的联系沟通，尊重学生在教育活动中的主体性地位，以朋友的身份，通过聊天、咨询、谈话等形式了解学生的思想，并对其进行思想政治教育。

4. 因事制宜与因人制宜相结合的方法

辅导员工作既包括大学生日常思想政治教育，也包括大学生日常事务管理、大学生学习生活辅导服务，不仅工作内容繁杂，而且工作对象——大学生个性鲜明多样，这就要求辅导员在新时期的学生工作中，创新工作思路，做到因事制宜与因人制宜相结合。辅导员工作因事制宜，指的是辅导员要以学生遇到的实际问题为出发点，对不同的问题采取不同的处理办法，如采用不同的方法帮助学生解决学业困扰问题和感情困扰问题；辅导员工作因人制宜，则是指辅导员对学生的教育、辅导和管理，要根据对象所具有的特征分方法分场合地进行，如根据男女生性别差异，辅导员工作中就要充分考虑男女生区别管理和教育。解决学生问题能做到因事制宜与因人制宜相结合，是创新型辅导员必须具备的职业素质，是辅导员工作方法创新中的重要内容。

四、辅导员工作创新能力建设的途径

辅导员工作创新能力建设是实现辅导员、高校、学生共同发展的必然要求，加强辅导员工作创新能力建设，我们必须从辅导员、高校、学生三个角度出发，探索建设途径，提高辅导员工作创新能力。

（一）提高自身素质是辅导员工作创新能力建设的基础

工作创新是在踏实做好本职工作的基础上，结合新情况，解决新问题而实现的，工作创新能力的培养也就必然是在健全工作者自身素质的前提下进行的。辅导员作为大学生学习生活全方面的指导者，具备全方面的素质是辅导员顺利开展学生工作的前提保障，是实现辅导员工作创新的基础。因此，要加强辅导员工作创新能力建设就首先要提高辅导员自身素质。

1. 提高职业素质

辅导员职业素质主要包括政治素质、心理素质和业务素质，职业素质的高低直接影响到辅导员工作开展的成效，提高辅导员职业素质是实现辅导员工作创新能力建设的素质基础。

提高辅导员职业素质首先要提高其政治素质，就是要坚定辅导员政治立场，培养辅导员较强的政治原则性，使其形成较高的政治觉悟。这就要求辅导员加强马克思主义理论和社会主义相关理论的学习，深入了解党的各项路线方针政策，以社会主义核心价值体系作为自己行动的指南。

在提高辅导员政治素质的前提下，应该注重辅导员心理素质的提高。辅导员要想实现工作创新，就必须具有挑战传统的心理素质，加上辅导员工作的多面性，更加要求辅导员拥有较强的心理素质去应对工作中出现的新问题。提高心理素质可以从掌握自我调控方法、不断积累学习工作中的实践经验入手。

提高辅导员的业务素质是提高其职业素质的最主要的内容。

辅导员应具备的业务素质在某些程度上来说就相当于辅导员应该具备的职业能力，主要包括教育能力、管理能力、研究能力和服务能力。辅导员要提高自身的职业能力就要积极参加专业培训，认真学习相关学科知识，并在实际工作中不断总结经验教训，在实践中得到提高。

2. 提高职业道德

较高的职业素质只有在高尚的职业道德束缚下才能最大限度地发挥其积极作用，因此，在提倡加强辅导员职业素质培养的基础上，我们必须要加强辅导员的职业道德修养，使其工作创新能朝着"一切为了学生"的目标前进。

辅导员职业道德主要包括对辅导员的责任心、奉献心、上进心、务实心和真诚心的要求。爱岗敬业、对学生负责是做好辅导员工作的最起码的道德要求，是促使辅导员产生创新意识的精神动力，加强辅导员责任心修养，要求辅导员培养对学生工作的热情，接受责任教育，将促进学生全面发展作为自己工作的最终目标；辅导员工作的繁杂性和工作对象的特殊性，注定辅导员要在工作中倾注很多的时间和精力，这就必然要求辅导员要加强自己奉献精神的修养，增强辅导员的奉献心，首先要求辅导员提高奉献意识，其次要求辅导员在实际学生工作中积极发扬奉献精神；上进心是任何职业实现发展的必不可少的道德因素，加强辅导员上进心的培养，能够直接推动辅导员工作创新能力的发展，增强辅导员的上进心就要求辅导员不断地用新标准来要求自己；务实心和真诚心是辅导员顺利开展学生工作的有力支柱，务实是创新的基础，真诚是辅导员工作创新的基本要求，因此，增强辅导员的务实心和真诚心也是辅导员工作创新能力建设不可缺少的内容，要求辅导员加强与学生的沟通，以脚踏实地的态度开展学生工作。

3. 提高学习研究能力

工作创新能力的发展是建立在工作创新意识的推动和创新知识的积累基础上的，加强辅导员工作创新能力建设就必然要求辅导员提高创新意识，积累创新知识。辅导员只有在不断的学习和研究中才能真正做到创新知识的积累，因此，提高辅导员自身的学习和研究能力也是辅导员工作创新能力建设的主要途径。

提高辅导员的学习研究能力，首先要求辅导员培养自己的好奇心和求知欲，只有在强烈的求知欲的推动下，辅导员才能自觉自主地进行知识学习；其次要求辅导员在求知欲望的驱动下，积极学习相关学科专业的理论知识和前沿研究成果，增强自己的专业素质；再次要求辅导员培养自己分析问题、总结经验的能力，能够及时对各种问题进行分析总结，吸取经验教训；最后要求辅导员提高自己的理论素养和写作能力，以学术课题的形式对学生工作进行研究。

（二）健全的机制建设是辅导员工作创新能力建设的保障

目前，就我国高校的总体定位和实际工作来看，教学和科研始终是高校工作的重点，高校对辅导员工作的投入远远不及科研教学，辅导员的工作热诚度和工作创新能力受到一定的消极影响。因此，加强辅导员工作创新能力建设，就必须要求高校在贯彻党和国家的加强辅导员队伍建设的政策前提下，进一步健全促进辅导员工作创新能力发展的管理机制和发展机制建设。

1. 建设辅导员创新管理机制

建设辅导员创新管理机制是提高单个辅导员工作创新能力的重要措施，是实现辅导员工作创新能力建设的首要保障。建设辅导员管理机制要求将创新纳入辅导员职业准入要求，将创新纳入辅导员绩效考评标准，将创新纳入辅导员职业培训内容，将创新纳入辅导员福利保障依据。

将创新纳入职业准入要求。目前，我国各大高校都基本制定了辅导员职业准入制度，都根据辅导员岗位的实际需要，制定了从事辅导员工作的人员必须具备相关职业技能和从业资格的具体规定。开展辅导员创新工作能力建设，就必须从源头上引进创新型人才，将创新纳入辅导员职业准入的要求中，将创新作为各大高校辅导员的入职必备条件之一。

将创新纳入绩效考评标准。辅导员绩效考评就是学校根据辅导员平时工作情况，按照一定的考核标准，运用学生评议、辅导员自评、学院评议、学校职能部门评定相结合的方法定期对辅导员工作进行评定，并作出相应的奖罚措施。随着辅导员职业的发展，我国辅导员绩效考核制度越来越完善，考核标准也越来越科学。进行辅导员创新能力建设就应该将辅导员的工作创新能力纳入考评范围，将创新能力作为工作绩效的一部分，用实际利益得失刺激辅导员创新意识的发展。

将创新纳入职业培训内容。职业培训作为辅导员管理的一个重要方面，是推动辅导员工作能力发展，增强辅导员业务素质的主要途径。加强辅导员工作创新能力建设，就应该将创新纳入辅导员职业培训内容，也就是定期组织辅导员进行创新能力培训，训练专业的创新思维，学习专业的创新方法，从而提高自己的工作创新能力。

将创新纳入福利保障依据。制定辅导员福利保障制度是吸引优秀人才加入辅导员队伍，从事辅导员工作的最有效的方法。包括设立辅导员岗位补贴、建立辅导员专业技术职称评聘制度、实施辅导员职级制度等。高校进行辅导员工作创新能力建设，就应该将创新纳入辅导员福利保障依据，也就是将创新作为辅导员享有某项福利保障的依据之一，用福利激励辅导员创新能力的发展。

2. 完善辅导员创新发展机制

辅导员创新发展主要是针对整个辅导员队伍而言的，只有辅导员队伍实现了工作创新能力的提高，辅导员工作创新能力建设才能真正得以实现。完善辅导员创新发展机制可以从优化辅导员队伍结构、强化辅导员专业化建设、建设学习型辅导员队伍三个方面着手。

贯彻政策法规，优化辅导员队伍结构。辅导员队伍结构在整体上影响着辅导员创新能力的发展，只有优化了辅导员队伍结构才能够最大程度地发挥辅导员队伍中的创新潜能，整体提高辅导员创新能力。优化辅导员队伍结构既包括协调师生比例，也包括优化辅导员年龄、学历的构成。高校配备辅导员应严格按照教育部规定的不低于1：200的比例要求足额进行。优化辅导员年龄构成应该实现老中青相结合，充分利用老辅导员的丰富经验、中年辅导员的进取精神和年轻辅导员的创新意识，形成合理的梯形辅导员队伍。优化辅导员学历构成应该实现以硕士研究生为主、博士研究生和本科生为辅的合理结构，尽量做到辅导员学历比被辅导对象学历高。

创建新模式，强化辅导员专业化建设。辅导员队伍只有实现了专业化发展，辅导员才能具备更好的职业素质，才能更好地运用专业知识开展辅导员工作，才能为创新能力发展提供知识储备和实践基础。我国辅导员经历了几十年的职业发展后，已经逐步实现了从兼职辅导员到专职辅导员的过渡，辅导员职责要求也从思想政治教育逐步转化成为思想政治教育、日常生活管理、学习生活辅导、学生服务。这就要求我们必须创建新的辅导员发展模式，强化辅导员专业建设。强化辅导员专业建设就是要加强辅导员的专业知识和专业技能的培训。

开拓新思路，建设学习型辅导员队伍。建设学习型辅导员队伍就是在辅导员队伍中树立全员学习、终身学习的理念，在一整套行之有效的学习型辅导员队伍创建工作体系和长效机制下，在重视学习、崇尚学习、坚持学习的浓厚氛围和良好环境中，进一步推动辅导员工作、提高辅导员思想政治素养。学习是创新的基础和动力，任何创新都是在不断的学习和实现中产生的，建设学习型辅导员队伍有利于提高辅导员文化素质，培养辅导员不断进取的创新精神和不畏艰难的创新人格。因此，要实现辅导员工作创新能力建设，建设学习型辅导员队伍是有效途径。

（三）密切与学生的联系是辅导员工作创新能力建设的动力

辅导员的工作对象是高校学生，要想加强辅导员工作创新能力的建设，就必须通过加强与当代大学生的沟通，了解他们的实际情况和利益诉求，总结出当代大学生群体中存在的新问题，并借鉴大学生所特有的敏捷思维和创新意识去寻找解决新问题的办法，从而推动辅导员自身创新能力的发展。

1. 积极发挥学生组织及学生干部的作用

高校学生组织是由学生自己组成的自我服务、自我管理、自我提高、辅助教学的组织，主要包括学生会、学生班委会、学生社团等形式。现代高校一般呈现出"学校——教师——学生组织——学生"这样一种互动的管理交流模式。

学生组织中的核心力量被称作为学生干部。高校学生干部一般包括学生会干部、各级党团干部、班委会成员和学生社团负责人。他们有着较强的综合素质，往往在高校学生工作中起着骨干带头作用，他们既代表着广大学生的根本利益诉求，为学生服务，也代表着学校学生管理的重要力量，贯彻党的教育方针、协助管理学生学习生活。既是学生利益的直接代表者，也是教师管理学生的左右手。

学生组织和学生干部是学生与老师、学生与学校之间的交流纽带。学生干部生活学习在学生之中，能更真实地感知周边同学想的是什么、做的是什么。因此，要加强辅导员与学生之间的联系，了解当代大学生的思想、生活动态，发现学生工作的新问题，辅导员就要积极发挥学生组织和学生干部的桥梁作用。这就要求辅导员在指导学生干部队伍建设时，首先要把准选拔和培养两道关；然后，要适当下放管理权力，充分发挥学生干部的创造性；最后，要重视学生干部的意见，及时收集学生干部的反馈意见，积极采纳合理建议。

2. 培养学生有困难找辅导员的求助意识

辅导员工作涉及大学生学习生活的各个方面，是大学生最为密切的引导者和服务者。辅导员要不拘泥于传统工作思路和工作模式，走进大学生生活，融入大学生群体，建立起新兴的辅导员与大学生和谐关系。这就要求我们培养大学生有困难找辅导员的求助意识。

　　培养大学生有困难找辅导员的求助意识，首先，要求辅导员树立平易近人的可亲形象，很多大学生对于老师和班主任的印象一直停留在中学时代形成的严肃古板，特别是大一新生对于辅导员这个管理者更是怀有一种惧怕甚至排斥的感情。因此，要想走进大学生心里，了解大学生心理需求，就必须首先改变大学生对于辅导员的错误印象，树立辅导员平易近人的形象。其次，要求辅导员更加细心耐心，细心是辅导员能够从大学生细微的行为或者变化中发现问题的保证，耐心是辅导员能够认真帮助大学生解决困难、获得大学生信任的保证，因此，要培养自主意识强烈的当代大学生的求助意识，就必须要求辅导员用细心去发现问题、用耐心去解决问题。最后，要提高辅导员的职业能力，只有当辅导员能够游刃有余地帮助大学生解决实际问题，才能获得大学生的认可，让大学生在遇到困难后主动想到寻找辅导员的专业帮助。

　　3. 充分重视与家长及专业教师的多渠道沟通

　　密切与学生的联系，增加对大学生的了解和认知，辅导员不仅要重视同学生直接接触的方式，还要重视与家长、专业教师的沟通，多方面了解学生的状况和需求。只有综合利用多种手段，了解多渠道信息，才能使辅导员工作更具有针对性，能够创造性地提出解决大学生新问题的对策方针，提高工作效率。

　　家长作为学生的第一任老师，是学生成长过程中最为密切的指导者，对学生的性格、爱好、特征有着最为可靠全面的了解。辅导员加强与家长的沟通能够获取学生的最真实的成长信息，就能为学生个性辅导提供参考依据。高校教育的重点还在于科研教学，授之以渔是高校教育的主要内容，专业教师作为授教者，能够准确评判学生的认知能力、接受能力和解决问题的能力，能够为学生德育提供智育基础。辅导员充分利用专业教师提供的信息，不仅能更好地对学生进行学习辅导，而且能够帮助解决学生思想和心理问题。

充分重视与家长及专业教师的多渠道沟通，就是要求辅导员利用面晤、电话、电子邮件等多种手段加强与家长和专业教师的联系，了解学生多方面信息。

辅导员工作创新能力建设，是以辅导员自身、高校以及大学生三方面因素为基础的，三者缺一不可，加强辅导员自身素质建设是实现辅导员工作创新能力建设的基础保证，加强高校对辅导员的管理和发展机制建设是实现辅导员工作创新能力建设的政策保障，加强辅导员与大学生的联系是实现辅导员工作创新能力建设的外围保证。

第十二章 辅导员队伍能力建设长效机制

辅导员是高等学校教师队伍的重要组成部分，是高等学校从事德育工作，开展大学生思想政治教育的骨干力量，是大学生健康成长的指导者和引路人。加强高校辅导员队伍建设，特别是培养一支政治强、业务精、纪律严、作风正，能够长期从事大学生思想政治教育工作的骨干队伍，是思想政治工作战线的一项重要任务。近年来，随着大学生思想政治教育工作的蓬勃开展，高校辅导员队伍建设工作摆上了重要位置，相关理论研究不断深入，同时在实践中也积极展开各种尝试、探索，寻辅导员队伍建设的新思想、新路径。在大学生思想政治教育不断发展的今天，探究辅导员队伍建设的规律、长效机制、方法，从而将辅导员队伍建设从被动促进引上主动发展的轨道，已成为思想政治教育战线的共识。为此，本研究作为《高校辅导员骨干队伍能力建设研究》的一项子课题，希冀从理论上厘清相关概念、认识，探明高校辅导员队伍建设长效机制的涵义、意义、内容、实施路径等基本问题，从而为进一步研究提供基础。本研究采取的方法主要是辩证的矛盾分析方法，分析和综合的方法。

一、高校辅导员队伍建设长效机制的涵义

"机制"一词现在使用频率颇高，而人们对它的理解并不一致，在日常使用中较随意，一般有表示"内在机理"、"条件"、"方式"、"方法"、"规律"、"模式"、"路径"、"规则"、"程序"等意思。从词源上进行探究，"机制"一词源于希腊文，表示机

器、机械。刘建明主编《宣传舆论学大辞典》的解释是："机制"原指机器的构造原理和工作方式、机器内部各部分间的组合、传动的制约关系。18世纪"人是机器"的观念流行以后，它逐渐被借用到生物学和医学中，用以表示生物有机体各种组织和器官的有机结合、产生特定功能的相互作用关系。现代许多学科如心理学、社会学、经济学、政治学等都借用"机制"一词，形成了心理机制、社会机制、经济机制、政治机制等概念，其中机制泛指引起、制约事物运动、转化、发展的内在结构和作用方式，包括事物内部因素的耦合关系，各因素相互作用的形式，功能作用的程序以及转变的契机等。揭示事物运动的机制意味着对事物的认识已从现象的描述进到对本质的认识。① 郑杭生、李强等著《社会运行导论——有中国特色的社会学基本理论的一种探索》一书认为，"'机制'一词的基本涵义有三个，一是指事物各组成要素的相互联系，即结构；二是指事物在有规律性的运动中发挥的作用、效应，即功能；三是指发挥功能的作用过程和作用原理。把这三者综合起来，更概括地说，机制就是'带规律性的模式'。"②

参考上述解释、分析，我们试对"高校辅导员骨干队伍建设长效机制"命题的涵义进行下述学理性分析。

首先，由"建设"这个概念出发，《新华词典》2001年修订版的解释是：增加新设施，完善某一方面。这个词意在指促进事物达到某一目标状态（予以完善）的动作进行过程。高校辅导员骨干队伍建设可以认为是高校辅导员这个职业群体趋向设定的目标的动态过程。这个过程是由建设主体、建设环境等诸多因素相互作用、复杂的运动过程，充满着各种矛盾，其基本矛盾是：经济社会发展及教育发展对辅导员素质、能力的要求与辅导员队伍现有的素质、能力之间的矛盾。正是因为有这个基本矛盾存在，

---

① 刘建明主编：《宣传舆论学大词典》，经济日报出版社1993年版，第525页。
② 转引自范树成：《德育过程论》，中国社会科学出版社2004年版，第146页。

辅导员队伍建设才不仅是必要的，而且是必须的。这个基本矛盾贯穿了辅导员队伍建设过程的始终，并且规定和制约了辅导员队伍建设的其他矛盾。因而，辅导员队伍建设就是以这个基本矛盾存在为依据，化解矛盾，破解难题，不断适应经济社会发展的需求、人民群众对教育的需求。

其次，由"机制"这个概念出发，辅导员骨干队伍建设长效机制可以规定为辅导员队伍建设中内在的、带规律性的模式，建设过程各要素之间相互联系、相互作用的形式，并且通过这种形式来达到促进基本矛盾消解、转化的目的。因而，我们可以对高校辅导员队伍建设长效机制的涵义作如下理解：

（1）从创立机制的目的看，所谓机制，首先要着眼于基本矛盾的转化、主要矛盾的转化，而不是其他非基本矛盾、次要矛盾。只有定位明确，机制建设才不会偏离正轨，不会拘泥于细枝末节。而长效机制强调的则是这个机制要在一个较长的时段内能发挥作用，具有长期效应而不是短期效应。同时，这个长效机制既不是临时性方法，也不能一劳永逸地解决基本矛盾，而是随着矛盾的发展变化而不断调整和完善。

（2）从机制的构成要素的关系的角度分析，机制强调的是建设过程中各要素的耦合。辅导员队伍建设长效机制是由建设过程各个环节中各种要素如制度、方法等构成的，但不是各要素简单堆砌而成，而是各构成要素相互联系、协调、统一形成的。只有各要素耦合发挥合力作用，长效机制才能形成，辅导员队伍建设才能有效进行。

（3）辅导员队伍建设长效机制是辅导员队伍建设的运作方式，是辅导员队伍建设发展内在的、基本的、持久的作用方式。机制问题作为中间环节、具体的操作性环节联系着辅导员队伍建设的基本理论和具体方法。辅导员队伍建设总是在一定规律、基本理论的指引下，通过一定的机制来制约、引导着辅导员队伍建设具体方法的实施。因而，机制是基本的技术理论和操作系统。

（4）辅导员队伍建设长效机制的价值取向。作为机制要保证建设动态过程的进行和目标的实现，目标的价值取向决定着机制的价值取向。辅导员队伍建设长效机制应该有利于创建一支政治强、业务精、纪律严、作风正的高素质辅导员工作队伍，从而符合党和国家培养社会主义事业合格建设者和可靠接班人的需求，符合广大人民群众和受教育者对高等教育质量的需求。此外，辅导员队伍建设机制还要满足作为教育主体的辅导员自身发展的需求，作为主体的人的需要如果得不到满足，主体的作用就不会得到很好的发挥。辅导员自身发展不仅为思想政治教育工作提供不断优化的人力资源保障，而且辅导员自身发展也是队伍建设的重要目的。因此，辅导员队伍建设长效机制一定要是：使辅导员队伍不断适应教育发展新形势、新任务的机制，促进辅导员自身全面发展的机制，促进辅导员创造更多价值的机制。

二、构建高校辅导员队伍建设长效机制的意义

构建高校辅导员骨干队伍建设长效机制具有重要的理论意义和实践意义。

（一）有助于揭示辅导员队伍建设的规律

马克思主义认为，事物的发展有其内在的规律性，我们对事物的研究就是要认识其本质属性，把握其发展变化的规律。辅导员队伍建设具有自身的规律性，这个规律是关于辅导员队伍建设普遍性矛盾的原理，而机制则是在这个基础上解决辅导员队伍建设方法特殊性矛盾的原理。机制受规律制约，规律则通过机制表现出来。通过长效机制的研究，辅导员队伍建设的规律得到科学解释和深刻揭示。

（二）有助于保障辅导员队伍建设工作深入开展

辅导员队伍建设长效机制作为辅导员队伍建设的一种运作方式而存在并发挥作用，不仅通过一定的方法来实现，也必须通过

一定的制度来体现，即关于辅导员队伍建设的科学定位、方法、路径等以制度的形式确立下来，并严格按照制度执行。辅导员队伍建设的制度也必须是能体现长效机制的制度，这样的制度才是科学、合理的制度。辅导员队伍建设是一项长期的工作，不可能一蹴而就，为此，必须通过建立健全长效机制来保障辅导员队伍建设工作深入开展。

(三) 有助于促进辅导员队伍能力建设

能力建设是辅导员工作专业化、科学化的前提条件，是辅导员自身发展的基本保障。辅导员能力的全面性决定了其全面发展的可能性。马克思主义关于人的全面发展理论特别重视人的能力发展，认为能力发展是全面发展的个人的必要条件："要使这种个性成为可能，能力的发展就要达到一定的程度和全面性。"①辅导员队伍能力建设涉及多个方面，主要包括思想政治教育工作的组织领导能力、专业能力、学习能力、协调能力、决策能力、说服能力等。能力建设总是依赖一定的环境和条件，通过学习和实践活动而实现。辅导员队伍建设长效机制的建立为能力建设创造了条件，如通过建立健全辅导员培训机制、管理机制等，辅导员队伍能力建设落到了实处。专职辅导员是辅导员队伍的骨干，培养专家型辅导员、职业化的思想政治教育专家是辅导员骨干队伍建设的目标，建立辅导员队伍建设长效机制，从选人、用人到培养人、发展人等方方面面为辅导员队伍建设提供健全机制，辅导员骨干队伍才能有源头活水，骨干队伍能力建设才能持续进行。

三、高校辅导员队伍建设长效机制的内容

高校辅导员队伍建设长效机制的内容是形成辅导员队伍建设

---

① 《马克思恩格斯全集》第 46 卷（上），人民出版社 1979 年版，第 108 页。

长效机制的具体要素的组合，这些要素是根据辅导员队伍建设的目的和任务以及辅导员队伍实际所确定的。按照目前学界共识性的看法，高校辅导员队伍建设长效机制的内容从总体上可划分为四个方面要素：一、选聘机制；二、培养机制；三、管理机制；四、发展机制。这四个方面机制的划分是按照辅导员队伍建设的实际需要和工作环节进行分类的，各方面机制既独立成体系，形成子系统，同时又相互配合，相辅相成，按照特定层次结构组成一个完整的长效机制内容体系。

（一）选聘机制

1. 选聘机制的主要作用

所谓选聘机制是指辅导员选拔、聘用过程的运作方式。选聘机制是辅导员队伍建设长效机制的第一方面要素，其主要作用是选聘优质人力资源从事辅导员工作，因而选聘机制关系到辅导员人力资源保障和把好辅导员入口关的问题。建立一个辅导员选聘机制依据的标准，评价一个选聘机制健全、完善与否，主要是考察这个机制能否吸引优质人才，能否选聘出优质人才，让优质人才脱颖而出。就选聘机制这个子系统来说，重点是选聘标准问题，是辅导员职业准入制度的制定和实施问题。

2. 选聘机制的基本内容

（1）制定辅导员选聘标准

2004 年中央 16 号文件《加强和改进大学生思想政治教育的意见》中指出要"完善大学生思想政治教育工作队伍的选拔、培养和管理机制。按照政治强、业务精、纪律严、作风正的要求，坚持专兼结合的原则，研究和制定加强高校思想政治教育工作队伍建设的具体意见，吸引更多的优秀教师从事学生思想政治教育工作。" 2005 年《教育部关于加强高等学校辅导员班主任队伍建设的意见》中提出："高等学校要高度重视辅导员、班主任的选聘工作，必须坚持政治强、业务精、纪律严、作风正的标准，把德才兼备、乐于奉献、潜心教书育人、热爱大学生思想政治教育事业的人员选聘到辅导员、班主任队伍中来。"2006年教育部24号令《普通高等学校辅导员队伍建设规定》明确了辅导员选聘应当坚持三条标准：（一）政治强、业务精、纪律严、作风正；（二）具备本科以上学历，德才兼备，乐于奉献，潜心教书育人，热爱大学生思想政治教育事业；（三）具有相关的学科专业背景，具备较强的组织管理能力和语言、文字表达能力，接受过系统的上岗培训并取得合格证书。

　　以上三个文件、法规是近年来关于辅导员选聘原则、标准的直接规定，其中教育部文件及24号令是对中央16号文件的具体贯彻。由教育部24号令可以看出，"政治强、业务精、纪律严、作风正"，这是辅导员素质的目标定位；"具备本科以上学历，德才兼备，乐于奉献，潜心教书育人，热爱大学生思想政治教育事业"，这是把好辅导员入口关应坚持的标准。此外，24号令明确提出，要"具有相关的学科专业背景"，"接受过系统的上岗培训并取得合格证书"，这是辅导员岗位设置以来首次对辅导员的专业背景提出要求，实际是建立辅导员职业准入制度的开端。大学生思想政治教育工作是一门专业性较强的工作，必须由具有相关专业背景或经过相关专业培训的人员来从事这项工作。过去各高校多以不具有相关专业背景的人员担任辅导员工作，虽然对扩大辅导员队伍，保持队伍稳定起到过积极的作用，但一些学校的实践表明，不具有相关专业背景的专职辅导员在思想政治教育工作中感到力不从心，特别是开展思想政治教育的研究工作难有建树，很多从业人员把辅导员工作视为暂时性或职业生涯过渡性岗位，这不仅不利于提高思想政治教育的水平，也不利于辅导员队伍的稳定。选聘具有相关学科专业背景的人员担任辅导员，这是辅导员队伍专业化、职业化建设的基础，并实际上促进了辅导员选聘机制的良性运转。

　　（2）创建辅导员选聘方式

　　合理、科学的选聘方式是构成辅导员选聘机制的一项基本内容。教育部24号令规定，"辅导员选聘工作要在高等学校党委统一领导下，采取组织推荐和公开招聘相结合的方式进行。"这一条规定表明：第一，要建立辅导员选聘工作领导体制。学校党委要把好辅导员入口关，严格按照"政治强、业务精、纪律严、作风正"的标准来选聘，特别是把好思想政治素质这一关，防止出现只顾数量不顾质量的情况发生。在当前高校毕业生就业形势较为严峻的情况下，强调组织领导好辅导员选聘工作还具有现实意义，即防止高校为了提高学生就业率，在配备辅导员时只顾安排本校毕业生到辅导员岗位就业而不按辅导员选聘标准进行选聘的情形发生。第二，要采取组织推荐和公开招聘相结合的方式进行。这样的选聘方式既保证了优质人才得到推荐以有利于高校用人单位考核、选聘，也为热爱大学生思想政治教育事业的优质人才脱颖而出提供了机会。高校辅导员岗位选聘计划要和其他教师招聘工作一起纳入全校招聘计划，面向社会公开招聘，使得符合招聘条件的其他院校毕业生与本校毕业生具有平等的机会和待遇，从而有利于吸引优质人才加入到辅导员队伍中来。

（二）培养机制

1. 培养机制的主要作用

所谓培养机制，是指对辅导员进行专业化教育和职业化培训的运作形式。培养机制是辅导员队伍建设长效机制的一项重要内容，其主要作用是为提高辅导员工作能力、水平和综合素质提供科学、有效的教育培训模式。对辅导员进行岗前培训、在职培训是一项日常性工作，是为了适应思想政治教育新形势、新任务的需要，为了提高大学生思想政治教育的实际效果。这种培训不是临时性的，而是要形成常规机制和制度以定期举行；培训的内容也不是任意的，而是必须经过精心设计以形成较为完整的知识体系；培训的方式、渠道也途径也是多种多样的，这些都需要根据辅导员队伍实际需求而进行。

2. 培养机制的基本内容

（1）完善培训体系

　　加强辅导员培训工作是提升辅导员工作水平的重要保障，是加强辅导员队伍建设的重要举措。辅导员培训是一项系统工程，辅导员培训按在岗前后可分为岗前培训和在职培训；按培训主体的不同可分为校内培训和校外培训；按培训客体可分为骨干培训和一般培训；按培训的内容可分为专题培训、综合素质培训等；按培训形式可分为学习、考察、学位进修、科学研究、研讨交流等多种形式。完善培训体系就是要：第一，建立多层次的培训主体，如以教育部为主体举办全国辅导员骨干示范培训班；以省市教育主管部门为主体，充分利用高校辅导员培训和研修基地开展本地区辅导员的上岗培训、日常培训及研修；以高校为主体对本校辅导员举办系统培训。各个培训主体各司其职，各有所为，确保辅导员培训有组织、有领导、有依托。第二，加强培训基地和培训教材建设。要依托培训基地对骨干辅导员开展学历教育和业务培训，培养造就一批思想政治教育专家；要重视精品教材和课程建设，积极吸收国内外优秀研究成果和实践经验，完善培训教材和课程体系。第三，要拓展培训形式。定期举办全国及省市学术交流研讨会，组织辅导员校际考察交流活动，选派辅导员参加社会实践、挂职锻炼和学习考察，选送一批优秀骨干出国研修等，通过多种多样的培训形式以满足辅导员学习培训的需求，从而建立健全多层次、多渠道、多形式、重实效的辅导员培训工作格局。

　　(2) 规范培训内容

　　辅导员培训内容的规划、设计是培训目的的具体表现，辅导员培训也必须在一定目的指引下设计、开展。第一，要按照"政治强、业务精、纪律严、作风正"的总要求开展培训工作的规划，特别是要高度重视辅导员思想政治素质教育。辅导员思想政治素质是辅导员的首要素质，直接关系到大学生思想政治教育工作能否顺利开展。人的思想政治素质不是与生俱来、一层不变的，必须坚持不懈地对辅导员开展思想政治教育，使得他们不断坚定社会主义信念，坚定中国特色社会主义共同理想，高度认同并努力践行社会主义核心价值体系。只有这样，广大辅导员才能不辱使命，成为大学生健康成长的指导者和领路人。因此，对辅导员开展以提高思想政治素质为目的、以社会主义核心价值体系为主要内容的思想政治教育，这是规范辅导员培训内容的第一位要求。第二，要以培养"一专多能、一专为主"的辅导员骨干队伍为主线，按照辅导员实际工作进行专业对口培训，规划培训内容。随着思想政治教育工作的深入，辅导员工作的专业化程度越来越高，可细化为学业设计与发展咨询、学生思想教育与校园文化管理、心理咨询、职业生涯设计、经济与法律援助等多项具有较强专业性、较高知识含量的内容。要根据辅导员职业发展方向进行专业对口培训，使之成为具有专业知识、专业能力和专业素质的专门人才，培养出一批青年心理教育专家、马克思主义理论与思想政治教育专家、高等教育管理专家、职业设计与发展规划专家等。

（3）强化培训管理

建立和完善辅导员培养机制应加强以制度建设为核心的培训管理工作，通过不断完善相关制度，加强监督管理来确保培养机制的正常运行。第一，要制定辅导员持证上岗制度。从事辅导员工作应接受过系统培训并取得合格证书；担任某一项具体工作如心理咨询须接受过专业教育并取得心理咨询师资格证书。通过设立职业准入制度来推动辅导员队伍建设的专业化、职业化，推动大学生思想政治教育工作的科学化。第二，要设立培训工作检查制度。辅导员培训要"以教育部全国辅导员骨干示范培训为龙头，以辅导员培训和研修基地举办的培训为重点，以高校举办的系统培训为主体"，要努力实现辅导员培训工作常规化。促进培训工作成系统、常规化，就要加强督促检查，建立培训工作检查制度。教育部要定期检查或抽查省级教育主管部门、培训基地和直属高校的工作，定培训指标，检查任务落实情况；省级教育主管部门要定期督促检查省属高校辅导员培训工作，指导高校间进行培训交流。第三，要建立辅导员培训质量评估制度，从培训课程设置、培训频率和覆盖面、经费投入、受训辅导员学术成果等多个方面进行培训质量评估，并将评估结果纳入思想政治教育工作总体评价体系。

（三）管理机制

1. 管理机制的主要作用

管理是辅导员队伍建设的重要手段。管理机制强调的是对辅导员队伍进行管理的行为能够正常运行的一种方式，是一类管理方法系统和原理。因此，管理机制的主要作用是保证管理行为能有效进行以达到管理目的。管理机制的问题可以简单概括为三个问题：谁来管？管什么？怎么管？谁来管，是要确定管理主体；管什么，是要确定管理内容；怎么管，是在一定管理目的指导下明确管理方法和要求。在对管理机制考察时，就涉及到对辅导员工作的职责要求以及履行职责情况的检查监督办法，涉及到辅导员队伍人员资历、职责、能力结构的合理设计，辅导员队伍内部不同岗位的成员工作协作方式的设计，以及辅导员队伍激励措施的设计等。因此，对管理机制的认识不能局限在具体的管理行为上，应更关注使得各种管理行为能够相互协调、正常运作，减少内耗和阻力的方式。

2. 管理机制的基本内容

（1）明确管理主体

明确管理主体是建立健全辅导员管理机制的第一要素。教育部24号令指出："高等学校辅导员实行学校和院系双重领导。高等学校要把辅导员队伍建设放在与学校教学、科研队伍建设同等重要位置，统筹规划，统一领导。"首先，这一条表明了辅导员队伍建设也要实行学校党委领导下的校长负责制，这一点与中央对高校思想政治教育工作领导体制和工作机制的要求是吻合的。中央16号文件提出，"高等学校党委要统一领导大学生思想政治教育工作，……校长要对大学生德智体美全面发展负责，把思想政治教育与教学、科研、社会服务工作结合起来，同时部署，同时检查，同时评估。"在实际工作中，高校尤其要避免党委、行政各管一摊的现象，以免思想政治教育工作、辅导员队伍建设受损害。其次，明确了辅导员队伍实行学校和院系两级管理，学校党委统一规划辅导员队伍建设工作，党委学生工作部门负责具体实施，院系负责做好辅导员日常培养、使用、管理和考核工作。

（2）确定管理内容

辅导员队伍管理的内容可以概括为三个方面，即职责管理、绩效管理、纪律管理。第一，职责管理是指明确辅导员工作的基本要求和主要工作职责。教育部 24 号令规定了辅导员工作的五条要求和八条主要工作职责，高校应根据此规定结合本校辅导员工作的实际情况制定细则。此外，要完善辅导员工作职能结构和人员队伍结构。所谓工作职能结构，是指要按照辅导员工作的内容进行专业化分工，将学校学生工作细化为心理咨询、职业生涯指导、学业发展咨询服务、经济与法律救助服务、学生学籍与纪律管理、学生思想教育与校园文化活动指导等，辅导员成为专才而不是全才，使辅导员在遵守基本要求和履行主要工作职责的前提下，能够突出某一方面职责和才能，走出专业化发展道路。所谓人员队伍结构是指按辅导员能力、资历对队伍进行合理设置，其中职业型专家型辅导员发挥领导作用，现有专职辅导员发挥骨干作用，其他青年辅导员和兼职辅导员作为后备力量进行培养，这种人员结构体现了高效的原则，在辅导员队伍具有较大流动性的情况下依然能保持辅导员工作质量稳定。第二，绩效管理。辅导员绩效管理一直是个难题，因为辅导员工作的绩效在短期内很难检验和评价，工作内容比较繁杂，进行定量测评有一定困难。对辅导员的绩效管理与辅导员工作的专业化进程是相一致的，辅导员分工的细化有利于绩效管理的开展。对考评不合格、不能胜任工作的要调离或解聘。第三，纪律管理。辅导员纪律管理是针对辅导员这一岗位的特殊性质而设定的管理，其中对辅导员的政治立场、态度和行为的要求要作为最重要的一项纪律纳入管理中。此外，辅导员纪律管理还包括职业道德管理、校规校纪管理等，辅导员只有以身作则，模范践行社会主义道德，才能成为学生的良师益友。

（3）完善管理方法和手段

管理要靠制度，制度建设是管理中最基础的一个环节，包括制度的制定和制度的实施两个方面。要制定辅导员工作条例、工作评价制度、年度考核制度、奖惩规定、晋级制度、职务聘任和解聘的制度、优秀辅导员评选制度等，建立以激励为主的管理制度，对辅导员工作既有激励，也有约束。要注意制度的连贯性和合理性，既不能过度超前也不能滞后，确保制度的可操作性。

（四）发展机制

1. 发展机制的主要作用

任何具有主体性的个体都有自身发展的需要。对辅导员个体以及个体的集合体即辅导员职业群体来说，都有自身发展的需要。作为个体的发展，是指个体的自我意志获得自由体现，以实现自由而全面的发展；作为职业群体的发展，具体地说，就是辅导员职业群体创造更大的价值，获得更广泛、更深刻的社会认同，即组织事业的发展。在这里就辅导员队伍的发展机制来说，其目标是实现组织事业发展与个体发展的有机统一，其主要作用是为这种发展提供条件、路径等各种发展要素之间相互协调、耦合的运作方式，具体表现为方法、条件的集合体。

2. 发展机制的基本内容

（1）为发展准备基础

任何发展都是基于一定原点、在一定基础之上的发展，基础越厚实，发展就越有后劲，发展的广度就越大。这个基础就是人的知识储备和能力。随着经济社会的不断发展，社会分工越来越细，人的能力就首先指向专业能力、专长，专业能力越突出，创造价值的机会就越大。辅导员的发展也需要以一定专业知识和能力为基础。辅导员岗位要为每一名从业人员提供不断储备知识、不断培养专长的机会，使得他们对职业的未来有良好的预期，对自身的发展有良好的预期。正是因为有这样积累优势"资本"的机会，辅导员岗位才能有吸引力，才能吸引更多优秀人才投身到事业中来。从这个角度看，辅导员工作的专业化是必然的选择，成为当今社会辅导员职业群体发展的前提条件。

（2）为发展提供动力

发展是人的内在的需要，其原动力来自于人自身。人的需要有强度之分，且人的需要也透过外力来激发。就发展来说，这个激发的外力就是发展的动力，动力越强，发展的惰性就越小。辅导员工作具有一定的周期性和重复性，因而较易产生职业倦怠，即对职业工作内容的消极。作为一种发展机制，就必须激发辅导员不断产生发展的动力，如通过职业位置的升迁、职称的提升、科研的发展、专业化程度的不断加深等，促使辅导员不断迎接挑战，取得创造价值和产生成就感的机会，为其自身发展提供强大动力。

（3）为发展指示方向

为发展指示方向即要为辅导员职业发展提供具有前瞻性的规划，这是发展机制不可或缺的内容。有学者认为，"辅导员职业生涯规划作为辅导员群体性职业生涯实现的手段，是指高效辅导员个体与国家教育主管部门、高校等组织培养目标相结合，在对高校辅导员个体职业生涯的主客观条件进行测定、分析、总结的基础上，对自己的兴趣、爱好、能力、特点进行综合分析与权衡，结合时代特点，根据自己的职业倾向，确定其最佳的职业奋斗目标，并为实现这一目标作出行之有效的行动计划。它既有助于组织目标的实现，又以辅导员的个人发展为目的。"[1] 为辅导员发展指示方向就是要：一、落实对辅导员进行教师和管理干部双重身份管理的具体政策；二、大力扶持和鼓励优秀辅导员发展成为大学生思想政治教育的专家、学者，并作为辅导员发展的主

---

[1]　高国希等：《如何认识辅导员职业发展与职业生涯规划》，《思想理论教育导刊》2009年第6期。

要方向；三、为辅导员提供岗位交流、挂职锻炼以及培训、学习深造的机会，为学校培育政治坚定、视野开阔、具备高等教育管理思想和能力、具有政治家和教育家素质的高级领导者。

四、推进辅导员队伍建设长效机制实施的路径

建立健全辅导员队伍建设长效机制不仅是一个学理性分析的问题，而且还是一个在实践中不断推进、具体实施的问题。一个机制能否很好地运作以发挥作用，除了其本身的构成要素之间相互协调、配合外，还需要外力来推动机制的实施，构建机制实施的良好外部条件。当前，加强辅导员队伍建设，推进辅导员队伍建设长效机制实施的关键是：坚持以科学发展观为指导，通过健全高校辅导员队伍建设的领导体制、加强辅导员队伍建设的监督检查等实际措施把长效机制的各项具体要求落到实处。

（一）坚持以科学发展观为指导，为辅导员队伍建设长效机制的实施提供思想保证

辅导员队伍建设的实质是发展的问题，即辅导员队伍的发展问题。什么是发展，怎样发展？这是辅导员队伍建设长效机制研究的本质问题。发展就必须有相应的思想观念为指导，离开一定的指导思想谈发展，发展就分不清正确方向，发展本身就会成为无源之水，无本之末。当前，推进辅导员队伍建设长效机制的实施，关键是要以科学发展观为指导，把科学发展观的思想植根于人们的头脑中，把科学发展观的要求落实到实践中。

科学发展观是关于发展的世界观和方法论。以科学发展观为指导推进辅导员队伍建设长效机制的实施，主要体现在以下几个方面：一、发展是科学发展观的第一要义，在辅导员队伍建设中要始终把发展放在中心位置，聚精会神搞建设，一心一意谋发展。要高度重视辅导员队伍建设，克服一切消极、懈怠思想，努力推动队伍建设长效机制的实施。二、坚持"以人为本"的原则

和价值理念，要把推动辅导员队伍建设长效机制的实施的基本出发点和落脚点放在促进大学生健康成长、辅导员全面发展上，这是辅导员队伍建设乃至大学生思想政治教育事业取得辉煌成果的根本思想保证。三、坚持统筹兼顾，把辅导员队伍建设长效机制的各项要求落实好，从而实现目标与方法的统一，内容与形式的统一，以及长效机制构成要素的有机统一。

（二）健全领导体制，为辅导员队伍建设长效机制的实施提供组织保证

辅导员队伍建设长效机制能否有效运作，各项具体要素、措施能否落到实处，关键在于辅导员队伍建设的领导体制健全、完善与否。实践证明，建立健全辅导员队伍建设领导体制，可以有效调动长效机制这个大系统中各个子系统充分运作，促使子系统相互之间协调配合，从而为长效机制这个大系统的良性运转提供组织保证。

领导体制就是领导的意图和职能借以实现的组织机构形式。辅导员队伍建设的领导体制的建立涉及到中央和国家教育主管部门、省市教育管理部门、高校领导等三个层面的关系，其中最主要的问题就是确保上一级管理部门的政策、指导意见和要求得到认真贯彻和落实。近年来，中央和省市教育主管部门通过制定法规、政策强力推动辅导员队伍建设，但各个高校对法规、政策的执行情况却千差万别，一些长效机制在部分高校没有得到落实，一些具体政策没有执行。实践证明，辅导员队伍建设领导机制建设最主要的是高校层面的建设问题。辅导员队伍建设如何纳入高校教师队伍建设的总体部署中，一些针对辅导员职业的特殊性和岗位的重要性而制定的政策能否得到落实，这些都需要一个健全的领导体制予以保障。因此，要建立健全辅导员队伍建设的领导体制，认真贯彻党委领导下的校长负责制，进一步明确领导职责，为辅导员队伍建设创造有力的组织保证。

（三） 加强监督检查，确保辅导员队伍建设长效机制贯彻落实

推进辅导员队伍建设长效机制实施，还要加强监督检查，确保各项制度、政策和具体要求落实到位。对辅导员队伍建设的各项监督、检查要纳入到教育主管部门的日常工作中，实行常态管理。对不重视辅导员队伍建设、达不到要求的高校，教育主管部门要有具体措施进行管理和处罚，做好监督检查的通报工作，调动人民群众和社会舆论参与监督检查。高校内部也要制定监督检查的措施，既要有上级领导对具体工作部门的监督检查，也要有辅导员对上级部门和学校领导班子的监督检查，使广大辅导员对自身队伍建设工作上有发言权，能发挥监督作用。只有这样，高校辅导员队伍建设长效机制才能得到真正落实，高校大学生思想政治教育工作才能翻开崭新的一页，取得新的成就。

第十三章　辅导员工作绩效测评体系建设

　　辅导员工作绩效测评体系的核心价值在于通过系统的理论方法和经济学原理来定量测评辅导员的工作业绩和工作效果，从而为今后更有针对性地开展工作，改善并创新工作方法提供依据。辅导员工作绩效测评本身不仅能促进学校学生工作队伍素质的全面提高，而且能够非常有效地调动广大辅导员的积极性和创造性，迅速提高辅导员的工作水平和工作效率，最终达到学校和辅导员和谐发展的双赢局面。

一、辅导员工作绩效测评的重大意义

（一）国家政策对辅导员工作绩效测评的客观要求

　　随着社会的发展和我国高等教育改革的不断深入推进，辅导员的作用和地位也发生了深刻变化。《普通高等学校辅导员队伍建设规定》（教育部第 24 号令）指出，辅导员是高校教师队伍和管理队伍的重要组成部分，是开展大学生思想政治教育的骨干力量，高校辅导员工作是高校教育的主干力量。党中央国务院历来重视高校辅导员的工作。胡锦涛总书记明确指出，必须从思想认识、机制体制、明确政策、培养人才等方面采取有力措施，调动广大辅导员的积极性，提高辅导员的工作水平。只有完善的辅导员工作绩效测评体系，才能肯定优秀，鼓励上进，激励进步，淘汰落后，使整个辅导员队伍更加充满生机和活力。

　　构建辅导员绩效测评体系，是深入贯彻落实《中共中央、国

务院关于进一步加强和改进大学生思想政治教育的意见》（中发
［2004］16 号）、《关于加强高等学校辅导员、班主任队伍建设的
意见》（教社政［2005］2 号）、《中共辽宁省委、辽宁省人民政
府关于进一步加强和改进大学生思想政治教育的实施意见》（辽
委发［2005］18 号）和《辽宁省普通高等学校辅导员工作规程
（试行）》（辽教发［2005］121 号）的文件精神，充分调动辅导
员工作的积极性，促使学生工作队伍不断向科学化、规范化、制
度化方向发展基本要求。建立系统地辅导员工作绩效测评体系，
是改进辅导员思想政治教育工作方法和维护高校和谐稳定的重要
组织部分和长效机制，对于建设一支政治素质高强、业务能力
强、纪律严明、作风端正的辅导员队伍有着重要意义。

（二）辅导员绩效测评体系的建立是辅导员工作本身需要

当前，在学生工作内容丰富化和辅导员队伍职业化的双重要
求下，建立辅导员工作的绩效测评就显得尤为重要。它能更加合
理地评价辅导员工作的成果，促进辅导员自身不断完善和进步，
也是加强辅导员队伍建设的重要组成部分。辅导员工作绩效测评
体系是以推进辅导员工作的制度化、规范化、专业化为宗旨，以
提升辅导员思想认识，增强辅导员个人能力、改进辅导员工作方
法为最终目标；以辅导员正确认识自身的不足，明确今后努力方
向，提高自身工作质量和效率要求。科学系统的辅导员工作的绩
效测评体系，能够帮助学校更加高效率和职业化地做好学生管理
工作和辅导员队伍建设工作。它是一个完善的系统工程，通过绩
效测评使辅导员明确努力方向，确立工作目标，更加具体地落实
工作，并检验工作效果，进而促进辅导员的工作水平提高。在高
等教育大众化的背景下，做好辅导员工作绩效测评，不仅能够加
强辅导员队伍建设，而且对于高等院校进一步提高办学水平和办
学质量，提升学校竞争力，促进学校全面发展具有深远的现实意
义。因此，科学地、完善地、系统地构建辅导员工作的绩效测评
体系，是增强辅导员队伍战斗力的一个非常重要的手段，保障辅

导员政治素质、专业水平和职业能力的提升，是确保辅导员向专业化、职业化、专家化发展的重要基石。

（三）现行辅导员工作绩效测评存在的问题

辅导员工作主要围绕着大学生思想政治教育来展开，伸缩性较大，涵盖的内容也较为广泛。它既不像任课教师有着具体教学任务，也没有行政人员有着严格的岗位要求。实际工作往往由许许多多琐碎小事所组成，工作地点也不固定，遍布学生的学习、生活场所以及学生家庭，延伸性较广。工作时间也大多利用学生的课余时间和辅导员自身的休息时间来进行，工作过程趋于隐性。因此，辅导员的工作常常不被人所了解，甚至有人把辅导员看成居委会在校园的延伸，比作"居委会大妈"，事无巨细，事事到场。这样情况的出现使得一直以来，辅导员工作缺乏统一的衡量指标，形成一种干多干少一个样、干好干坏一个样的混乱局面。当今，虽然部分学校学生管理部门已经认识到辅导员工作评价的重要性和必要性，一些辅导员工作绩效测体系的雏形也已经在全国部分高校中广泛开展起来，但现行测评内容和形式还不够完善。因为辅导员既是教师，又是学生工作管理人员，具有双重身份。只把辅导员机械地纳入到行政管理人员队伍中来，仅仅从"德、能、勤、绩"四个方面来对辅导员进行考核，不可避免地会带来考核的片面性，并不能真实客观完整地反映辅导员工作的全貌，难以达到预期测评的目的，无助于提高辅导员工作积极性。

同时，我们从部分已制定的辅导员工作绩效测评标准中还发现，一些测评标准并没有从辅导员具体的工作实践出发，忽视了辅导员在大学思想政治教育中的作用，没有很好地抓住辅员工作本身的特点，不能合理地区分辅导员各项工作的权重，针对性也不强，缺乏严格的定量指标作为支撑。因此，在对辅导员工作绩效测评时，不能照搬行政人员的考评标准，必须结合辅导员的工作实际，科学合理地运用绩效考核的手段，努力从整体上反映辅导员的工作全貌，真正形成责任明确、职能清晰的学生教育与管理的局面。

二、辅导员工作绩效测评体系指标设立标准

整个指标总分 100 分，主要分 5 个一级指标，具体项目为：思想教育工作 30 分；日常管理工作 20 分；党团建设 10 分；队伍建设 20 分；工作创新与自我提升 20 分。在每一级指标下设立二级指标，二级指标把一级指标的要求细化到各个方向，分别做以要求，进而更加具体地指导辅导员绩效测评工作。二级指标又下设多个三级指标，三级指标属于定量指标，使得辅导员绩效测评体系变得更为饱满，各项指标的设定更具针对性，要求也更为严格。各级指标相互联系，相互制约，形成一套系统地、完整地、科学地，并且切合实际，多方位、多层次、多角度的辅导员工作绩效测评体系。

（一）思想教育工作

思想教育工作是辅导员一切工作的基石，是辅导员工作第一位的使命和责任，在辅导员工作绩效测体系中占 30 分，比重也是最大的。包括的内容，一是深入贯彻中共中央、国务院《关于进一步加强和改进大学生思想政治教育的意见》精神，落实科学发展观，促进学生工作全面、协调、健康和可持续发展。二是从提高人才培养素质的高度出发，为大学生的健康成长和全面成才做好服务，切实强化教书育人责任感和使命感，培养高素质大学生，引导大学生形成良好的学习生活习惯和道德品质的客观要求。在一级指标思想教育工作下，设立品德教育、心理健康教育、深入联系学生三二级指标，包含大学生思想教育三个主要方面。对辅导员的德育工作给予定性要求，在整个二级指标下又分为 10 个三级指标，每个三级指标均为 3 分，涵盖思想教育工作的方方面面。指标要求辅导员全面了解学生的基本情况，建立系

统、完善的学生资料信息库，帮助学生树立良好的道德行为规范，积极配合学校各部门做好学生组织纪律观念教育；把握大学生成长、成才规律以及关注的热点问题，积极配合学校心理咨询室开展心理咨询工作；认真做好特殊学生及群体关爱与辅导，有针对性地开展心理健康教育工作；不断提高心理健康方面水平，重视进行心理健康知识宣传与普及工作；深入学生宿舍、食堂、课堂与学生谈心，全面掌握学生思想动态，找出学生当中存在的普遍问题，并及时解决；保证与班主任、任课教师及时有效沟通，全面掌握学生听课状况；开展家访活动，保持辅导员与学生家长的有效沟通。

（二）日常管理工作

日常管理工作是辅导员思想政治教育的过程，在辅导员工作绩效测体系中占 20 分。在此一级指标下，主要包含：学生干部培养、奖贷资助、宿舍管理、就业工作、安全教育及突发事件应急处理共五项二级指标，主要涵盖了管理和服务的绝大部分内容。辅导员日常管理工作包含大量的琐事、杂事和小事，如：认真有效地做好学生干部的各项工作，使学生干部健康成长与发展，发挥好学生干部模范作用；切实地建立特困生评价体系，并根据国家政策，公平、公开地发放国家奖助学金、做好助学贷款和勤工助学等学生工作；大力发展学生宿舍文化建设，使学生宿舍管理提高到新的台阶；全面了解和掌握毕业生就业工作，积极开展做好毕业生的就业指导工作，教育学生做好职业生涯规划，引导毕业生文明离校。这些工作的全面实施会占据辅导员全部工作绝大部分时间和精力，有时会让人觉得思想政治教育工作被繁杂的琐事而弱化。因此，在此项指标的设立时需要充分考虑这一点。必须在以思想政治教育为主导前提下，更加科学合理安排日常管理工作，充分体现人性化，完善管理机制和育人机制，为深入加强大学生思想政治教育奠定基础。

与此同时，也应充分考虑社会热点问题和社会其它因素对大学生日常管理工作所造成的影响。随着近年来大学持续扩招，大学生的数量以严重超过了社会需求，制造了大量待业大学生毕业生。同时，大学生思维比较活跃，容易接受新鲜事物，缺乏社会经验，自我判断能力差，很容易受到社会不良现象的诱惑，产生不良后果，导致许多社会问题和校园安全问题。因此，在二级指标制定时，必须特别重视校园安全教育及突发事件应急处理问题，使安全教育和突发事件应急处理在日常管理工作中占将近一半的分数，处在重中之重的地位。

（三）党团建设

党团建设在辅导员工作绩效测体系中只占 10 分。因为无论是在思想教育工作还在日常管理工作中，都包含党团建设的诸多方面，所以此项指标比重最小。党团建设主要分为两个主要方面：党的建设工作和团组织建设工作。首先，辅导员必须响应学校党团工作部署要求，在校党委的统一领导下，积极主动地配合好党委做好学生党团建设工作，必须切实从学生角度出发去进行党团活动的组织和安排，使得党团活动目的得到深入贯彻实施；必须切实建立贴近生活的党团活动机制，创办有特色、受欢迎的党团建设精品活动，使党团工作更加深入学生心中，让学生从活动学习党团的知识，领会党团精神，拥护党团决定，为学生靠近党团组织、提高自身思想觉悟提供有效平台。并积极组织广大学生认真学习党的政治理论知识，领悟党的方针、政策，从思想上了解党、认识党，根据党刊党报适时更新党的理论知识，从而提高大学生政治素质；不断加强党团教育管理和积极分子培养，做好党团组织的发展工作，做好入党积极分子、预备党员等的谈话记录，认真阅读和处理学生提交的思想汇报等，每月至少参加两次学生党支部活动。其次，积极发挥团组织先锋模范作用，抓住党的纪念日和重大革命纪念日，开展旗帜鲜明，具有本学校、本年级、本专业特色的主题团日活动；结合学生年级特点和专业特色积极引导学生开展社会实践工作，并用课余时间开展青年志愿者活动，加强锻炼了大学生的社会实践能力，培养了大学生的志愿服务意识，大力弘扬"奉献、友爱、互助、进步"的志愿精神，重视对社会实践活动和青年志愿者行动的宣传力度，形成参与志愿服务光荣的道德风尚，感召更多学生投身于志愿服务的实践之中，既开拓大学生成就事业的广阔舞台，又给他们提供了实现人生价值的精神家园，有力地激发蕴藏在学生中的激情和创造力，对大学生毕业后的创业起着推动作用。

（四）队伍建设

队伍建设在整个辅导员工作绩效测体系中占 20 分，包含四个方面，分别为：班风建设、学风考风教育、学生活动、宿舍文化。虽然此指标中包含的项目不多，但各个都是重点。我们可以从各项的分值上就可以看出，其中学风建设和学生活动是此项指标的主线。学风建设历来是各个高校各项工作的重点，是培养高素质大学生的最基本要求。辅导员必须紧跟时代发展要求，加强班风、学风建设，培养学生树立正确地学习动机；全面开展大学生素质教育；还要以就业为方向指导，鼓励学生有针对性地学习；创新学风建设思路，以此确保学生的学习质量。在工作中，积极地开展听课活动，及时掌握学生上课的出勤情况和纪律情况；教育学生端正学习态度，明确学习目标，提高学习成绩，树立学习风气浓郁的班集体，保证学生把主要精力放在知识学习。科学引导学生树立正确的学习观、成才观、就业观。不断增强学生的社会责任感，激发学生为民族振兴、祖国富强而刻苦学习、努力成才的自觉性。更要加强对学生的考风考纪的教育力度，杜绝考试作弊现象，能够及时、有效、严肃地处理各类违纪学生。能够积极组织学生开展丰富多彩的校园文化活动和宿舍文化建设，各种各样活动的开展是大学课外教育的主要形式，不仅繁荣了校园文化生活，而且加强了各年级同学之间的交流，增强友谊，促进团结有爱、和谐向上的人际关系，不仅提高了学生们各方面水平，而且是实施素质教育的有效途径和实现方法。开展校园文化活动的必须符合时代主题，采取多样性的创新活动模式，以活动为载体提升班级凝聚力，从而激发学生潜能，优化大学生素质结构，促进大学生优良品德的形成和身心健康，最终达到素质教育的目的。

（五）工作创新与自我提升

工作创新与自我提升在辅导员工作绩效测体系中占 20 分，包含 6 个方面，分别是：工作作风、评比工作、奖惩情况、网络思政、科研工作、交流与培训。着重强调辅导员必须严格按照学校的各项规章制度要求自己，严于律己，为人师表，尽到教书育人的责任；工作中更要认真、保证按时出勤、值班不空岗，对学生热情周到、具有服务意识，并且能善于听取学生意见、作风民主；保证在各级各项评优奖惩中，做到要公开、公正，作风民主。

另一方面着重强调辅导员工作的创新。辅导员工作创新包含两层含义：首先，在工作中善于运用科学的管理工具和教育载体来促进工作更加高效地顺利进行。如通过使用学生工作管理系统软件，可以使以往耗费辅导员很大精力的学生信息采集工作、奖助贷评定工作、安排学生实习实训工作以及就业推荐工作变得更加简单、快捷。同时，新教育载体的应用还能更加地准确记录和反映每位学生的成长轨迹，及时掌握学生动态，从而有针对性地开展思想政治工作，做到使学生遇到困能时给予适时鼓励。遇到心理问题时，做到合理地心理问题疏导。其次，不断采取新思路、新途径、新方法，建设适应现代教育体制的育人管理模式，创新工作思路和方法。在完成自身工作的同时，不断提升自己，培养自己的科研能力水平。具体做法有：重视做好网络教育渠道建设，采取新形式、新方法积极引导学生，并教育学生正确使用网络；探索学生教育管理规律，针对工作实际撰写有关论文及调查报告，定期在省级以上刊物上发表学生管理方向的论文，并积极参与学生管理工作项目立项；经常性地展开经验交流活动，相互学习，总结工作经验。利于假期积极参加有关部门组织的培训、调研等活动。

三、辅导员工作绩效测评过程应注意的问题

（一）不能把辅导员工作绩效测评归于形式化

一些学校仍然受到传统的行政人员考评方法"年终一张表，档案存一页"，传统的记录型人事考核旧思维的影响。在他们看来，辅导员工作绩效测评只不过是组织人事部门的又一项例行工作罢了，不加区分地把辅导员工作绩效测评标准等同于一般行政工作人员和专职教师的标准来评定，严重忽视辅导员工作绩效测评对学校学生工作发展重要意义，仅仅把绩效测评当做辅导员一年的工作记录而已，没有很好认清辅导员的工作性质和行政人员的工作性质之间的不同。在这种思想认识驱使下，测评过程往往敷衍了事，不负责任，走过场而已。测评结果统计中发现最多是"中等"测评结果，虽有少数"优秀"测评结果，那也是论资排辈的结果，测评结果的评语也近乎一致的相同。这样的测评结果往往具有不准确性、不全面性等特点，其重要性和价值性也就遭到了极大地削弱，使这种绩效测评流于形式化。

（二）解决好定性考核和定量测评之间的关系

当前，一些学校直接将辅导员工作绩效测评标准归入到行政干部或专职教师的年度综合考核范畴。学校对行政干部或专职教师工作的考核主要是定性评价，但是辅导员的工作主要是做人的工作，很多工作具有隐性化、时间的无限性等特点，影响因素也较多。比如衡量一个人品行的好与坏、素质高与低，很难用参加多少次政治理论中心组学习、组织多少次团班会的数量标准作为评定辅导员工作的依据。这样的工作性质决定，辅导员工作测评必须与定量的绩效测评相结合，仅仅简单照搬他人的定性考评是

完全不够的。因为只有定量测评，才能客观真实地进行比较，才能分出优秀、称职、不称职三个的标准。为此，处理好定性考核与定量测评考核之间关系，是辅导员工作绩效测评过程中一个值得注意的问题。

（三）评审小组的确定，测评结果公正性问题

部分学校对辅导员的测评主要是由高校成立的考核评议小组进行考核的，这些小组成员来自全校各个部门，小组中的多数人并没有辅导员经历，对辅导员工作的性质、职责范畴、工作特点等方面不是很了解，对辅导员工作测评的目的、内容、要求、程序也不熟悉，难以对辅导员测评工作准确把握。由此产生的测评结果很难保证客观、公正。更有一些评议小组成员不按辅导员工作绩效测评的标准办事，仅凭自身对某个辅导员的主观印象就做以评价。因为辅导员的工作是跟人打交道，在实际的工作中势必和学校某些部门或某些人因为工作的关系不可避免产生些小的摩擦。辅导员工作绩效测评是一项政策性较强的政治工作，辅导员工作绩效测评的成绩主要应由学生测评、学生管理部门测评以及辅导员自评三部分组成。有的学校以学生测评为主，有的以院系学生管理部门测评为主，各个学校可以根据自己学校的实际情况，合理处理好这三者的权重关系，也是辅导员工作绩效测评过程中一个值得注意的问题。

附表：

辅导员工作绩效测评表

一级指标	二级指标	三级指标	分值
一、思想教育工作	（一）品德教育	1. 全面了解学生的基本情况，建立系统、完善的学生资料信息库，并对学生的道德素质给予综合评定	3
		2. 对学校的学生管理规定全面掌握情况下，引导学生正确学习学校、院（系）有关管理规定	3
		3. 帮助学生树立良好的道德行为规范，积极配合学校各部门做好学生组织纪律观念教育	3
	（二）心理健康教育	4. 把握大学生成长、成才规律以及关注的热点问题，积极配合学校心理咨询室开展心理咨询工作	3
		5. 认真做好特殊学生及群体关爱与辅导，有针对性地开展心理健康教育工作	3
		6. 不断提高心理健康方面水平，重视进行心理健康知识宣传与普及工作	3
	（三）深入联系学生	7. 经常深入学生宿舍、食堂，及时了解学生之间的问题，并根据实际情况做以解决，同时做好辅导员工作日志	3
		8. 经常与学生谈心，深入细致了解学生思想，全面掌握学生思想动态，找到学生中存在的普遍问题，加以分析，设法解决	3
		9. 保证每周都能深入学生课堂，与班主任、任课教师及时有效沟通，全面掌握学生的学习心理和听课状况	3
		10. 开展家访活动，保持辅导员与学生家长的有效沟通，保持每学期与家长通信或通电话，达到双边教育目的	3

一级指标	二级指标	三级指标	分值
二、日常管理工作	(一)学生干部培养	11. 公开、公正、认真地做好各级学生干部的选拔工作，有效指导学生干部的开展工作，充分发挥好学生干部模范作用	1
		12. 定期组织学生干部集体培训，保证培训质量；同时，举办学生干部工作交流活动，使学生干部健康成长与发展	1
	(二)奖贷资助	13. 制定以人为本、切实的特困生评价体系，并根据评价体系标准建立详实、具体特困生档案，定期对特困生档案做以更新	1
		14. 根据国家政策，公平、公开地发放国家奖助学金。在全面考察的前提下，做好助学贷款和勤工助学等学生工作	1
	(三)宿舍管理	15. 深入学生宿舍，了解学生在宿舍的基本生活情况，开展宿舍卫生大检查，加强对学生进行宿舍安全教育	1
	(四)就业工作	16. 深入学生之中全面了解毕业生就业心态，分析就业毕业生就业心态，认真做好毕业生各项就业的工作	2
		17. 全面了解和掌握当前的就业形势，积极开展做好毕业生的就业指导工作，提前教育学生做好职业生涯规划	2
		18. 及时、准确地掌握毕业生的离校心理状态，提前做好毕业生离校预案，正确教育和引导毕业生文明离校	2

续表

一级指标	二级指标	三级指标	分值
三、党团建设	（五）安全教育及突发事件应急处理	19. 经常性开展各种安全教育活动，让日常安全教育内容深入学生心中，并制定好安全问题和突发事件预案	3
		20. 面对突发事件，必须时刻关注特殊人群的思想动态，做好他们的思想政治工作，维护学校安定团结，维护校园和谐稳定	3
		21. 出现突发性事件时，迅速赶赴现场，处理需妥当，及时向上级汇报，做到及时上报，不瞒报、谎报、漏报	3
	（一）党组织建设工作	22. 组织学生认真学习党的政治理论知识，领悟党的方针、政策，从思想上认识党，并根据当时更新党理论知识，提高学生政治素质	1
		23. 对学生党员、发展培养对象、积极分子定期谈话、帮助其健康成长情况，保证其在思想上和行动上与党中保持一致	1
		24. 组织学生推优入党工作，发展学生党员工作程序有计划、按程序、按标准；发展的学生党员素质过硬、比例符合要求	3
	（二）团组织建设	25. 积极指导团支部和班集体建设，发挥团组织先锋模范作用，引导优秀学生申请入党	1
		26. 抓住历史革命纪念日及重大节日，开展具有鲜明特色的主题团日活动	2
		27. 积极引导，所带学生进行青年志愿者活动，利用假期开展各种形式的社会实践活动	2

续表

一级指标	二级指标	三级指标	分值
四、队伍建设	（一）班风建设	28. 定期召开班、团会，及时解决当前班级内部存在的各种问题，提高班级凝聚力	2
		29. 班级建设和管理有周密计划、工作有思路、有目标、重点突出	2
	（二）学风考风教育	30. 深入课堂，开展辅导员听课活动，及时掌握学生上课的出勤情况和纪律情况	2
		31. 帮助学生端正学习态度，明确学习目标，从而提高学习成绩，班级学习风气浓、自律性好	2
		32. 加强对学生的考风考纪教育，杜绝考试作弊现象，并严肃正确地处理各类违纪学生	3
	（三）学生活动	33. 积极组织学生开展丰富多彩的校园文化活动，以活动为载体提升班级凝聚力，加强班级学生思想政治教育，活动有计划，有总结，力求周密	5
	（四）宿舍文化	34. 重视宿舍文化建设，促进和谐的宿舍人际关系，构建文明宿舍	4
五、工作创新与自我提升	（一）工作作风	35. 工作认真、按时出勤、值班不空岗，对学生热情周到、服务意识强，善于听取学生意见、作风民主	2
	（二）评比工作	36. 由辅导员老师牵头，各级各班组建考评小组，公正评选各级个人与集体的先进、标兵。着力做好文明宿舍建设，先进班集体建设，先进团支部建设等	3
	（三）奖惩情况	37. 个人或班级获得校级以上奖励给予奖励；重大违纪，无故不参加学校活动或工作失误给予惩罚	5
	（四）网络思政	38. 重视做好网络教育渠道建设，采取新形式、新方法积极引导学生，并教育学生正确使用网络	3

续表

一级 指标	二级 指标	三级指标	分值
五、工作创新与自我提升	（五）科研工作	39. 探索学生教育管理规律，针对工作实际撰写有关论文及调查报告，定期在省级以上刊物上发表学生管理方向的论文，并积极参与学生管理工作项目立项	4
	（六）交流与培训	40. 经常性地展开经验交流活动，相互学习，总结工作经验。利于假期积极参加有关部门组织的培训、调研等活动	3

第十四章　大学生思想政治教育载体建设

当代大学生是"十分宝贵的人才资源，是民族的希望，是祖国的未来。"① 当代大学生的思想政治素质直接关系到社会主义现代化的宏伟目标和中国特色社会主义事业的兴旺发达。调查显示：积极、健康、向上是当代大学生思想政治状况的主流。但随着国际形势的变化和国内改革开放的进一步深入，"一些大学生不同程度地存在政治信仰迷茫、理想信念模糊、价值取向扭曲、诚信意识淡薄、社会责任感缺乏、艰苦奋斗精神淡化、团结协作观念较差、心理素质欠佳等问题。"② 《中共中央国务院关于进一步加强和改进大学生思想政治教育的意见》对大学生思想政治教育提出了新的要求。加强和改进大学生思想政治教育是一项极为紧迫的重要任务。加强和改进大学生思想政治教育工作，落实是关键。能否真正落实的关键还在于是否能够建立起思想政治教育的有效载体。

一、大学生思想政治教育载体建设相关概念

载体是一个最早出现在化学领域里的词汇，后来被广泛应用于其它领域。载体在现代汉语中的涵义是"泛指能承载其它事物

---

① 《中共中央国务院关于进一步加强和改进大学生思想政治教育的意见》（中发［2004］16 号）

② 《中共中央国务院关于进一步加强和改进大学生思想政治教育的意见》（中发［2004］16 号）

的事物"。例如电波可以用作信息的载体；语言文字是知识和信息的载体。20世纪90年代，载体这一概念进入了思想政治教育领域。

思想政治教育是思想政治教育者（以下简称主体）通过一定的形式或途径向思想政治教育对象（以下简称客体）传输思想观念、政治观点、道德规范等，使客体具备一定社会所要求的思想品德。思想政治教育载体是指在思想政治教育过程中能够传递思想政治教育内容或信息的形式。主体和客体通过载体进行双边活动，从而达到一定的教育目的。

思想政治教育载体需要两个基本条件：

第一，必须承载思想政治教育信息，能为思想政治教育主体所操作。对大学生进行理想信念教育，可通过马克思主义理论课、思想品德课、校园文化活动以及学校的学生管理、心理咨询、网络等多种不同的形式进行，这些形式就是思想政治教育载体。

第二，必须是联系主体和客体的一种形式，主客体可以借此形式发生互动。思想政治教育方法的运用在一定程度上制约思想政治教育载体的选择。比如：思想政治教育主体要运用实践锻炼法对思想政治教育客体进行思想政治教育，这在一定程度上决定了思想政治教育主体采取的载体应该以活动载体为主。

思想政治教育必须以一定的载体为媒介，通过载体，主客体之间发生互动；同时，思想政治教育与思想政治教育载体之间也发生互动，二者是相辅相成的。

重视载体建设是新形势下大学生思想政治教育根本任务的内在要求。大学生思想政治教育的根本任务是：以理想信念教育为核心的世界观、人生观和价值观的教育；以爱国主义为核心的民族精神教育和以改革创新为核心的时代精神教育；以基本道德规范为基础的公民道德教育；以大学生全面发展为目标的素质教育等等。① 在新的形势和任务面前，高校思想政治工作已明显落后于时代的发展，未能明确对大学生的思想政治教育提出分层次和更有针对性的途径和方法，长期处于"一锅煮"和"一刀切"的束缚下。因此，加强高校学生思想政治教育载体建设是高校思想政治教育社会化的需要，是高校思想政治教育多样化的需要，是高校思想政治教育一体化的需要，是高校思想政治教育现代化的需要，是高校思想政治教育科学化的需要。

二、大学生思想政治教育载体建设的内容

构建大学生思想政治教育载体必须从教学载体、管理载体、活动载体、文化载体、传媒载体、心灵载体等六个方面入手，同时不断推进载体创新。

（一）教学载体

大学生思想政治理论课教学是大学生思想政治教育的主渠道，是大学生思想政治教育极其重要的载体。这里说所的教学载体，主要是思想政治理论课中所开设的马克思主义基本原理概论等公共政治理论课程，它们是大学生树立正确世界观、人生观、价值观的重要途径。此外其他学科的课堂教学，所谓教书育人就是这方面内容的体现，以"两课"教学为主，以其他学科教学为辅，共同构筑大学生思想政治教育的教学载体，是大学生思想政治教育教学载体建设的重要内容。如何加强大学生思想政治教育教学载体的建设，是当前政治理论课的核心问题：

第一，加强师资队伍建设是前提。有一流的老师，才能有一流的教学。高校要重视理论课教师队伍的建设，从教学能力、科研能力、创新精神、人格修养等几个方面严格筛选理论课教师，充实理论课教师队伍。对学生不满意的教师要进行培训，同时引

---

① 张耀灿、徐志远：《现代思想政治教育学科论》湖北人民出版社 2003 年版。

进人才竞争机制，在待遇上也要有一定的倾斜，促进人才合理流动，从而优化教师队伍结构。

第二，改革考试办法是重点。课程考核是教学过程中的重要环节，在教学中处于"指挥棒"的地位，也是学生最关注的问题。现在考试办法出现比较多的有论文、开卷考试、闭卷考试等。任何一种考试的办法都不是完美的。以论文为例，一般字数3000字左右，任课教师所带学生一般在400人左右，这样的工作量在期末几天内完成，效果可想而知。教学主要是教学过程中的互动，而不是主要集中在期末的一张试卷上，笔者认为应当把出勤率、课堂发言、学习态度、课堂笔记、平时测验、期末考核结合起来，让每一部分在考核中都占一定的比例，这样才能得到较满意的考核效果。

第三，创新教学方法是关键。注重教学方法的创新，对于提高教学质量具有非常重要的意义。要把专题讲授、讨论、对话、案例分析、辩论、教学片等多种教学方式引入到教学中，提高学生的参与意识，给学生多创造讨论的机会，教师一定要清楚：学生的智慧是在辩论中慢慢形成的。

教学载体的建设除上面提到的以外，还包括学科建设、教学手段等内容，它们一起构成教学载体建设的内容，从而成为大学生思想政治教育的主渠道。

（二）管理载体

管理载体是指让大学生的各种管理活动承载并传递一定的思想政治教育内容或信息，让思想政治教育渗透到学生的管理工作之中，从而达到优化和加强思想政治教育的目的。学生管理的实质是协调学生之间、学生与学校之间的关系，培养学生关心同学、热爱校园的情感，激发学生学习的积极性，在这一点上，学生管理和学生思想政治教育有很高的结合点。

高校学生管理在大学生思想政治教育中具有十分重要的作用。它有利于更好地把学生管理工作与思想政治教育结合起来，高校学生管理与高校学生思想政治教育是一个问题的两个方面，犹如车之两轮、鸟之双翼，以学生为本的管理，离不开学生思想政治教育的密切配合；同时，学生的思想政治教育也离不开以学生为本的管理，这是因为人性化的管理是思想政治教育的基础，有利于对学生进行深入细致的思想政治教育，从而提高思想政治教育的效果。以学生管理为载体，可以使思想政治工作更深入、更贴近学生的实际。例如，对大学生行为规范的管理、对大学生奖惩制度实施、对大学生综合素质的考评，能更好地引导学生把各种规范内化，使学生把管理要求他所作的被动行动升华到自己去做的境界。

既然管理载体在大学生思想政治教育中发挥如此重要的责任，那么如何加强对管理载体的运用，是高校思想政治教育者应该认真思考的问题：

第一，思想政治教育者要自觉运用管理载体。高校思想政治教育特别是宣传部、学生处、团委等部门的老师及辅导员老师等要充分认识到管理是思想政治教育的重要载体。只有这样，思想政治教育者才能自觉运用管理载体，同时在运用的过程中更加注意管理的方法和艺术，只有这样才能充分发挥管理所承载和传递思想政治教育的作用。

第二，提高思想政治教育者的水平。工作在各个岗位上的思想政治教育者一定要提高思想政治觉悟，具有丰富的思想政治教育内涵，同时讲究思想政治教育的方法和艺术，才能起到管理载体在思想政治教育中的作用。如果管理者的思想政治素质不高，就难以履行思想政治教育职能。科学的、民主的、公平的、规范的管理本身也是一种思想政治教育。

第三，要树立全员育人的意识。发挥管理载体的作用，绝不仅仅是几个职能部门的工作，只有全员动员，才能达到最佳效果。"学校无小事、处处皆教育"。教学管理、学生管理、后勤管理都是校园管理的重要组成部分，只有上述几个方面产生合力，才能真正发挥管理载体在思想政治教育中的作用。

（三）文化载体

文化载体是指能承载社会文化的事物，寓思想政治教育内容于校园文化建设之中，通过增长知识与提高素质，以提高学生的思想认识和觉悟水平。

《关于进一步加强和改进大学生思想政治教育的意见》中强调指出："要努力拓展新形势下大学生思想政治教育的有效途径"，"要大力加强大学生文化素质教育，开展丰富多彩、积极向上的学术、科技、体育、艺术和娱乐活动，把德育与智育、体育、美育有机结合起来，寓教育于文化活动之中。"党的十七大报告也把文化建设和加强思想政治教育工作作为实现全面建设小康社会奋斗目标的新要求提了出来。由此可见，高校校园文化是新时期对大学生进行思想政治教育的有效载体。

第一，校园文化建设与思想政治教育具有共同的目的性。校园文化渗透着社会主义核心价值体系的内容，高质量、高品位的校园文化一定对学生的世界观、人生观、价值观的形成具有积极地影响，同时，高质量、高品位的校园文化也离不开对学生进行集体主义和爱国主义的教育，而这些正是社会主义核心价值体系的具体要求和体现。恩格斯说："人创造环境，同时，环境也创造人。"

第二，校园文化对大学生意志品质和审美意识的培养有着重要的影响。高质量、高品位的校园文化可对学生产生"修身养性"的作用，可以激励学生提高自己的文化品位、欣赏水平和创造美的能力，从而促进学生全面发展。

第三，校园文化和思想政治教育的相互作用。校园文化是思想政治教育的载体。思想政治教育是校园文化的主要内容，同时为校园文化提供理论基础并指明方向。

在校园文化建设中要坚持以马克思主义为指导，以社会主义核心价值体系为根本。

(四) 活动载体

活动载体是指思想政治教育工作者为达到一定的思想政治教育目的，以学生为主体，通过开展各种活动，寓思想政治教育内容于活动之中，使学生在参与活动的过程中潜移默化地受到教育。

大学生思想政治教育活动丰富多彩，我们很难对其进行分类，大致有常规性的学生活动、专题性的学生活动以及学科性的学生活动，这些活动作为思想政治教育的载体，对学生思想政治素质、道德素质和心理素质的提高起着重要的作用。

第一，有助于学生思想的成熟和知识结构的完善。大学生在参加各种活动的过程中，为了使举办的活动达到预期的目的，需要各个方面的支持与合作，这样他们需要和同学们沟通、需要和老师沟通、有时甚至需要和社会沟通，在沟通的过程中，学会了人际交往，懂得了办事的程序，为他们提供了一个了解社会的平台，有助于学生思想的成熟。同时，学生参加活动，是他们自己选择的结果，是他们自己的兴趣所在，有利于发展和完善他们的个性空间，弥补了课堂、书本束缚的缺陷，从而完善学生的知识结构。

第二，有助于提高学生的实践能力。现在在校的大学生，都是从一个校门走向另一个校门，初高中阶段，由于升学的压力，很少有参加活动和社会实践的机会。学生的能力总是在一定的活动中培养的，所以，大学各种各样的活动，是学生能力培养的平台，通过活动，学生们提高了分析问题和解决问题的能力、提高了交往能力、学会了独立活动的能力，从而提高了学生的实践能力。

第三，有助于大学生意志品质的培养。在活动的过程中，总会出现意想不到的问题，在活动中既有成功、也有失败，既有收获、也有教训。学生在活动中战胜挫折、克服困难有助于形成胜不骄、败不馁的坚强意志。同时，各种活动所提供的锻炼机会，有助于学生认识社会、认识人生，从而树立正确的世界观和人生观。

（五）传媒载体

传媒载体是指通过各种传播工具传输思想政治教育内容，使学生在接受广泛的社会信息的同时接受思想政治教育。高校的传媒载体主要是网络，其次还包括闭路电视网、校园广播站等，这里主要分析网络媒体对大学生思想政治教育的影响。中国青少年研究中心 2004 年的调查显示，网络已成为大学生接受信息的主体。教育部长袁贵仁同志说："80％的学生认为网络给他们带来了宽阔的视野和对外广泛联系的便利，对专业学习和增进友谊也有裨益。"中共中央总书记胡锦涛同志强调："特别要认真研究互联网对青年带来的影响，努力建设思想政治教育的新阵地。"通过传媒载体特别是网络载体延长思想政治教育的时间和空间在今天显得尤其重要。

第一，通过网络载体，加强学校与学生、教师与学生的沟通，扩大思想政治教育的覆盖面。许多高校在校园网上设立 BBS 专区、"校长信箱"、"院长信箱"、E－MAIL、MSN、QQ 群、博客、手机短信等多种方式扩大思想政治教育的覆盖面，在这里，学校相关部门和老师与学生沟通，回答学生的问题，对学生的思想和行为进行引导，以学生最喜欢的方式有针对性地对学生进行思想政治教育，收到了其它方式所达不到的效果。

第二，通过网络载体，可以使思想政治教育的内容更丰富，可以使思想政治教育更具有吸引力。网络集文字、声音、图像、视频为一体，给学生带来多种感官上的享受，使教育的内容从平面化走向立体化、从静态走向动态，使思想政治教育的形式丰富多彩，思想政治教育的效果明显提高。

第三，通过网络载体，可以掌握学生的思想动态，实现思想政治教育资源的整合。学生在网络上真实地表达自己的意思和利益诉求，思想政治教育者可以对这些资源进行整理和分析，可以掌握学生的思想动态。同时，思想政治教育者通过网络可以同时了解学生的思想动态，可以从不同的侧面同时做学生的思想政治教育工作，最大限度地整合思想政治教育资源。

通过网络对学生进行思想政治教育，要做到网络的建设与维护相结合；网上思想政治教育和网下思想政治教育相结合；同时要做到管理与引导相结合，营造一个良好的校园网络环境。

（六）心灵载体

心灵载体是指思想政治教育主体运用心理学的基本理论，做到与思想政治教育客体之间心灵的真情互动，向大学生进行思想观念、政治观念、道德观念的教育，从而树立正确的世界观、人生观、价值观的思想政治教育活动。

唐代诗人白居易在《与元九书》中说："感人心者，莫先乎情"。事实上，思想政治教育的过程就是思想政治教育主体与客体之间的情感交流过程，情通则理达。从心理学的角度讲，影响人的行为的最主要因素是情感。思想政治教育主体只有对客体付出真情，使客体心悦诚服地接受教育，才能达到思想政治教育的目的。调查显示，现在的大学生都不同程度地存在着心理健康问题，那么如何发挥心灵载体在思想政治教育中的重要作用？笔者认为：

第一，健全思想政治教育心灵载体的组织机构。班级应该设立心理委员、院（系）设立心理健康教育部、学校设立大学生心理健康协会，以上是老师指导下的学生组织，除此之外，各高校还应成立大学生心理咨询中心，负责学校的心理健康工作。这样在学校就建立起心理健康教育的工作网络，让每一名学生都成为心理健康教育网络上的一名成员，学校随时掌握每名学生的心理动态，这就为思想政治教育心灵载体建设提供了组织上的保证。

第二，丰富学生的心理学知识。通过办讲座、开设素质公选课等多种形式向学生灌输心理学的基本知识，特别是心理学中的人际沟通理论。学生只有了解什么是健康的心理，他才能明辨思想政治教育的内容，才能接受这一思想政治教育；同时，学生只有了解自身的心理状况，才能发现自己身上存在的优势与不足，从而更好地调整自己，心悦诚服地接受思想政治教育内容。

第三，把思想政治教育与心理教育结合起来。思想政治教育与心理健康教育既有一定区别又有一定联系。思想政治教育主要解决思想问题，重点为培养人的品德；而心理健康教育主要解决心理问题，重点为培养人的人格。但不管是品德还是人格他们都属于"德育"教育的组成部分，教育的对象都是在校大学生，教育的目的都是为了促进人的全面发展。

第四，心理咨询是思想政治教育心灵载体建设的重点。心理咨询有很多独特的优势，把心理咨询的优势渗透到思想政治教育中，将会对思想政治教育起到良好的推动作用。利用心灵沟通新方式，例如，个体互动、团体训练、短信平台、网络空间、情感交流等把思想政治教育的内容渗透到学生的头脑中。

三、大学生思想政治教育载体建设的意义

（一）理论意义

思想政治教育是由很多理论构成的一门完整的科学，而思想政治教育载体理论是思想政治教育中的重要理论之一。对思想政治教育载体的研究是这几年学者刚刚关注的领域，尽管对思想政治教育载体的内涵和外延还存在着不同的意见，但它也是对以前研究思想政治教育的一次创新。以前谈思想政治教育，主要是谈途径和方法，还很少有学者从载体的角度进行分析，这不能不是思想政治教育研究中一个理论上的缺陷，已经跟不上思想政治教育日新月异、丰富多彩的实践。研究思想政治教育载体理论是时代的要求，是新时期思想政治教育工作提出的新课题。同时，对思想政治教育载体的研究，也是对马克思主义思想政治教育理论的完善与发展。

（二）实践意义

经济体制的转轨、思想观念的变化、利益格局的调整、就业形式的转变，客观上要求思想政治教育工作要跟上时代的步伐。过去单一、以说教为主的传统思想政治教育模式已经显得力不从心，研究新方法、探索新途径、拓宽新领域，为思想政治工作寻找合适的载体。加强和改进大学生思想政治教育素质，提高思想政治工作的感召力和渗透力，把大学生培养成为先进生产力的开拓者、先进文化的弘扬者和最广大人民利益的维护者。

第十五章　大学生思想政治教育主渠道建设

　　加强和改进大学生思想政治教育建设，是高等学校坚持社会主义办学方向的重要保证。高等学校对大学生思想政治教育的基本任务和主要内容，既要全面把握、融会贯通，又要强化重点、突出主线。如何才能使当代大学生们"积极主动"地接受思想政治教育，充分发挥思想政治教育在人才培养中的关键作用，是目前高校思想政治教育工作者不断探索的问题。本文从加强和改进大学生思想政治教育主渠道建设角度，提出了思想政治理论课教育是增强教育效果的最有效途径。

一、高校思想政治理论课是思想政治教育的主渠道

　　大学生思想政治教育是一个系统工程，高等学校是大学生思想政治教育的主战场。目前，高校思想政治教育体系大都采取立体化方式，就是从校级到系级再到班级，形成几条思想政治教育的渠道。第一条渠道，政治理论课；第二条渠道，共青团、学生会的工作；第三条渠道，行政系统的日常教育；第四条渠道，各科教学。这几条渠道，各有其特点和作用，谁也不能代替谁。但其中思想政治理论课教育是思想政治教育的主渠道。尽管许多院校为减缓思想政治理论课在大学处境尴尬的局面，通过社会实践等形式来加强思想政治理论课教学。然而，课堂是目前思想政治理论课教学的主要途径。因此，只有依靠课堂教学吸引力，激发大学生学习的热情，才能提高学生们认识和思考问题的能力。

更为重要的是，思想政治教育课程通过适时理论和实际相结合的讲授，重在培养青年学生树立正确的世界观、人生观和价值观，弘扬和培育民族精神，提高文明修养，提升理想信念，最终引导青年学生成为有理想、有道德、有文化、有纪律的社会主义新人。思想政治教育课程的系统性和深刻性是其他学科所无法比拟的。因此，党和国家历来十分重视这一课程的建设，实行政府全面干预、统一规定的方式，在各级各类学校有相应的统编教材、参考书及统一的课时规定。

二、思想政治教育在高等学校教育中占有重要地位

大学生入学教育中的思想政治教育是各种入学教育的统帅和灵魂，对学生整个大学期间的学习、生活有着深刻的影响。邓小平指出："毫无疑问，学校应当永远把坚定正确的政治方向放在第一位。但这并不是说要把大量的课时用于思想政治教育。学生把坚定正确的政治方向放在第一位，这不仅不排斥学习科学文化，相反，政治觉悟越是高，为革命学习科学文化就应该越自觉，越加刻苦。"① 也就是说，社会主义现代化的建设者必须是又红又专的人，而不是只红不专或只专不红的人。针对改革开放以后出现的崇拜西方资本主义国家的民主、自由和否定社会主义的思潮，1989 年邓小平深刻地指出："我们最近十年的发展是很好的。我们最大的失误是在教育方面，思想政治工作薄弱了，教育发展不够。我们经过冷静考虑，认为这方面的失误比通货膨胀等问题更大。"②

大学生走向社会既是未来社会的接班人，也是未来社会的主宰者。而道德是社会发展的重要指标，在一定程度上支配个人行

---

① 《邓小平文选》第 2 卷，人民出版社 1994 年版，第 104 页。
② 《邓小平文选》第 3 卷，人民出版社 1993 年版，第 290 页。

为，左右国家兴衰。良好的道德素养的形成主要是通过大学阶段的思想政治教育来实现的。为充分发挥思想政治理论课在加强大学生思想政治教育中的主渠道作用，中宣部、教育部全国范围内对高校思想政治理论课教学状况进行了建国以来最大规模的调研，并于 2005 年 2 月 7 日印发《关于进一步加强和改进高等学校思想政治理论课的意见》，明确指出："讲授马克思主义基本原理，努力回答学生普遍关心的重要理论问题和实际问题，正确把握学生的思想特点和心理、生理发展的特点，遵循教育的规律，简明、扼要、通俗易懂，生动活泼地进行教学，着力引导他们领会马克思主义的精神实质，掌握马克思主义的立场、观点和方法，提高教学的说服力和有效性。"这标志着高校思想政治理论课改革进入了新的阶段，也突出了高校思想政治教育的不可忽视的重要作用。

三、积极有效地加强和改进大学生思想政治教育主渠道建设

（一）挖掘教材思想深度，扩展学生思维空间

要始终贯彻德育为首的原则。教育的目的是促进人的身心全面健康发展，物质文化、科学技术空前繁荣的今天，人类道德却面临种种挑战。人的素质的提升往往比知识、能力更重要。教师在准备教案时要充分挖掘教材中思想教育的内容，确定德育目标，并在课堂教学中将它突现出来。同时教师要深入了解学生的思想，确定思想教育的重点和方法，并根据实际进行教学，使学生直接具体地懂得什么是正确的，什么是错误的。潜移默化地灌输崇高的道德理想，进行爱国主义、集体主义、社会主义和无私奉献的教育，以利于帮助学生树立马克思主义的科学世界观、人生观、价值观。伟人之所以是伟人有他的伟大之处，英雄之所以为英雄有其英勇本色。使学生对伟人和英雄更加崇敬。相比之

下，要克服为了个人私利而引起的感情冲动，这是无谓之怒。结合我们在日常生活中，为国、为民而喜的情绪，为国家和人民的灾难、困顿而悲哀的情绪，使学生懂得人的情绪与国家、集体的利益联系在一起，培养爱国爱集体的情操。通过分析讨论，使学生懂得"因何而喜，因何而忧，因何而怒，因何而惧，情绪像镜子，表现出他思想觉悟的高低"。现有政治课教材中大有潜力可挖，关键在于教师在备课时要充分注意落实德育方面的内容。

用通俗易懂的方式传授知识。大学生的思维敏捷，思路开阔，只须加以正确的引导。可以采取启发式教学的方法。如讲授邓小平理论时，就可以用简单的例子来阐述。首相让学生从熟悉的一般概念水果入手，让学生明白水果这个一般概念是通过苹果、香蕉、橘子等个别而存在的，并通过这些个别的概念表现出来，社会主义其实就像水果这个一般概念一样，而中国特色其实就是像苹果、香蕉、橘子等个别概念一样，个别比一般更丰富多彩。从而领会"中国特色社会主义理论"命题提出的重大意义，避免学生对其产生生涩枯燥空洞的感觉。再比如，说明新生事物战胜旧事物茁壮成长，是不以人的意志为转移的客观规律。用曹操的"鸿雁出塞北，举止万余里。冬节食南稻，夏日复北翔"论证自然界的运动、变化、发展是有规律的。指导学生阅读毛泽东的《矛盾论》、《实践论》，体味用"弹钢琴"比喻说明两点论和重点论相结合的原理，用"亲口尝一尝梨子的滋味"说明实践第一的观点。这些教学中生动活泼的例证，对于提高我们的教学效果是很有益的。正因为马克思主义原理本身就是关于自然、社会和思维的辩证法，而且与各门具体科学是息息相通的，所以只有把它们融会贯通，才能做到游刃有余、事半功倍的效果。

突出思想政治理论教育双重性的特征。新的历史和国际形势下，思想政治理论课课程体系要顺应国内国际形势的变化，顺应学生思想实际的变化。教师在备课时要突出强调对政治理论教育的双重性即意识形态性与科学性，政治性与学术性的认识。教学内容重心要由更多注重马克思主义理论系统性教育转向关注、研究社会的政治、经济、历史的发展变化，再转向关注学生的思想状况发展变化。现绝大多数学生对时事学习抱有浓厚的兴趣，他们渴望了解国内外政治风云的变幻，渴望开阔眼界，增长见识。时事教育以其贴近时代，贴近社会，以其内容的丰富性、新颖性及变动性，受到学生的重视和喜爱。只有将教材、学生、教师以及多样的教学方法，丰富的社会内容有机地结合起来，并充分展示各自的作用，思想政治课不仅能发挥其应有的作用，而且勿容置疑地奠定了其德育主渠道的地位。

（二）整合课程体系结构，夯实思想政治内容

我们党从诞生之日起就把马克思主义确立为自己的指导思想，并在长期奋斗中坚持把马克思主义基本原理同中国具体实际相结合，产生了毛泽东思想、邓小平理论、"三个代表"重要思想和科学发展观等重大理论成果。马克思主义中国化进程和理论的不断创新为思想政治理论课教学内容的调整、充实提供了根本依据。党的十六大确立了马克思主义、毛泽东思想、邓小平理论和"三个代表"重要思想作为党的指导思想，按照这样一个规律和要求来进行改革，恰好表明我们的高校思想政治理论教育坚持与时俱进的理论品质。

与此同时，我国高校思想政治理论课程体系的三次重大调整，使课程设置日益完善。当前实施的方案可以说既继承了之前思想政治理论课程体系的长处，同时也作出了多方面的创新。但换个角度来看，课程体系仍需稍加调整，调整的思路是把党的发展置于国家的发展当中阐述，把党的理论置于国家历史当中阐述，把党的意志置于国家的策略当中阐述，把党对大学生的道德法律要求置于职业人生规范当中阐述，构建党论与国史合一，稳定课程和动态课程互补的课程体系。应将"中国近现代史纲要"、"毛泽东思想概论"等内容整合为"中国近现代史概论"课程，以中国近现代史为主线，以马克思主义中国化发展的第一次飞跃为精髓，时间为中国近代史开端到党的十一届三中全会前为止；

将"邓小平理论和'三个代表'重要思想概论"、"科学发展观、构建和谐社会"等整合形成"中国特色社会主义理论体系概论"课程，以建设中国特色社会主义的实践为主线，以马克思主义中国化发展的后几次飞跃为精髓，时间从党的十一届三中全会到现在；而"中国近现代史纲要"、"中国特色社会主义理论体系概论"、"马克思主义基本原理概论"等课程内容要相对稳定，"形势与政策"课程内容要依形势发展而变化。通过这样调整，高校思想政治理论课程体系会更加完善，也更加能够提高高校思想政治理论教育的针对性、实效性、吸引力和感染力。

在思想政治理论课之外，学校应把形势与政策课、军事理论课、就业指导课、职业生涯规划课、心理素质教育课、生命安全教育课也归入思想教育课的范围，纳入教学计划，并利用这些课程自身优势，更好地促进学生成长成才。军事理论课把课堂讲授与军训基地的集中训练、校内分散训练、三军仪仗队爱国主义教育基地观摩、国防教育报告结合起来；就业指导和职业生涯规划课程让学生走出校门采访在不同岗位上的校友、采访研究生，参加村官报告会、毕业生招聘会等各种活动了解社会；心理健康教育课程把课堂讲授与日常的心理咨询、团体辅导、心理健康文化活动月等融为一体；生命安全教育课把案例讲授和公安干警、保卫人员的实际的演练有机结合。这些实践类课堂和活动增强了教育的生动性，有效地延伸和补充了课堂教学。

（三）尽责本职工作，提高师资水平

思想政治工作者要以身作则。在改革开放的新形势下，邓小平更强调思想政治工作者要以身作则，身教重于言教，这样才能使思想政治工作产生"无声"的威力。如果教育者言行不一，思想政治工作就会缺乏说服力。因此，邓小平指出："思想政治工作要做得有针对性，细致深入和为群众所乐于接受。最重要的条件，就是凡是需要动员群众做的，每个党员，特别是担负领导职

务的党员，必须首先从自己做起。"① 邓小平在 1978 年 6 月全军政治工作会议上的讲话中指出："政治干部更要强调以身作则，我们过去在战争年代就是这样。那时，你打仗不勇敢，怕死，你不同战士心连心，不联系实际，不联系群众，做政治工作就没有人听。政治干部不能说的是一套，做的又是一套。"邓小平的讲话对新时期思想政治工作提出了更高的要求。

要把思想政治教育体系的各个环节调动起来，就需要一支高素质的教师队伍。他们的素质如何对搞好思想政治教育工作有直接的关系。

首先，要热爱思想政治教育工作及学生。思想政治教育工作是学校培养人才的重要途径，它不仅能使学生的思想健康发展，而且也是学习好专业知识的重要保证。所以单纯的抓学习，忽视抓学生思想政治教育工作的倾向是错误的。从事思想政治教育工作的教师一定要能认识到自己所从事的工作意义，努力钻研业务知识，研究做好工作的规律和手段。同时要关心热爱学生，这样必然会引起学生思想感情的正向反馈，尊重信任老师，认为老师是他们的良师益友，愿意向老师谈自己的思想观点。学生的这种心理状态是教师做好学生思想工作的重要保证。

其次，努力提高思想政治理论课教师教学水平。思想政治理论课教师要以教材为教学基本依据，在教材体系向教学体系转化上下功夫，对教材内容真正做到融会贯通、熟练驾驭、精辟讲解。要紧密联系改革开放、社会主义现代化建设和海峡西岸经济区建设的实际，了解和掌握大学生思想政治状况和成长成才需求，探索符合高等教育教学规律和大学生特点的教学方法，提倡启发式、参与式、互动式、案例式、研究式教学，用喜闻乐见的语言、生动鲜活的事例、新颖活泼的形式活跃课堂气氛，启发学生思考，把科学理论讲清楚、说明白。定期评选省级思想政治理论课"精品课程"、"精彩一课"、"精彩多媒体课件"、"精彩教

① 《邓小平文选》第 2 卷，人民出版社 1994 年版，第 301 页。

案"等活动，定期组织教学观摩活动，推广先进教学方法，促进优质教学资源的建设与共享。同时，鼓励和吸引最优秀的教师从事大学生思想政治理论课教学及相关研究，配好配强教学科研组织负责人。将思想政治理论课教学科研组织负责人遴选配备和培养培训工作，纳入学校干部队伍建设总体规划。要根据思想政治理论课教学科研的性质、特点和工作需要，认真核定并落实思想政治理论课教学科研组织负责人职数。要按照德才兼备的原则，选拔政治强、业务精、作风正、懂管理并具备马克思主义理论专业背景的学术带头人和骨干教师，作为思想政治理论课教学科研组织负责人。

（四）增设情景教学，丰富课堂实践

实践教学作为提高思想政治理论课教学效果的重要手段，已经成为思想政治理论课教学体系中的重要组成部分。为了实现实践教学的教育目标，应从多个方面加强高校思想政治理论实践教学。

要创建以课堂教学为主的模拟实践教学模式，实现课堂教学实践化。要在理论教学中渗透实践教学的理念和方法，即在课堂教学中创设实践教学情境、模式，发挥学生主体作用，引导学生主动参与课堂，积极地思考问题、解决问题，这就是理论课堂实践化。结合社会大课堂的实践热点、难点问题进行课堂讨论，把一些看起来浅显、说起来空洞、讲起来片面的内容通过讨论、辩论的方式进行教学，为学生营造出一个轻松的氛围，使他们在轻松中去碰撞不同的思想、观点，然后再由老师加以引导，得出一个为多数人认同的结论。如改革中出现的下岗问题、贫富差距问题，以实事求是的态度看待大学生择业、就业问题等，这些是学生普遍关注的话题。让每位学生就一个感兴趣的问题准备发言稿。在进行课堂讨论时，推选学生担任主持人、记录人，由学生自由发言，观众席的同学应踊跃提出问题、积极参与，力争每个人都有机会表达自己的观点。课堂讨论结束，由任课教师对课堂

讨论进行点评和总结。通过交流讨论，增添了学生的胆识，增强了自信，提高了口头表达能力，特别是一些辩论和反驳，能引发一次又一次的小高潮。既可在辩论中提高学生的应变能力，纠正错误，增长知识，又可使学生受到教育，解决学生中存在的一些深层次的思想问题，使理论联系实际的教学真正落到实处。

也可以进行情景表演比赛。可以以"毛泽东思想和中国特色社会主义理论体系概论"课的全班课堂教学为活动平台，每个班分成若干个小组，以小组为单位，分别举行毛泽东诗词朗诵比赛以及"毛泽东人格魅力"情景表演比赛。比赛内容均包括诗词（情景）创作的社会（时代）背景介绍、表演活动以及诗词（或情景）内涵的阐述等。每个小组选出一名评委，与任课教师一起对比赛进行评分，评出一等奖2名，二等奖3名，三等奖5名，分别给予奖状和奖品。整个活动，由任课教师为主导，学生为主体，包括活动的组织、准备、选题、表演、评分标准、主持等全都由学生负责，学生要全员参与。

（五）运用科技手段，避免喧宾夺主

在思想政治理论课的教学改革中，多媒体的运用是教学手段改革的主要特点。同专业课相比，思想政治理论课在高校备受冷落，一方面是由于少数大学生政治信仰迷茫、理想信念模糊、追求考试分值和就业需求的影响，更为关键的则在于学生看来政治理论课枯燥无味，缺乏生机，是没有多少新意的课程。高校思想政治理论课广泛运用多媒体手段以来产生了不少积极作用。比如在"毛泽东思想和中国特色社会主义理论体系概论"多媒体教学中，根据教学内容要求制作出新民主主义革命理论、邓小平南巡、中国改革开放、一国两制等一系列与课程教学相关的术语介绍或事件主题的音频、视频资料，并集成了大量的新闻图片来说明理论要点。由于其表现形式多样，表现手段新颖，表现情节生动，富有趣味性，而且以其多样化的信息作用于学生的各种感官，使原来比较抽象枯燥的知识学起来不感到空洞乏味，有效地

防止了单纯从书本到书本，从概念到概念的循环，变抽象为具体，变枯燥为趣味。大大增强了学生的好奇心和求知欲，使调动情绪和引发思维融为一体，引起他们学习的兴趣和热忱，注意力集中，课堂氛围活跃，进而调动了学生的积极性，使学生处于一种积极的思维状态，从而有利于培养学生的学习能力。

思想政治理论课多媒体教学还存在不容忽视的问题。首先，我们必须清楚地认识到无论多么先进的教学手段，其作用都不过是在教学中发挥着辅助作用。多媒体教学并不是对传统教学的否定，而是在现代技术基础上对传统教学手段的新发展，只有把各种教学方法行之有效的结合起来，才能达到课堂教学的最优化，发挥多媒体的特殊作用。在一堂课中，如果过于注重形式，媒体过多，会分散学生的注意力，喧宾夺主，反而起到事倍功半的效果。其次，要注意多媒体课件的应用不能偏离实际。恰当地应用多媒体课件会取得很好的效果，但是不能放大了应用的优点，把大量的课件应用当作破解一切教学难题的灵丹妙药，而忽视了教学中学生的主体地位、教师的主导地位。在授课过程中，教师应处于引导，讲解，沟通的位置，要主动缩短师生的角色距离，创设民主，平等的教学氛围。教师设计课件时必须要"以学生为中心"，强调学生的活动环节，学生是教学实践的主体，而学生活动的结果是不可能完全在教师的预料之中的，教师课前制作的系统完整的课件是无法适应课程的活动要求的。最后，还要注意多媒体材料的合理选择。多媒体课件中声音、图像、文字等多种信息的应用，能极大程度地满足学生的视、听等感官需求，激发学生的兴趣。于是不少教师偏重于课件的设计与制作技巧，一味追求课堂教学过程的"奢华"，而对教学效果思考不够。多媒体教学只是一种辅助性手段，它能帮助学生更好地理解教材，掌握教学内容，但不能代替教学内容。在课堂教学中，而应该摆好科学性、思想性与趣味性的关系，要按照科学性是基础，思想性是灵魂，趣味性是手段的原则进行选材。

总之，无论时代主题发生了怎样的变化，无论中国在对外开放和建立社会主义市场经济体制过程中遇到怎样挫折，思想政治教育要为现代化建设服务，提出以德为首，"四有新人"的人才标准，是不会改变的。赋予爱国主义教育的时代特征，强调思想政治教育要尊重人、关心人、理解人，是人类社会向前发展的坚强基石。因此，思想政治理论教育这面旗帜只能越来越鲜艳，永远不会褪色。

第十六章　大学生成长服务体系建设

检验高校辅导员队伍的能力建设水平的根本标准在于是否得到学生的欢迎，是否在提高青年学生的思想素质、专业能力、创业意识上取得实效。从这个意义上说，加强辅导员队伍的能力建设，归根结底体现在辅导员的服务能力上。因此，加强和改进大学生服务体系建设，既是衡量辅导员队伍能力的重要指标，也是加强辅导员队伍能力建设的重要内容。

一、大学生服务体系的内涵

(一) 大学生服务体系的含义

1. 服务的概念

所谓服务，根据《辞海》的解释，是指一定的集体或个人为集体或别人的利益或为某种事业而工作。根据这个概念可知服务的主体是一定的集体或个人，客体是另外的集体或别人的利益或是某种事业，而服务可能是营利性的也可能是非营利性的，可能是无偿的也可能是有偿的。

2. 大学生服务的含义

大学生服务有广义和狭义之分。广义的大学生服务是指家庭、学校、大众传媒、同辈群体等全社会的环境和资源对大学生的衣、食、住、用、行等所有方面的服务。这些服务有的是具有营利性的，有的是具有公益性的，这些因素构成了对大学生服务的合力。狭义的大学生服务是指在高校中，学校对大学生所提供的服务，这部分服务的主体是非营利的，是公益性的。这里主要研究狭义的大学生服务。

3. 大学生服务体系的含义

对在校大学生的全社会服务中，学校服务无疑是主体，对大学生的成长成材起着至关重要的作用。学校是全社会育人的主体机构，承载着传承文明和传授知识的社会使命。而高校的服务是教育教学的重要保障，使教育教学得以顺利进行，而教育教学本身也是一种服务，而且是高校服务的主体，而其他方面的服务也不容忽视，它们具体包括对大学生思想教育上的服务、心里咨询方面的服务、学习指导方面的服务、生活方面的服务、贫困生支助方面的服务，就业创业方面的服务。这些不同方面的服务，相互影响相互制约，是不可分割的有机整体，共同构成了大学生服务体系，在大学生服务体系中，任课教师起着重要的作用，但广大高校的政治辅导员却起着主体作用。

（二）辅导员能力建设范畴的大学生服务体系

在我国现行的高校教育体制中，辅导员队伍能力建设是高校教育教学活动得以顺利进行的重要组成部分，对大学生健康成长起着至关重要的作用。可以说，除了教学服务以外，辅导员几乎成为大学生服务体系其他方面的主导力量。辅导员能力建设范畴包括两层含义。第一，是指这些对大学生的服务是辅导员日常工作职责范围所包括的，并且作为一名合格的辅导员应具备这几个方面的服务能力、政治素养和业务水平。第二，通过这几个方面的服务有利于广大辅导员思想政治水平、业务能力的提高，达到教学相长的目标，促进整体的优化。

辅导员能力建设范畴的大学生服务体系具体包括对大学生思想政治教育方面的服务、心理咨询方面的服务、学习指导方面的服务、生活方面的服务、贫困生支助方面的服务和就业创业的服务。这几个方面相互联系、相互制约，形成完整而不可分割的有机整体，对大学生的成长成材形成合力和有力保障。具体说思想政治教育方面服务是大学生成长成材的重要思想保证，是其他方面服务的灵魂基础。心理咨询服务是重要的技术手段，使其他方面的服务得以顺利进行。学习引导方面的服务是大学生服务体系的主要矛盾，是其他方面服务的着眼点和归宿。因为学业是大学生的主业，只有通过专业教育获得真才实学才能成为社会主义的合格建设者和有用人才。生活方面的服务是大学生得以顺利完成学业的重要保障，是其他服务方面的物质基础。贫困生支助服务是物质保障的重要组成部分，缓解贫困大学生的生活压力，使之顺利完成学业。就业创业方面的服务是其他方面服务的目标和手段，也是实现大学生人生价值和缓解社会就业压力和促进社会和谐的重要组成部分。这几个方面的服务共同构成了大学生服务体系，在后面会具体论述。

二、建设大学生服务体系的重要地位

(一)建设大学生服务体系是实现大学生成长成材目标的要求

大学阶段是一个人世界观、人生观、价值观形成的主要阶段，是一个人成长时期最具有可塑性的阶段。有一部分大学生由于受高中传统教育的误区和应试教育的影响，认为上了大学就高枕无忧，不用再像以前那样努力学习，从而放松懈怠，导致虚度光阴、荒废学业。而有一部分学生自从上大学开始就迷失了方向，失去了学习的动力和兴趣，滋生了错误的享乐观、金钱观、消费观和恋爱观。大学阶段是大部分学生处于自主性强而自律性差的阶段，极易于被同辈群体同化，如果缺失有力的指导和关爱，就会走向另一个极端。每一个学生由于家庭背景、教育背景、经济状况、心理因素、情感认知水平、自制能力的不同，使每一个学生都具有特殊性。有的学生由于思想认识上的偏差，从而在生活学习中出现种种不良倾向；有的学生由于心理疾病，使精神肉体承受着巨大的痛苦，从而不能顺利地完成学业；有的同学由于丧失了对学习的兴趣，导致课业荒废，最终中途辍学；有的同学超前消费，沉迷网络或坠入爱河使自己不能自拔；有的学生由于家庭贫困产生自卑情绪从而影响正常的学习生活；有的学生对未来工作就业丧失信心，对前途心灰意冷，从而丧失了人生目标。种种迹象表明大学生需要正确的引导和相关服务，使他们在大学的生活中树立正确的目标，产生浓厚的学习兴趣，培养良好的生活习惯和学习习惯，心里世界阳光向上，有勇气面向未来面对挑战，成为一个富有活力、人格健全的合格的社会主义建设者和可靠接班人。

（二）建设大学生服务体系是实现辅导员职责和提升辅导员能力的要求

辅导员是高校学生工作队伍的重要组成部分，肩负着教育、管理、服务的重要职责，其中思想建设方面服务、心里咨询服务、学习引导服务、生活方面服务、贫困支助服务和就业创业服务是其职责的重要组成部分。作为高校的一名辅导员要坚定共产主义信念，忠诚党的教育事业，以学生为本，为人师表，注重师德，热爱自己的事业，乐于奉献自己的青春，真正成为大学生的良师益友。要时刻注重大学生的思想动态，解决思想上的困惑，使大学生树立正确的思想观念；开展大学生心理咨询服务，对有心理困惑的大学生及时进行心理疏导，预防心理疾病的产生，使大学生有一个健康阳光的心理状态；对大学生的学习有正确的督导，培养大学生的学习兴趣，变被动学习为主动学习，并激发科研能力；关注大学生的生活状况，使他们正确树立消费观、娱乐观和恋爱观，为他们顺利完成大学学业，成长成材提供精神动力和智力支持；关注贫困大学生，严格审核、评定贫困生，建立公平公正的奖学金、助学金的发放制度，为广大贫困大学生提供强有力的后勤保障和物质支持；做好大学生就业创业服务，积极做好宣传工作，贯彻落实就业创业政策，做好就业指导，积极联系用人单位，最大限度地为大学生就业创业做好服务。

完善落实大学生服务不仅实现了辅导员的职责，而且在实际工作中也提升了广大辅导员的实践能力和业务水平，为今后进一步做好大学生的思想政治教育工作打好了基础。

（三）建设大学生服务体系是实现高等学校职能的要求

当代高校的职能主要有人才培养、科学研究和服务社会三大职能，而最主要的职能就是人才培养，而人才的培养是离不开服务体系的建立的。十年树木，百年树人。人才之所以称为人才，是要有较高的综合素质，智商和情商二者要兼备，这就要求培养的人才要有较高的思想素质和觉悟水平，有辨别是非善恶的能力，有健康的心里素质和抗压力能力，有学习能力和技术专长，有很强的生活自理自立能力，而这些能力不全是与生俱来的，需要后天的培养，而学校就是后天培养的重要场所，肩负着教书育人、服务社会，为民族培养人才的神圣使命，而建设大学生服务体系正是培养人才的必经之路和必要手段，为人才的培养提供了强大的物质保障和智力支持。

（四）建设大学生服务体系是实现社会主义建设宏伟目标的要求

大学生是祖国的未来，肩负着祖国建设和民族复兴的光荣使命和职责。大学生的成长成材关系到祖国的命运和民族的未来，党中央将高校大学生的培养已作为一项民族复兴的伟大工程和战略。社会主义大学怎样培养人，培养什么样的人已经作为一个重大的战略问题，在高校中完善和提高广大辅导员能力和构建完善的大学生服务体系，保证社会主义大学培养社会主义事业的合格建设者和可靠接班人，为社会主义建设服务，为构建和谐社会服务，为实现民族伟大复兴的宏伟目标服务。

三、大学生服务体系建设的内容

（一）思想政治教育服务

思想政治教育服务是建设大学生服务体系的关键环节。通过对以往工作经验的总结，我们知道，我们要不断在实践中探索更新更有效的工作方法，需要快速而有效地解决思想政治教育中存在的问题。针对当今教育现状，我们应从以下几个方面实施和完善大学生思想政治教育服务。

1. 正确的科学理论指导

做好思想政治教育，首先要引导大学生树立正确的世界观、人生观、价值观。由于大学生正确的思想体系尚未完善，加之社会主义社会的不断发展与变革，国际社会的外来影响，很多学生对事物的理解过于片面。为此，我们应运用马克思列宁主义、毛泽东思想、邓小平理论和"三个代表"重要思想来教育学生，应用科学理论的指导，让学生深刻理解中国特色社会主义的发展与变化，增强明辨是非的能力，打破习惯势力和主观偏见的束缚，培养研究新问题、解决新问题的能力，树立正确的思想道德根基。同时还可深化学生对中国现阶段国情的认识。

2. 营造良好的环境，培养大学生的创新精神

在高速发展的社会，学校要培养大学生与时俱进、开拓创新的精神，提高大学生自主创新的能力，是建设创新型国家、提高国家综合国力的关键。这就要求学校积极培养学生的求知欲和独立思考的能力，鼓励学生不断探索和创新，为学生搭建展示自己的舞台，创造良好的学习环境。具体可以建立开放实验室等，让学生与教师共同研究科学课题，培养学生的创新意识与实践能力。总之，学校要切实为学生营造环境，为培养创新型人才而努力。

3. 思想政治教育应渗透到课堂教学之中，充分发挥教师教书育人的作用

当代大学生生理和心理尚未发育成熟，思想可塑性大，如果仅依靠辅导员的个人力量是远远不够的。因此，为进行思想政治教育，还要积极发挥课堂教育的作用，毕竟思想道德的培养是一个长期的过程。因此，要把德育工作渗透到学科教学活动之中，发挥任课教师的作用，也是实现学习和掌握专业知识同德育教育相结合的有效途径。

4. 大力开展第二课堂，用丰富多彩的校园文化陶冶大学生的道德情操

仅依靠课堂知识会使学生的生活思想过于单调，为开拓大学生的视野，建立健全大学生的人格，学校应积极开展第二课堂。通过专题讲座、影视导读、课外阅读、文艺汇演、演讲辩论赛及体育活动等陶冶学生的情操。在活动中培养学生的文化素质、团队合作意识及爱国精神，树立并提高大学生的责任感和使命感。

5. 鼓励大学生投身社会实践，用社会实践锻炼大学生

依社会的发展形势，我们要培养的不是死读书型的知识分子，而是全面发展的应用型人才。"纸上学来终觉浅，觉知此事要躬行"，理论要与实践相结合才能发挥实效。很多学生仍持有大学前的应试教育思想模式，往往导致只会书本不懂实践的现象。为克服这一弊端，我们应鼓励大学生走出校园，投身社会，通过参与勤工俭学、社会调查、走进企业、志愿者服务等工作，了解最新科技动态及市场需求，并培养大学生吃苦耐劳、敢于创新、勇于实践的能力。同时，更是把思想政治教育应用于实践的重要途径。

思想政治教育服务是培养大学生成长成才的基础，是高校为现代化社会发展培养"四有"青年的重要保障。青年人肩负着振兴中华民族的使命，而作为高校辅导员骨干队伍，应有此意识并深入实际，切实提高青年人的思想觉悟水平，为他们创造良好的成长环境，使他们全面健康地发展。

（二）心理咨询服务

在社会、国家高度重视大学生心理健康教育工作的今天，厘清心理健康服务工作的内容，建构高校心理健康服务体系结构，开展心理咨询服务广大学生，具有重要的现实意义。为做好上述工作应做到以下几点。

1. 成立专门机构，建立心理档案

在校内设立大学生心理咨询中心，定期选派优秀教师外出培训、交流，结合本校的具体情况，形成有自校特色的心理咨询工作体系。同时要建立学生心理档案，对已经发现有心理障碍的学生进行跟踪了解，与家庭相配合，共同做好学生工作，开展经常性的定期心理检查及咨询服务。

2. 应加大改革力度，加强综合治理，多管齐下，努力为该项工作创造良好条件

心理咨询在整个思想教育体系中固然重要，但如果没有其他支撑体系，这项工作也难以取得良好的效果。因此，作为高校，应该做好以下几个方面的工作：第一，通过开展各种有意义的活动，加强学生的思想政治教育，帮助大学生树立远大理想，确定正确的世界观、人生观、价值观。第二，加大教学体制改革力度，着力培养学生分析问题、解决问题的能力，全面推进素质教育。第三，建立健全各种规章制度，明确学生权利和义务，减少学生违纪。第四、加强师德教育，促进师生间友爱团结，努力营造一种温馨的家的氛围，减轻大学生的心理压力。

（三）学习引导服务

学业是大学生的主业，增强大学生的各方面能力，都要以科学文化知识为根基，这便确立了学习引导服务的重要性。辅导员老师应结合学生的实际情况，做好引导学生学习的工作。具体可从以下几方面入手。

1. 引导大学生树立正确的学习目标

大多学生尤其是大一新生，对自己的专业并没什么认识，往往表现出一定的盲从与懈怠。辅导员应组织开展专题讲座，让学生了解专业的学习方法及专业发展动态。同时还要与学生进行探讨，了解学生的个人兴趣，以引导学生树立明确的学习目标。只有有了目标，才会有动力，走出迷茫，以个人目标为出发点，完善学习生活。

2. 培养学生的学习兴趣

有了目标，还要有兴趣，才会激发学习的动力。兴趣能够调动学习的积极性，促进学生积极思考，广泛并深入地进行探索性、创新性学习。兴趣也是培养创新型人才的基础，因此，辅导员一定要注重学生对专业兴趣的培养，重视创新实验、科学论坛等项目的完善。

3. 营造学习的氛围

良好的学习氛围对良好的学习状态具有一定的促进作用。我们可以通过以班级为单位，开展学习经验交流会或进行小组式学习等方式，创造活跃的学习气氛，使学生们相互交流，相互带动，共同进步。

一些大学生还尚未形成良好的自主学习能力，尚需依赖任课教师的指导与督促。因此要求任课教师在完成授课任务基础上，深入了解学生的学习动态，有意识地培养学生的兴趣，引导学生积极学习、主动学习。

4. 辅导员老师的引导

刚刚进入大学的大部分同学对自己的专业课和职业发展前景没有很好的认识，就更别提喜欢了。因此，学校培养学生的学习兴趣自然很重要。如辅导员老师对学生专业课程进行兴趣培养，使学生对自己的专业知识有整体的感知。

5. 组织和专业学习相关的活动

实践可以很有效的培养大学生的学习兴趣。通过实践，学生不但可以将学到的理论知识进行验证，而且可以增强实际的动手能力，为将来的实际工作打下基础。

6. 增强社会责任感

此外，要加强学生对于荣辱观的认识，明确社会赋予他们的历史使命，增强社会责任感，与学习结合起来，完成从"小我"到"大我"的过渡，完成高校教书育人的使命和为祖国培养人才的目标。

（四）生活服务

当代大学生正处于自主性强而自律性差的阶段，尤其是一些到外地读大学的学生，由于没有了上高中时父母的监管，特别是经济上的相对独立，加上思想认识方面和辨别是非能力的缺乏，导致在大学生活中虚度光阴、沉迷网络、坠入爱河不能自拔等现象的发生。为此高校辅导员应就学生具体情况有的放矢、有针对性地进行说服教育和心理疏导，使广大学生正确处理好学习和生活的关系，在充分享受大学美好生活的同时，掌握真才实学，成为祖国有用的人才。具体应做到以下三点。

第一，引导大学生要树立正确的消费观。一些父母为了使在外地读书的孩子衣食无忧，便给了大量的生活费，导致一些自制力差的学生挥霍无度、超前消费，甚至提前透支银行卡造成负债。更有甚者有些学生拿父母辛苦攒下来的学费用于娱乐，不仅欠下巨额学费而又不学无术，荒废了学业。这就要求辅导员老师做好消费观的正确引导和这方面的服务。

第二，引导大学生树立正确的娱乐观。部分大学生沉迷于网吧、台球厅、迪厅等娱乐场所，这些场所是最容易受同辈群体同化的场所，有些学生沉溺于其中不能自拔，有些最终辍学，甚至成为社会治安不稳定的因素。辅导员老师要针对这种现象严抓不懈，及时排除隐患，进行有效的广泛宣传，做好相关方面的服务工作。

第三，引导大学生树立正确的恋爱观，做好心理疏导服务。有些大学生由于恋爱，坠入自己的感情世界不能自拔，有些大学生则因为失恋而精神恍惚，久久不能面对现实，不能从阴影中摆脱解放自己，久而久之无心学习，最终荒废学业。这就要求辅导员老师针对学生的不同情况开展行之有效的心理疏导服务，从而使沉迷其中不能自拔的大学生拨云见日，步入学习生活的正轨。

（五）贫困资助服务

做好大学生资助工作要以"以人为本，资助育人"为工作理念，建立务实、高效、有序的贫困资助服务体系。

1. 落实国家政策，完善工作机制

一是成立大学生奖励与资助工作领导小组，专门设立大学生奖励与资助中心，各系部设立资助工作组，形成大学生奖励与资助工作领导小组总体部署、大学生奖励与资助中心统筹协调、各系部资助工作组具体落实的三级管理体系。二是足额提取学生资助专项经费，用于勤工助学、学费减免、奖学金、助学金、困难补助、寒衣补助、生活补助、临时补贴、对口帮扶等。极大地缓解家庭经济困难学生的经济压力。

2. 构建"立体化资助体系"，实施分类资助

一是以科学"认定"为前提，构建全方位覆盖、全过程资助的"立体化资助体系"。学校在贫困生认定方面，采用生源地认定和校内认定相结合的办法，紧紧抓住生源地认定、绿色通道、班级民主评议几个关键环节，建立了"家庭经济困难学生认定信息库"，动态管理数据信息；成立资助工作督查组，采取不定期抽查。二是"因困施助"，提供个性化资助。学校给予家庭经济困难学生在学习、生活、心理等各方面的帮助；设立本、专科生重大疾病救助基金；对家庭遭遇突发事件、患有重大疾病的学生及时发放临时困难补助；向因家庭困难无法返乡的学生发放返乡费等。

3. 实行精细管理，提供精细服务

在资助过程中，实行"阳光资助"，坚持公开资助政策，公开工作程序，公开评审、评议"三公开"制度，坚持班级评审、

评议结果公示，学院审核结果公示，学校评定、推荐结果公示"三公示"制度，使各项资助评定工作在"公开、公平、公正"的体制下运行。

坚持资助与育人相结合，不断挖掘资助育人功能。搭建资助交流平台，通过平面媒体和网络资源发布信息，充分利用大学生奖励与资助中心网页、资助工作信息化系统等网络平台和资助宣传资料的宣传功能，为广大学生全面了解国家和学校的资助政策提供便利。新生录取时，随《入取通知书》发放资助政策简介。学校内部开展多种形式的宣传教育，提高同学间团结协作意识，通过感恩教育、诚信教育、励志教育等一系列活动，引导家庭经济困难学生热爱生活、知礼感恩、关爱他人、诚实守信、立志成才、报效国家、服务社会。

（六）就业创业服务

就业创业服务是服务学生的最终目标，也是实现大学生人生价值，缓解社会就业压力和促进社会和谐的重要组成部分。近年来大学生就业形势日益严峻，市场经济竞争日益激烈。因此学校要把就业创业服务作为一个重要项目来抓。在开展大学生职业生涯规划、就业专题指导讲座的基础上，应不断完善大学生就业创业服务体系，切实解决大学生就业难、创业难的问题。

1. 大力宣传就业形势与政策

大多数学生只局限于校园生活，对社会的了解都很局限，更何谈就业政策形势。为此，学校应加大宣传力度。具体可开展就业专题讲座，通过社团组织相关就业知识的活动，鼓励引导学生经常通过媒体了解就业动态及专业发展的前沿趋势。让学生认识就业形势的严峻性，以增强其紧迫感，努力提高自己的综合素质，为顺利就业打基础。

2. 注重课堂理论指导

针对当今严峻的就业形势，很多高校已开设了《大学生职业生涯规划》、《大学生就业与创业指导》等课程。据相关资料，高校新生中，有90％的学生都想过就业问题，但仅有5％的学生深入思考过自己的就业方向与专业就业形势，并相应做出自己的人生规划。而大多数仅停留在"能不能就业"的表层上，并不能结合个人实际做出职业规划。因此，我们要通过课堂理论指导，让学生明确就业方向，并做出切合实际的职业规划。

3. 在校园实行课后测试，咨询到位

做好学生的就业创业指导，不仅要求学生了解社会需求，也要求学生了解自我，通过自我定位，树立正确的择业观。而现实中，很少有学生有积极进行自我定位的习惯。学校应提供优质的就业创业咨询服务，这不仅有助于大学生进行到位的职业生涯规划，也能帮助教师了解学生个人及家庭背景，而有针对性地确立培养方向。

4. 毕业后跟踪指导到位

由于严峻的就业形势，相当一部分大学生并不能在毕业后及时找到工作。学校应对这一部分学生进行跟踪服务，帮助他们树立正确的择业观，让他们认清社会，面对现实，有意识的培养锻炼自己，尽早找到工作。而对于已投身工作的较优秀的学生，学校也应建立起系统档案，经常与他们沟通，了解他们的发展动态，及时指导解决在实践中遇到的问题。

可以说，就业创业服务是为学生服务的最终宗旨。高校要结合社会、政府的就业政策，现实社会中市场经济的发展状况，健全就业创业服务体系。希望各高校能高度重视此项工作，深入实际，有效解决大学生就业难的问题。

四、建设大学生服务体系的途径

(一) 牢固树立"以人为本"的教育理念

胡锦涛总书记提出的科学发展观的核心是以人为本。为了全面落实科学发展观，提升教育质量，进一步做好大学生的思想政治教育工作，广大高校辅导员要从自身做起，转变传统单一的教育管理模式，构建"教育、管理、服务"三位一体的创新工作模式，认真做到教育育人、管理育人、服务育人。增强自身的服务意识，真正为大学生解决学习生活中的实际困难，一切从每一个大学生的实际出发，做到因人而异，因材施教，和学校其他职能部门和服务主体形成合力，一切为了学生，为了学生一切，使广大的大学生在大学的生活和学习中完成角色的转型，成为社会主义建设的栋梁之材。

（二）完善大学生服务体系的相关制度

大学生服务体系的建立和完善，要靠有力的相关配套制度的支持和制约，使大学生服务体系逐步走向正规化、制度化。例如在思想建设服务方面要定期召开时事政治报告会、主题班会、热点问题研讨会，对整个学期进行有计划的部署，必要时通过学生以书面体会和感想的形式计入学分。心理咨询服务方面，要科学制定心理调查问卷，购置心理咨询仪器，建立全体学生的心理健康状况档案。学习指导服务方面，健全完善奖学金制度和各种奖励机制，激发学生学习的积极性和创造性及科研能力。贫困生支助方面，要建立健全保障制度，提供勤工助学岗位和完善助学金制度，特别对贫困的评定要制定一整套切实可行的评定标准，有助于量化和操作性。要进一步落实就业创业制度，并根据本校的实际情况制定一系列有利于本校学生就业创业的具体政策和相关制度，设立若干就业助理，专人协助就业工作等等。通过以上一系列制度化的建设为构建大学生服务体系提供了强有力的制度保障。

（三）提供物质保障和实践载体

构建大学生服务体系要有充足的物质保障和实践载体，这需要上级领导部门和学校的大力支持，如购买实验设备、教学仪器、奖助学金、贫困补助、提供勤工助学的岗位工资都需要大量的物质保障。为了更好的服务于广大学生，要建立大量的实验实训基地、实验场所，课余时间要组织一些大学生喜闻乐见、丰富多彩的课外活动，包括参观学习、文艺汇演、主题报告、社团活动等等实践载体，这些都需要配套的物质保障。

（四）加强辅导员队伍自身建设，不断提高服务能力和服务水平

高校辅导员肩负着"教育、管理、服务"三位一体的工作职责，承担着正确引导大学生学习、生活，成为大学生人生导师的重要任务，这就要求广大辅导员要不断地提高自己的思想觉悟、理论水平和实际工作能力，坚定共产主义信念，忠诚党的教育事业，时刻以学生为本，真正解决学生学习、生活中的困难，敬业乐教，勇于奉献。这就要求辅导员老师要做到以下几点：第一，要有爱心。做学生工作要充满爱心，真心真意地体贴关爱学生，学会换位思考，使学生真正感受到老师对他的关爱。第二，对学生要有耐心，特别是对后进生要更有爱心，凡事要循序渐进，循循善诱，要知道人的思维是最难形成的，也是有规律可寻的。第三，要善于发现典型学生的特殊性。针对那些家庭出现突发事件、特殊困难、心理障碍、沉迷网络等典型学生要善于发现他们困惑的问题，经常与学生谈心，经常与家长沟通，必要时进行家访，掌握第一手资料，这样有利于具体问题具体分析，有的放矢，对症下药。第四，要注重公平，特别是在评奖评优、奖助学金发放过程中一定要做到公开透明、公平公正，这样才能树立辅导员的威信，今后更好的开展工作。第五，增强服务意识，在辅导员能力建设范畴内积极正确引导学生的学习生活，积极探索在新形势下以人为本教育的新模式。通过以上几点的反思，加强和改进工作方法，提高工作效率，创新工作模式，提升服务管理水平，使学生工作更上一个新台阶。

目前我国的高等教育已由精英教育转向大众教育，教育层次不断提高，就业创业也面临巨大压力，在这种新形势下，人才的培养关系到民族的复兴和祖国的未来。我国高校的人才培养模式能否取得新的突破，人才培养的质量能否与世界接轨，关系到国计民生和社会主义和谐社会建设，这就要求社会各界形成合力，特别是高校学生教育工作者要在新形势下创新工作模式，增强服务意识，探索实践以人为本的具有创新精神的教育途径与方法，构建科学实效的大学生服务体系。

第十七章　辅导员队伍专业化职业化发展

高等学校的学生辅导员承担着学生的日常管理、思想教育、素质教育、就业指导与服务等与学生成长成才息息相关的工作，是学生在高校成长最直接的引导者，是高校正常教学秩序的直接维护者，是高校校园文化建设的直接组织者，是高校校风学风建设的直接实施者，是大学精神的直接营造者和传播者。然而，长期以来，辅导员却未能像专业教师一样成为一种能够长期从事的职业。"非职业化"、"非专业化"不仅使高校专职政治辅导员队伍建设受到了影响，而且给学生培养工作造成了不可估量的损失。对辅导员队伍专业化、职业化建设的研究，既是加强和改进大学生思想政治教育工作的重要内容，又是高校思想政治教育理论与实践相结合的重要课题，对于增强大学生思想政治工作的实效性，研究新时期高校思想政治工作的途径、方法和作用机制，都具有重要的理论和现实意义。

一、明确高校辅导员队伍专业化、职业化的理念

辅导员队伍的职业化、专业化发展，我们首先要明确职业化、专业化发展的理念。其次要将辅导员队伍职业化、专业化建设真正的落到实处，就应该使之与中国现行的大政方针相适应，在科学发展观的指导和引领下开展。科学发展观是指导发展的世界观和方法论，其第一要义是发展，核心是以人为本，基本要求是全面协调可持续，根本方法是统筹兼顾。在高校加强辅导员队

伍建设必须坚持以科学发展观为引领，以推动辅导员队伍整体工作水平的提高为目标，坚持以人为本的理念，充分尊重辅导员的主体地位，统筹兼顾实现辅导员队伍专业化、职业化建设的全面协调可持续发展。

（一）坚持发展的理念，整体推动高校辅导员队伍的专业化水平提升

党的十七大报告全面深刻地阐述了科学发展观，明确指出第一要义是发展。发展对于全面建设小康社会、加快推进社会主义现代化具有决定性意义。对于承担着人才培养任务的高校而言，发展不仅意味着办学规模的扩大，更重要的是教育水平和人才培养质量的提升。辅导员是高校教师队伍的重要组成部分，对学生的成长起着至关重要的作用。辅导员工作水平的高低、工作效果的好坏，直接影响到思想政治教育的效果，影响到人才培养目标的实现。因此，科学发展观指导下的辅导员队伍建设，应把着眼点和落脚点放在如何提高辅导员队伍的专业化水平上。

当前，大学生思想政治状况的主流是积极、健康、向上的。但是，随着社会的转型和改革开放的进一步深入，大学生思想活动的独立性、选择性、多变性、差异性明显增强，受到各种思想文化的影响明显增多。目前，在一部分大学生中不同程度地存在政治信仰迷茫、理想信念模糊、价值取向扭曲、诚信意识淡薄、社会责任感缺乏、艰苦奋斗精神淡化、团结协作观念较差、心理素质欠佳等问题。随着全球经济一体化、政治多极化和文化多元化，西方敌对势力妄图通过经济、政治、文化的渠道传播西方资产阶级的政治观点、价值观念、生活方式，影响和争夺我们的下一代。

因此，在新的历史条件下，还需要辅导员在工作内容、工作方式、工作渠道、团队精神、团队文化及管理体制、队伍建制等方面与时俱进、不断发展。只有发展才能增强辅导员队伍的活力，才能提高工作水平，推动工作开展。而实现上述目标的唯一

渠道就是要在坚持发展的原则下，加强辅导员队伍的专业化建设，提高高校辅导员专业化水平。要通过提高理论水平、工作水平和学历水平，快速适应形势发展要求，将思想政治教育与大学生思想实际紧密地结合起来，真正担负起学生的人生导师的重任。

（二）坚持以人为本的理念，全面推进高校辅导员队伍职业化进程

以人为本是科学发展观的核心，实现辅导员队伍的职业化发展必须坚持以人为本。中央 16 号文件强调，辅导员、班主任工作在大学生思想政治教育第一线，任务繁重，责任重大，学校要从政治上、工作上、生活上关心他们，使他们在平凡的工作岗位上超热情、超智慧、超水平地开展工作。

首先，要充分肯定和高度认同辅导员的工作价值和地位，尊重辅导员工作的主体性，充分发挥辅导员的积极性、主动性、创造性。辅导员在第一线了解学生、熟悉学生，用大学生喜欢和熟悉的方式与学生沟通，通过开展形式多样的活动教育引导学生，创造性地开展工作，实践证明他们的工作是有成效的，是其他工作不可替代的。只有充分信任和认同辅导员的工作，做到思想上信任，工作上放手，制度上规范，待遇上保证，在赋予其责任感的同时，增强他们对工作的自豪感和荣誉感，对队伍的认同感和归宿感，鼓励他们在自己的工作领域内尽情挥洒自己的青春才华，才能进一步激发辅导员的工作主体性，推动辅导员在大学生思想政治教育工作中充分发挥好主导性作用。

其次，要充分认同和解决辅导员的实际困难，运用职业生涯规划和发展理论科学规划辅导员成长路径。一般情况下，辅导员面临的困难主要表现在三个方面：一是大学生思想政治教育工作难度加大，强度大，责任大，辅导员在工作推进上面临困难；二是辅导员在学历提高、职称评定、职务晋升上存在困惑，在个人发展规划上面临困难；三是辅导员承受着经济、住房、抚育孩子

等现实问题带来的生活压力。对此，应重视辅导员的实际困难，在工作上帮助他们提高认识，认真做好传帮带，搞好业务培训；在个人发展上，积极引导他们将自己的发展与学校的发展、社会的发展、国家的发展相结合，指导、帮助其制定个人职业发展规划，将辅导员纳入学校人才培养体系和干部培养体系；在生活上，结合学校实际制定相关政策，保证辅导员生活的基本条件。对于工作和生活上遇到困难的辅导员，要积极协助、真情关怀，贯彻落实好中央16号文件及其有关配套文件精神，落实好《普通高等学校辅导员队伍建设规定》等有关政策，从根本上解决辅导员遇到的实际困难和问题，真正做到尊重辅导员的工作和生活，理解、关心辅导员的情感和思想，帮助辅导员走出困境、赢得发展，为高校辅导员队伍的职业化发展营造良好的环境氛围。

第三，要把对辅导员的严格要求与人性化管理相结合。辅导员是学生日常思想政治教育和管理工作的组织者、实施者和指导者，在与学生的长期接触中，他们的一言一行，都会对学生产生直接或间接的影响。因此，高校对辅导员队伍的职业化发展必须提出更高标准，严格要求辅导员站在政治的高度认真贯彻党的育人方针，扎实履行育人职责。与此同时，对辅导员的严格要求要和人性化管理相结合，两者相辅相成，不可只强调一方而忽视另一方。在辅导员开展工作中遇到困难的情况下，要多帮助少指责，多鼓励少批评，要像关心、爱护学生的成长一样理解、爱护辅导员，让辅导员感受到来自学校、领导的理解和支持，从而帮助辅导员增强克服困难的勇气、解决问题的信心和开展工作的干劲。

（三）坚持统筹兼顾的理念，积极推进辅导员队伍的"专业化"培养和"职业化"建设，全面实现辅导员队伍建设的全面协调可持续发展

科学发展观的根本方法是统筹兼顾，基本要求是全面协调可持续。以科学发展观引领辅导员队伍建设，就必须从全局着手，

正视辅导员队伍建设存在的薄弱方面，抓住关键环节，坚持统筹兼顾，集中精力解决主要问题，使辅导员队伍实现全面、协调、可持续发展。

首先，坚持统筹兼顾，实现辅导员队伍结构"优质化"，是实现辅导员队伍职业化、专业化发展的前提。高校辅导员队伍是具有一定结构的系统。辅导员队伍结构合理，就能有效带动辅导员工作水平的全面提高，其思想政治教育的功能就能够充分发挥，有利于推进辅导员队伍的"专业化"发展和"职业化"建设。因此，要根据高等教育发展的要求不断地从年龄构成、专业组合、性别比例等方面优化辅导员队伍的结构。

其次，坚持统筹兼顾，实现选拔人才与人才流动"科学化"，是实现辅导员队伍职业化、专业化发展的保证。随着我国高等教育事业的蓬勃发展，迫切需要选拔培养一支高水平的辅导员队伍指导和引领大学生全面发展、健康成长，这更是实现高校培养目标的重要保证。在选聘辅导员时，可从结构决定功能的系统论原理出发，充分考虑团队结构的特点和长远发展的需要，在科学评价选留辅导员个体综合素质的基础上，充分考虑辅导员个人专长和特点，以及与团队建设需要的切合点，把其选留到合适的团队。从选拔条件上，不仅要看学历和意愿，更要考察其政治素质、思想作风和工作能力、组织能力；从选拔渠道上，不仅从应届毕业生、在职青年教师、保送研究生中进行招聘，还要注意吸收一些具有丰富党政业务经验的干部和老教师。作为高素质人才的辅导员队伍，永葆青春和活力的源泉在于流动。高校辅导员队伍建设应坚持相对稳定与合理流动相结合，畅通出口、鼓励合理流动，实现在动态中保持相对稳定。要采取有力措施，真正做到政策留人、待遇留人、事业留人。同时，为了优化辅导员队伍的人员结构，应健全退出机制，及时淘汰态度不认真、工作不合格的辅导员，不断增强整个队伍的凝聚力和战斗力，实现辅导员队伍的专业化、职业化发展。

第三，坚持统筹兼顾，实现工作推动与辅导员"两化"发展双促进，是实现辅导员队伍职业化、专业化发展的助推器。高校应采取有力措施，重视并落实辅导员的工作职责，明确辅导员的责、权、利，用好辅导员，旗帜鲜明地支持辅导员工作和维护辅导员地位，进一步优化辅导员工作环境，为其创造有利的工作条件，确保辅导员能够把全部精力投入到学生思想政治教育这个"主业"上。实现在推动工作的过程中提升专业水平，在加强专业化建设的过程中促进工作的目的，真正使辅导员在其位、谋其职、展其才，实现职业化发展，并逐步向专家化方向发展。

二、专业化职业化发展对辅导员的素质要求

高校辅导员是大学生健康成长的引路人，肩负着教育育人、管理育人、服务育人的重要职责。辅导员自身素质和形象深刻感染并影响着学生，辅导员的工作关系到学生全面成长。辅导员的言行举止都将影响着学生的身心发展，这就是"桃李不言，下自成蹊"的道理，只有具备这样的素质，才能在人格上赢得学生的心，使他们接受其教育。以科学发展观为指导，以教育部的政策为依据，坚持以人为本，从辅导员队伍自身的发展出发，解决辅导员队伍建设中存在的问题，全面提高辅导员素质，是现阶段高校面临的一项重要任务。

新形势和新挑战对高校辅导员素质发展提出了更高要求。新时期，高等教育国际化带来了学生价值观念的多元化，高等教育大众化带来了学生群体的多样化，而学分制在高校的普遍实行淡化了以班级为教育主渠道的传统思想政治教育模式。一方面高校学生思想政治教育面临众多挑战，对辅导员的理论水平、思想观念、知识结构、管理和服务能力等提出了新的要求。

（一）思想政治素质

《中共中央、国务院关于进一步加强和改进大学生思想政治教育的意见》中明确指出：加强和改进大学生思想政治教育，提

高他们的思想政治素质，把他们培养成中国特色的社会主义事业的建设者和接班人，对于全面实施科教兴国和人才强国战略，确保我国在激烈的国际竞争中始终处于不败之地，确保实现全面建设小康社会，加快推进社会主义现代化的宏伟目标，确保中国特色社会主义事业兴旺发达、后继有人，具有重大而深远的确战略意义。高校辅导员是工作在高校第一线的学生管理人员，是高校思想政治工作的骨干力量。作为从事学生德育工作的辅导员，具备较高的政治思想素质和理论水平，是做好政治辅导员的前提。辅导员是高校德育工作者队伍的主体，基础任务是对大学生进行思想政治教育，帮助大学生树立正确的世界观、人生观和价值观，这就要求新形势下高校辅导员要深入理解和掌握中国特色社会主义理论体系，具备较高的理论和政策水平，不断提高自觉运用马克思主义的立场、观点、方法分析问题和解决问题的能力，增强政治敏锐性和鉴别力，为更好地从事思想政治教育工作打下坚实的理论基础。

（二）道德品质素质

教师的人格力量是任何教科书、任何道德箴言、任何奖励和惩罚手段都无法代替的一种教育力量，良好的师德和人格形象是学生学习的榜样，对学生健康人格的形成和发展将产生潜移默化的作用。高校辅导员直接面对学生开展工作，他们优秀的道德素质具有强大的感召力，工作往往达到事半功倍的效果。辅导员在培养自己的学生具有良好道德修养的同时应努力提高自身修养。辅导员要带头遵守公民基本道德规范。辅导员应具有良好的职业道德，既然从事了辅导员这项职业，那么就必须要热爱本职工作，关爱学生，这是职业道德最基本的要求。所有工作要做好都必须源于发自内心的"爱"，辅导员要有强烈的责任心，把学生当成自己的亲人，"想学生之所想、急学生之所急"，"一切为了学生、为了学生的一切、为了一切学生"，为学生办好事、办实事。辅导员要具有爱国主义情怀和情感，能够继承和发扬中华民族的优良传统和革命传统，用自己的实际行动感染教育学生具备优良的道德品质。

辅导员优秀的道德素质包括：（1）个人品德。主要指辅导员品德高尚，和蔼可亲，平易近人，豁达宽厚，正直坦诚，作风正派，实事求是，乐于奉献，严于律己等；（2）职业道德。第一，具有崇高的职业信念，热爱辅导员工作，热爱并尊重学生，具有强烈的事业心、奉献精神和社会责任感，勇于进取，奋发向上，关心学生的学习生活及情感状况，及是时发现问题，引导学生健康发展。第二，具有崇高的职业道德品质和崇高的精神境界。辅导员具有的高尚道德品质和崇高的精神境界在工作中将无形地感召学生。第三，具有创新教育理念，要根据学生的特点，采取因材施教的人本管理理念，在工作中善于激发大学生的热情，教育学生学会学习，学会做人，学会处事，真正做到一切以学生为本，一切为了学生。

（三）业务能力素质

新时期学生思想政治工作是一个复杂的系统工程，涉及面宽，环节多，任务重，突发性和不可预测性事件时有发生．辅导员站在学生工作的第一线，面临着巨大的压力和挑战，这就要求辅导员应具有较强的业务能力，不仅要具备有良好的组织管理能力，沟通协调能力，语言表达能力和调查研究能力，还要有驾御复杂局面，把握大局稳定的能力。只有具备这样的素质，才能增强思想政治工作的预见性、科学性、实效性和针对性，更好的服务于大学生的成长成才。一名理想的辅导员在具有一定的思想工作专业知识的前提下，应当拥有广博的社会文化知识。当代科学一体化的趋势要求通识教育与专业教育相结合，科学教育与人文教育相结合，理论教育与社会实践相结合的 KAQ 模式（即知识 Knowledge、能力 Ability、素质 Quality 三个词的英文缩写）。这就要求辅导员的知识结构必须兼顾专与博两个方面。

（四）人文心理素质

当前，随着市场经济体制的不断完善，大学生面临的各种社会压力日益增多，如何提高大学生的安全防范能力和心理健康调适能力，是全面提高人才培养质量的重要要求。在这个过程中，辅导员自身的心理素质就显得十分重要了。因此，辅导员在工作过程中不仅要凭借扎实的业务能力和良好的文化素养，更需要良好的心理素质和必备的心理健康知识。辅导员作为学生大学生活的"导师"，从管理心理学与激励理论的角度来分析，需要是个体在生活中感到欠缺时力求获得满足而产生的一种主观状态，它是客观需求的反映。心理学所揭示的规律告诉我们，动机支配人们的行为，而动机又产生于需要，行为就是满足需要的过程。因此，动机和行为都是以需要为轴心的，是个体行为的内驱力。辅导员除了要具有一般的需要外，还应具有以下特点：一是以育人为中心，要把培养学生当成最重要的事情，当成自己的乐趣。二是注重精神追求。改革开放以来，教师的待遇有较大的提高、但与其他一些行业相比，还有相当大的差距。辅导员只有将自我需要与动机调整到注重精神追求的层次，才能适应思想政治工作的需要。保持良好的心态。三是人的道德标准、道德观念、道德信仰一旦形成，并通过实践锻炼成为牢固的道德习惯，就可以和人的需要体系融合为一体，在人的一生中发挥巨大作用。辅导员必须自觉地以一定的道德标准制约需要，决定一些需要的取舍，力求使自己的思想行为符合社会要求，能够成为学生的表率。

三、高校辅导员队伍专业化、职业化发展的体制建设

高校辅导员队伍的专业化、职业化发展离不开系统、缜密的体制来做保障。针对目前我国高校辅导员队伍面临的实际问题，根据高校辅导员队伍专业化、职业化发展理念的指导，高校辅导

员的体制建设应该按照下面的方案逐步改进。

（一）政策法规、建章立制是辅导员队伍专业化、职业化建设的保障

《中共中央国务院关于进一步加强和改进大学生思想政治教育的意见》（中发〔2004〕16号）文件的颁布，表明了党和国家对高校辅导员工作的重视和关怀，而各高校也都知道辅导员队伍在学生思想政治教育中的重要地位和作用，但由于没有政策法规的约束，考虑到办学成本，很多高校出现了"说起来重要，干起来次要，忙起来不要"的现象。同时还存在对辅导员的考核较多，培训较少，要求太多，关心太少的情况。辅导员由于花费了大量的精力和时间在学生工作上，从而导致了自身在理论和学术研究方面投入太少，职称上不去，工资待遇低，影响自身发展的同时也严重影响了高校的思想政治工作。因此，在辅导员队伍建设的目标确立之后，制度建设十分重要，制度的执行更为关键。高校应以发展的战略眼光，紧密结合高校实际落实好中央精神和国家政策，采取更加有效的措施，通过明确的制度体系建设，来保障辅导员队伍"两化"发展的实施，使辅导员工作有条件、干事有平台、发展有空间，最大限度地调动辅导员的积极性和创造性，推动辅导员队伍整体工作水平的不断提高。

（二）转变观念、增强意识是辅导员队伍专业化、职业化发展的前提

思想是行动的先导。要从根本上实现我国高校辅导员工作队伍的专业化、职业化发展，关键在于改变观念。要通过政策法规，增强社会、高校对辅员队伍的主体地位和身份意识的认同；提高辅导员自身的教育意识、管理意识和服务意识，使辅导员成为学校中不可或缺、具有吸引力的工作岗位，使辅导员工作成为优秀人才能够终身从事的事业。逐步使辅导员具有思想政治教育学、心理学、教育学、社会学等多方面的学科知识背景，努力打造一支具有良好敬业精神、较强工作能力、深厚学术素养的职业辅导员队伍。

同时，辅导员工作的职业化、专业化发展必然要求辅导员队伍逐步向专家型发展，只有在思想政治教育相关领域进行思考甚至深入研究以后，辅导员才能真正成为学生思想政治教育方面的专家。所以辅导员要增强作为以思想政治教育为中心的教师身份意识，要积极参与"思想政治理论课"教学，参与"思想政治理论课"科研工作，在教学中运用知识提高做思想政治工作的能力，在科研中沉淀知识提升做思想政治工作的水平，走实践与科研相结合、学习与工作相结合的道路，使辅导员工作走上学科化、学术化的发展方向。逐步使辅导员具有思想政治教育学、心理学、教育学、社会学等多方面的学科知识背景，实现辅导员队伍的专业化、职业化发展，努力打造一支具有良好敬业精神、较强工作能力、深厚学术素养的职业辅导员队伍。

（三）完善学科、注重培养是辅导员队伍专业化、职业化的有效途径

大学生思想政治教育是一门科学，有它自身的规律和要求，需要进行研究和探索，应当成为思想政治教育的分支学科。目前，国家设立了马克思主义理论一级学科，思想政治教育作为二级学科，有本科、硕士、博士的培养能力。但实践表明，思想政治教育专业无法取代大学生思想政治教育专业。高校辅导员给予学生的指导和帮助除思想政治素质的教育以外，还有为学生提供学习方法、心理咨询和职业规划等方面的内容，这需要相应的专业知识和专业技能。因此，有必要在现有基础上建立大学生思想政治教育专业，进行硕士、博士培养，一方面加强科学研究，一方面培养一支专业化的辅导员队伍，促进辅导员队伍的职业化发展。

在学科建设的基础上拓宽交流平台，建立自身的专业组织，能够为辅导员提供沟通和交流的载体，也是促进辅导员队伍专业

化、职业化发展的有效方式。这种专业组织可以提供包括党团建设、沟通技巧、心理咨询、职业生涯规划、就业指导等的专业指导和服务，这有利于辅导员间的相互学习交流，有利于工作的研究创新，有利于督促辅导员提高自己的工作能力和专业化水平。目前，全国首个高校辅导员协会已在复旦大学正式成立，这是高校学生辅导员队伍走向职业化进程的一个新举措。

（四）管理规范、注重考评是辅导员队伍专业化、职业化发展的关键

科学合理的管理体制是确保热爱大学生思想政治教育事业的高素质人才源源不断地涌人到辅导员队伍中来的保障，也是高校辅导员队伍专业化、职业化建设的前提。高校要努力建立一套既能立足当前，有效解决突出问题，又能着眼长远，保证辅导员队伍专业化与职业化建设不断推进的管理和领导体制。一方面，应把辅导员岗位设置几个等级，每个等级都有明确的条件和对应的岗位津贴，突出与工作实绩挂钩，有利于提高积极性，激发创造性，使辅导员不断向专业化、职业化方向完善和充实自我。另一方面，解决辅导员"出路"问题。国家文件明确规定辅导员既是教师，也是管理干部，因此，其发展道路也要按照教师和管理干部的相应序列予以保障。要创新辅导员的组织人事管理和职称管理制度，建立从一般辅导员到正处级辅导员的职务层级，从助教到教授的职称层级，鼓励有志于辅导员事业的优秀同志终身从事辅导员工作，保证安定人心，稳定队伍，促进专业化与职业化的实现。

考核评价是对辅导员规范管理的重要组成部分。高校辅导员担负着对涉世不深的大学生思想引导、事务管理、发展设计、成才导航的重任，辅导员队伍素质高低无疑对大学生有着重要的影响，是实现辅导员队伍专业化、职业化的重要保证。辅导员工作的特殊性决定了在考核辅导员方面需要建立一个专门的考评体系和标准，而不是参照管理人员或是教师的考核标准，要将辅导员

的专业特点凸显出来，使得辅导员的工作实绩得到显现，以考评机制促进激励机制，从而有效地调动辅导员的工作积极性、主动性。应结合辅导员的工作职责，从政治指导、思想教育、学习指导、行为引导和事务管理，以及做好与家长和社会的沟通、协调工作等方面对其进行专业化定性考核和量化考核，逐渐完善考评体系，使高校辅导员的专业化、职业化发展方向更加明确。

　　总之，在新的形势下，高校辅导员队伍的建设显得尤为重要，只有积极推进"专业化"培养和"职业化"建设，才是在目前条件下解决辅导员队伍建设的有效措施和发展方向。专业化和职业化，都是为了促进职业的发展，都要提高从业者的知识和技能，提高该职业的社会地位和从业者的收入水平，在目的以及最终要达到的状态上有很大的共通性。如果说辅导员职业化将要求从业者长期甚至终身从事辅导员工作，进入职业有相当高的壁垒和标准，那么要达到这样的程度也必然要求辅导员的专业水平不断提高。而辅导员专业水平的提高，专业化的辅导员能够存在，也会表现为辅导员职业成为长期稳定的职业，有较高的准入门槛。因此，专业化和职业化并不是冲突和矛盾的，而是辩证统一的。要推进专业化，必然要求有职业化的从业队伍，而要实现职业化，也必须要从业人员有专业化的水平。通过职业化的辅导员队伍建设，使得这支队伍具有良好的职业化素养、较高的职业化技能、统一的职业化规范。在此基础上，分别从角色定位、自身素质、队伍结构和管理等方面进行专业化建设和培养，使辅导员不仅具有扎实的思想政治教育、心理学、管理学等学科的知识和理论，而且还具备较高的文字表达能力、心理沟通能力和组织管理能力，成为高素质的思想教育管理人才，成为高校学生工作的专家、高校教师队伍中一支不可替代的力量。

第十八章　辅导员队伍能力建设
的管理与保障

　　建设学习型辅导员队伍是一项重要的系统工程，需要各级党委、教育主管部门、高等学校采取多种措施，建立和完善有利于学习型辅导员队伍建设的制度，提供必要的物质条件。坚持和加强党对学习型辅导员队伍建设的领导是根本保证，从建设学习型基层党组织做起，为建设学习型辅导员队伍塑造自身建设的典范，保证学习型辅导员队伍建设沿着正确的方向前进。引进现代教育管理理念，借鉴管理科学的最新成果，切实加强和改进学习型辅导员队伍的制度建设和各项管理，是实现学习型辅导员队伍建设目标的重要保证和重要条件。通过多种途径和方式，营造切实加强学习型辅导员队伍建设的良好环境与氛围。

一、全面加强辅导员队伍能力建设的组织领导

　　大学生思想政治教育能否增强时效性、针对性，大学生能否全面发展、和谐健康成长，关键是能否建设一支高水平的辅导员队伍。随着改革开放的深入发展，以及全球一体化、网络化的发展，当前大学生的思想呈现出多元化、个性化的发展趋势，这种情况下要想做好大学生思想政治教育工作，建立一支高素质、学习型辅导员队伍是必然要求。学习型辅导员队伍的建设，是一项涉及面广泛的系统工程，从思想认识到管理体制，从政策、制度到培养规划都离不开学校对辅导员队伍建设的全面领导

（一）加强党委对辅导员队伍能力建设的领导

学校党委要把辅导员队伍建设始终放在加强和改进大学生思想政治教育工作的突出位置，提高对学习型辅导员队伍建设的重要性认识，统一领导和规划学习型辅导员队伍建设工作。

首先，学校党委要明确辅导员队伍的定位和职责，为辅导员队伍专业化、职业化发展以及建立学习型辅导员队伍开辟道路。中央 16 号文件指出："高校辅导员是学生思想政治工作的骨干力量，是高校全面实施素质教育，开展学生思想政治教育工作，确保学校稳定的一支重要力量。2006 年辽宁省出台了《辽宁省普通高等学校辅导员工作规程（试行）》等一系列文件和政策，进一步明确辅导员是高等学校教师队伍和管理队伍的重要组成部分，是教师和干部的双重身份，要求高校明确辅导员的教师身份，成立独立的辅导员职称评审组，单独设定评聘比例。要把高校辅导员的培养纳入学校师资培训规划和人才培养计划，享受专任教师同等待遇，为辅导员获取工作信息和资料创造条件、提供方便，鼓励、支持辅导员结合大学生思想政治教育工作实践和思想政治教育学科的发展开展研究，承担大学生思想道德修养与法律基础、形势政策教育、心理健康教育、就业指导等相关课程教学工作。高等学校党委也要从战略高度认识到辅导员队伍不但是管理队伍的组成部分，更是教师队伍的组成部分，辅导员队伍的建设和发展，离不开对这支队伍的定位认识和深化与发展。

其次，高等学校党委要提高对建设学习型辅导员队伍的重要性认识。目前，我国正处在社会转型、体制转轨、观念转变的时期，在此背景下的学生思想政治教育工作面临着不可多得的机遇，同时也面临着前所未有的挑战。辅导员是开展大学生思想政治教育的骨干力量，却承担着众多本应由后勤服务等部门负责的事物性工作，使辅导员很难再有充足时间对学生进行思想政治教育和指导，使他们蜕变为学生的生活保姆。实现辅导员从生活保姆到思想导师的转变，是时代发展对辅导员工作的必然要求。青年人对于许多事物的认识和理解难免片面和偏激，对于自身以及人与人关系的认识和把握也必然存在一些模糊的认识。辅导员应当因势利导，循循善诱，积极教育他们全面认识国家、民族和社会，全面认识他人和自我，客观看待社会发展过程中的负面现象，客观评价身边的事物，正确对待自己的优点和缺点。辅导员还应通过自身不懈努力，使学生自觉树立正确的世界观、人生观和价值观，树立正确的理想信念；使学生自觉培育和弘扬民族精神，发扬和传承爱国主义传统；使学生严格自律，明明德，知荣辱，具有良好的公民道德素养；使学生全面发展，挖掘可塑潜质，拓展成长空间，提升自我能力，真正成为他们的思想导师。而提高辅导员队伍的自身素质是实现辅导员从生活保姆到思想导师的转变的重要保证，建设学习型辅导员队伍是大学生思想政治教育发展的必然要求。

最后，建设学习型辅导员队伍，离不开分工明确的管理体系。建设学习型组织高校党委书记和校长是加强辅导员队伍建设的主要责任人，负责学生工作的校党委副书记是直接责任人。校党委学生工作部为具体落实部门，负责专题研讨辅导员队伍建设工作，明确辅导员的岗位职责，在辅导员选聘、任用、管理、教育、培养和发展等方面采取切实有效措施，为辅导员队伍的建设提供政策和制度保证，确保辅导员队伍的相对稳定性。

（二）健全辅导员工作与学生工作的管理体制

2006 年 4 月，国务委员陈至立在全国高校辅导员队伍建设工作会议上指出："制度是根本，制度管长远。要建立一套既能立足当前，有效解决突出问题，又能着眼长远，保证辅导员队伍建设不断推进的领导体制和工作机制。健全的辅导员工作与学生工作的管理体制，是建设学习型辅导员队伍的组织保证。

首先，加强和完善学校和院系"双重领导"的领导体制，教师和干部"双重身份"的管理机制。2007 年，省委、省政府专门出台文件，再次明确要求辅导员队伍实行双重领导体制。辅导员队伍实行学校和院（系）双重领导体制，学校要统一规划辅导员队伍建设工作，对分布在各院（系）的辅导员实行统一的领导和管理，各院（系）也要对所辖的辅导员进行直接管理和领导。学生工作部门是学校管理辅导员队伍的职能部门，要与院（系）共同做好辅导员管理工作。高等学校所属各院（系）要设立学生工作办公室，具体负责本院（系）辅导员的日常管理工作。学生工作办公室主任一般由院（系）主管学生工作的党政负责人兼任。高等学校应根据学校实际，设立大学生生活园区工作办公室。院（系、生活园区）学生工作办公室在学校学生工作部的指导下开展大学生思想政治教育工作。明确辅导员既是教师又是管理干部身份的管理机制，辅导员既可以按照职称评审标准评聘思想政治教育学科或其他相关学科的专业技术职务，也可以根据工作年限和实际表现晋升相应的职务待遇。

在加强和完善学校和院系"双重领导"的领导体制，教师和干部"双重身份"的管理机制方面，省内各高校都作出了有意义的探索和创新，为学习型辅导员队伍的建设，提供了有力的制度支持。辽宁大学坚持党委领导学生思想政治教育工作和辅导员队伍建设，党政共管的原则。在领导分工上，由分管学生工作的党委副书记负责抓辅导员队伍建设工作；在机构设置上，党委设立学生工作部，作为全校学生思想政治教育工作的职能部门。各学院设学生工作办公室，由学院党总支副书记负责，学生工作办公室在学生工作部指导下组织辅导员开展本学院的学生思想政治教育工作。辽宁大学、东北大学注重运用各种新的工作载体，特别是网络等现代化科学技术手段，努力拓展工作途径，贴近实际、贴近生活、贴近学生、提高工作的针对性和实效性，增强工作的吸引力和感染力。目前为止，东北大学拥有一支近30人的网络辅导员队伍，他们活跃在校内各思想政治教育红色网站，肩负着对学生开展网上思想政治教育的责任。他们通过网络了解学生思想动态，组织开展网上团支部立项活动，在论坛与大学生的沟通与交流，及时回答大学生提出的问题，对大学生进行正确的思想政治教育引导，他们牢牢的把握住网络思想政治教育的主动权，使网络成为弘扬主旋律、开展思想政治的重要手段。学校每年都开展"东北大学优秀网络思想政治教育工作者"评选活动，很多优秀辅导员受到表彰。

为切实贯彻辅导员队伍教师和干部"双重身份"的管理机制，沈阳师范大学规定，在学生思想政治工作岗位上工作满一任的，对那些政治素质好、业务能力强、有发展潜力的中青年思想政治工作的骨干予以重点培养，鼓励其长期从事辅导员工作，向职业化、专业化方向发展；同时，根据工作需要鼓励和支持辅导员到其他各级管理岗位上。

其次，适应新形势下大学生思想政治教育的需要，积极推行高校班主任（导师）制度。班导师学历较高、职称较高、学术水平较高。作为班导师，他们以专业为依托，在学生专业学习深层次指导和职业生涯规划方面具有一般学生辅导员所不具备的独特优势，班导师制是建立学习型辅导员队伍的重要方面。

为了适应新时期高等教育改革和发展要求，做好新形势下大学生思想政治教育工作。辽宁省委高校工委、辽宁教育厅联合下发了《辽宁省普通高等学校班主任（导师）工作规程（试行》。省教育厅要求，35 岁以下的理论课教师都要担任"班导师"，担任"班导师"期间的工作业绩将与教师的职称评定相结合。2006年 5 月 25 日，辽宁省委高校工委、辽宁省教育厅联合在大连民族学院举行了辽宁省高校班主任工作经验交流会，旨在推动高校的班导师制度规范、有效地进行。辽宁省高校的班导师从过去只有 1356 人，如今已经达到了 8878 人。班导师制度适应新形势下大学生思想状况多样化和日益注重个人成才发展的需求，有效弥补了专职思想政治教育工作者特别是辅导员难以覆盖指导学生的学业、尤其是指导"学什么、怎么学"等问题，进而增加了德育工作的针对性、实效性。

（三）优化政策、完善制度，发挥辅导员才智能力

建立学习型辅导员队伍，是辅导员队伍职业化和专业化建设的必然要求。同样，辅导员队伍职业化和专业化的发展，也是建立学习型辅导员队伍的前提要求。为此，在建立学习型辅导员队伍的过程中，高校必须从建立、健全辅导员队伍准入制度、管理制度、职业发展制度等一系列政策、制度入手，大力推进辅导员队伍职业化和专业化。

首先，建立严格的辅导员准入制度。目前，尽管高校对辅导员队伍的选拔，正在朝着专业化和职业化迈进，但辅导员准入门槛仍然偏低。准入门槛过低产生的直接问题是，使人们认为辅导员这个工作谁都可以做，不需要有专业知识，使一些不具备辅导员条件的人被"充实"到辅导员队伍中来。一些辅导员选择这一职业不过是权益之计。由于"身在曹营心在汉"辅导员的热情不高，责任心不强，没有长远打算，没有按职业化和专业化的要求设计自己、发展自己，不能潜心专研业务，不安心本职工作。由此，导致的另一个后果是，很多辅导员对自己的职业无法产生职业认同感，因为这个职业不被人们认为像专业教师那样具有技术含量，进而出现价值感缺失，最终影响队伍的稳定。其次，由于准入门槛过低，大量的高校辅导员缺乏专业化背景和职业化心理准备，辅导员中系统学习马克思主义理论与思想政治教育学、管理学、教育学等相关学科的人员较少。一项调查表明，当前辅导员队伍的学科结构具有如下特点：具有马克思主义理论与思想政治教育专业学科背景的占被调查人数的 9.6%，教育学、心理学和社会学学科专业背景的占 3.8%，这两类专业与辅导员相关专业要求贴近，但相加只有 13.4%，相对较少。理论水平有限，使得一些大学生思想困惑不能从辅导员那里得到有效解决，对大学生的教育和引导不到位。因此，高校必须要像重视业务教师选拔那样重视辅导员选拔，建立严格的准入制度，使辅导员产生职业认同感觉。

其次，完善管理制度。管理制度是实现建设目标的手段，科学合理的管理制度可以使队伍实力大大增强，使其发挥充分作用。没有完善的管理规范，辅导员管理只能是纸上谈兵，辅导员工作就会因人而异，工作效率就很难提高。管理规范是明晰辅导员工作职责的手段，是辅导员考核评价的主要依据，是建设科学化、职业化、专业化的基础。这个规范必须与时俱进，但不能朝令夕改，不能因领导的变化而变化。辽宁大学在辅导员管理规范方面，先后出台了《辽宁大学关于加强和该进大学生思想政治教育的若干意见》，制定并实施了《辽宁大学学生辅导员管理办法》、《学生辅导员工作职责》、《学院分管学生工作总支副书记兼副院长职责范围》、《辅导员考核管理办法》等，促进了辅导员队伍建设的制度化、规范化。

最后，建立和完善辅导员职业发展制度。目前，辅导员工作的角色模糊和相关激励发展机制不健全大大影响了辅导员工作的积极性，有相当数量的辅导员并未将辅导员视为一种长期的固定职业。所以，目前高校面临的不仅是如何选拔辅导员问题，更是如何留住辅导员和留住高水平辅导员的问题。因此要加强辅导员的专业化和职业化发展，采取必要措施，保障扶持辅导员职业发展，只有这样才能真正增强辅导员队伍的职业吸引力，为他们搭建实现人生价值的平台，使他们产生事业归属感。一是要完善辅导员职称评聘管理制度。辅导员的本职工作是进行大学生思想政治教育，不可能用多少学时来计算。繁杂的学生日常管理事务压身，辅导员大多无暇写作理论高深的学术论文。另外，大学生思想政治教育方面的学术期刊非常少，要发表一篇论文实在难之又难。同时，辅导员的职业特点使得其工作成效要由学生的长期发展来展示，短期考核难以表现出来，因此工作难以量化和考评体系的不完善在相当程度上影响了辅导员的职业成就感。根据职业发展理论的启示和现实的需要，高校应重点考虑辅导员职称体系的建立，高校在制定职称评审办法时，应在考虑学生思想政治教育工作的复杂性和艰巨性基础上，将职业化辅导的职称评审标准与专业教师区分开来，按德、能、绩、效的标准，建立一套与辅导员定位、特点、规律相适应的职称评聘体系。二是落实辅导员职务晋升政策。目前，多数辅导员的最高行政级别是科级，特别优秀的晋升为学院党总支副书记（副处），但毕竟副书记的职位空缺有限。随着工作年限的延长，辅导员的工作劲头难免渐渐降低。为此，高校要为这支队伍制定专门的政策，促进这支队伍的职业发展，施行辅导员岗位聘任制，职级制。即可以根据辅导员的工作年限和考核情况，使辅导员可以享受副科职、正科职、副处职、正处职待遇。大连理工大学在这方面已经开始了有益的尝试。

（四）制定辅导员中长期培养规划，整合教育资源

辅导员队伍的培养、培训是加强辅导员队伍建设的关键环节，也是建立学习型辅导员队伍的重要步骤。制定辅导员队伍中长期培训计划，是辅导员队伍职业化、专业化建设的保障，通过培训为辅导员的未来发展奠定坚实的基础。

规划要以马克思列宁主义、毛泽东思想、邓小平理论和"三个代表"重要思想为指导，全面落实科学发展观，深入贯彻《普通高等学校辅导员队伍建设规定》（教育部令第24号）和《中共辽宁省委、辽宁省人民政府关于进一步加强和改进大学生思想政治教育的实施意见》（辽委发【2005】118号），文件精神。

规划要坚持系统性原则。加强对培训需求的调研，优化培训内容；制定切实可行的教育培训实施计划，使用注重实效的培训教材；努力提高师资水平；建立和完善教育培训评估体系，做到严格考核和管理。坚持层次性原则。坚持上岗培训与日常培训、专题培训相结合，中长期学习与短期培训相结合，学历教育与在职培训相结合，国内培训与国外研修相结合，骨干培训与全员培训相结合，逐步建立分层次、分类别、多渠道、多形式、重实效的培训格局。坚持实践性原则。着眼于大学生思想政治教育工作的实际，紧密联系新形势、新任务，联系辅导员思想和工作实

际，把学习理论同解决问题、总结经验、推进工作结合起来，学以致用。坚持创新性原则。遵循教育培训规律，积极借鉴国内外优秀的教育研究成果，不断丰富和创新辅导员教育培训的内容与模式，努力体现时代性、规律性、创造性和实效性。

规划要明确和完成以下工作任务：一是建立健全辅导员培训体系。以教育部举办的全国辅导员骨干示范培训为龙头，以辅导员培养、培训基地举办的上岗培训和专题培训为重点，以中央及省举办的哲学社会科学骨干教师（辅导员）培训为补充，以高等学校举办的日常培训为主体，上岗培训、专题培训和日常培训相互补充，学习考察、学位进修、科学研究、研讨交流互相结合。构建分层次、多形式的培训体系。二是建立健全辅导员培训制度架构。建立健全辅导员持证上岗制度、定期培训制度、例会制度和在职学习制度，新任辅导员必须接受上岗培训，并取得高等学校辅导员培训证书方能上岗工作。三是依托辽宁省高等学校辅导员培养基地，鼓励辅导员攻读思想政治教育专业（辅导员方向）博士、硕士研究生，培养职业化、专业化的骨干辅导员。四是建设高水平的师资队伍。建立高水平的培训师资库，从具有较深理论功底和丰富实践经验的高等学校党政领导干部、专家学者和优秀辅导员中选聘兼职教师，不断优化师资配置，高度重视对师资队伍的继续培养，在政策和资金上给予优先保证。五是构建辅导员教育培训课程体系。积极吸收国内外优秀研究成果和实践经验，贴近高等学校辅导员工作实际，制定培训大纲，编写和使用精品教材，制作相关的课件，逐步建立科学合理、绩效突出，以理论学习、技能训练和案例教学为重点的辅导员培训课程体系。六是实施辅导员学位提升工程。选送优秀辅导员攻读思想政治教育专业硕士学位和博士学位。积极鼓励和支持骨干辅导员攻读相关学位和业务进修，提高政治素质和业务水平，长期从事辅导员工作，向专业化、职业化方向发展。七是探索高等学校辅导员培训的多种形式。各高等学校要创造条件，积极组织辅导员参加社会实践、挂职锻炼和学习考察；加强高等学校之间的学习交流，通过互派访问学者、联合举办名师讲坛、辅导员工作论坛等，不断拓展高等学校辅导员的工作思路，提升他们解决实际问题的能力，提高队伍的综合素质。

二、全面提升辅导员队伍能力建设的管理水平

学习型辅导员队伍的建设，离不开科学管理，科学的管理离不开学习计划的落实和监督、离不开正确的舆论导向作用、离不开相互沟通和协作，同时也离不开校园良好人文环境。

（一）加强学习计划的落实和过程监督

学习型辅导员队伍建设是一个系统过程，学习计划的落实和过程监督包括事前监督、事中监督、事后监督，个人监督和团体监督。

首先，加强学习计划的考核监督。为保障学习计划落到实处，各学院应根据本学院的实际情况，制定学院的学习计划其中包括理论学习和专业技能学习。学校应根据学院上报的学院计划，随时进行监督和抽查。学校应制定《辅导员理论和技能学习管理考核办法》，通过对辅导员理论和技能与业务的考核，以考试的形式实行监督。考试的内容应该包括政治素养和专业技能及业务知识，考试的结果将作为评优重要参考。在考核的同时，学校应开展多种方式的学习竞赛活动，每年评选和表彰学习先进的集体和个人。

其次，坚持多渠道分层次培养。加强辅导员队伍的多渠道培养就是充分发挥辅导员队伍培养主体的力量，使其各负其责，不断为辅导员多渠道培养出实招、抓实效。实施辅导员学位提升计划，通过免试保送品学兼优的应届本科毕业生攻读思想政治教育专业（辅导员方向）硕士学位的方式，为学校培养研究生层次、具有硕士学位的辅导员；通过培养思想政治教育专业（辅导员方向）硕士、博士研究生，对辅导员进行在职学历提升，培养一批

大学生思想政治教育工作骨干。

最后，多渠道搭建学习和研究平台。一是加强辅导员工作理论研究，提高思想政治教育工作水平，在高校开展思想政治教育工作研究立项，并给予经费支持，鼓励辅导员在大学生思想政治工作方向开展专题研究。二是结合专业特点，加强实践考察，有针对性开展大学生思想政治教育工作。

（二）发挥理论、政策、典型导向的作用

学习型辅导员队伍的建立，必须充分调动广大辅导员的积极性，要从理论、政策、典型等多方面入手，引导辅导员积极参与学习型辅导员队伍建设。

首先，宣传学习型组织理论。知识经济迅速崛起，对高等教育事业提出了严峻挑战，现代人工作价值取向的转变，终身教育、可持续发展战略等当代社会主流理念对组织群体的积极渗透，为组织学习提供理论上支持。学习型组织的内涵包括：一是学习型组织基础－－团结、协调及和谐。组织学习普遍存在"学习智障"，个体自我保护心理必然造成团体成员间相互猜忌，这种所谓的"办公室政治"导致高智商个体，组织群体反而效率低下。从这个意义上说，群体的团结，组织上下协调以及群体环境的民主、和谐是建构学习型组织的基础。二是学习型组织核心－－在组织内部建立完善的"自学习机制"。组织成员在工作中学习，在学习中工作，学习成为工作新的形式。三是学习型组织精神－－学习、思考和创新。此处学习是团体学习、全员学习，思考是系统、非线性的思考，创新是观念、制度、方法及管理等多方面的更新。四是学习型组织的关键特征－－系统思考。只有站在系统的角度认识系统，认识系统的环境，才能避免陷入系统动力的旋涡里去。五是组织学习的基础－－团队学习。团队是现代组织中学习的基本单位。许多组织不乏就是组织现状、前景的热烈辩论，但团队学习依靠的是深度汇谈，而不是辩论。深度汇谈是一个团队的所有成员，摊出心中的假设，而进入真正一起思考

的能力。深度汇谈的目的是一起思考，得出比个人思考更正确、更好的结论；而辩论是每个人都试图用自己的观点说服别人同意的过程。高校辅导员队伍是学习能力比较强，高智商的团队，这样一个队伍建立学习型组织，必将对大学生思想政治教育带来创新与活力。

其次，多政策引导学习型辅导员队伍建设。一是建立学科支撑，保证学习的有效性。在马克思主义一级学科下设立"高校学生思想政治教育二级学科"，并建立若干发展方向，如思想政治教育、党建工作、学生活动指导、社区工作、职业发展教育等。同时根据队伍多元化的要求，也可在高等教育学、教育经济与管理等二级学科设立专门方向，培养不同学科背景的优秀人才。依托学科建设，争取更多资源支持，实行专业起点、专业培养、就业后又能专业使用，解决学生工作者长期没有学科归属感的困惑，培养出队伍自身的专家、领导、学科骨干人员和一批接班人。二是开展思想政治教育工作研究，搭建学习平台。辅导员队伍的良性发展离不开辅导员队伍工作对象、自身建设和学生工作理论、方法的研究，通过研究，促进学生工作的专业化建设和职业化发展。高校辅导员队伍要体现出专业化和职业化的研究水平，辅导员研究能力开发是关键。因此，辅导员要积极思考、研究学生工作中存在的问题、应对策略、发展趋势等，从更高的层面、更宽广的视野做好学生工作。

再次，发挥典型示范作用。在建立学习型辅导员的过程中，要充分注意挖掘先进的学习典型个人或者集体，在个人职业发展方面给予一定的奖励和表彰，通过典型个人或集体的典型示范作用，调动广大辅导的积极性。

（三）提高辅导员信息沟通、协调合作的能力

学习型辅导员队伍建设的核心是组织集体学习，集体学习就离不开交流和协作。高校必须创造条件，加强辅导员的沟通和协作。

首先，创建研究型团队，建立研究立项制度，搭建学生工作交流学习和理论研究平台。创建学生工作团队，整合工作力量，整体推进学生工作水平。依据学生工作需要和学科特点，按院系大小组建成规模和人数相当的团队。各团队针对学生工作面临的现实问题，有计划有组织地在学生工作某方面做深入的调查和研究，探索行之有效的方法和措施。通过人员的组合，形成各学生工作团队老中青结合的队伍模式，形成全体同志不仅努力工作，而且根据工作实际主动思考，主动研究的浓厚学习氛围。大连理工大学这方面工作开展的卓有成效。

其次，建立辅导员论坛。建立辅导员队伍专题网站，开辟网络学习环境。以辅导员为骨干，组成网络维护和管理小组，负责辅导员所需工作信息和相关资料的更新，辅导员可以在论坛中交流工作体会和经验，互相出谋划策、解疑答惑。

最后，创建辅导员协会。高校内成立辅导员等学生工作者协会民间组织为团队学习提高组织保障。从事学生思想政治工作者成员自愿加入，这样的团队具有目标一致与共享的特点，团队成员积极主动思考、学习。要不断优化学习环境，成立辅导沙龙、辅导员协会等学会组织，通过不定期组织交流研讨活动，推进学习型辅导员队伍建设。通过优化工作环境和生活环境，关心辅导员的工作和生活，为辅导员开设活动室，迎新晚会，成立各种体育运动和业余爱好协会，增进辅导员间交流。

（四）营造环境，树立良好的学风、党风、校风

学习型辅导员队伍的建设离不开良好的学风、党风、校风，良好的学风、党风、校风是学习型辅导员队伍建设的环境基础。

首先，学习型辅导员队伍建设离不开学习，而学习效果又与学习风气密切相关，必须要有端正的学风。一是要端正学习态度，增强学习自觉性。建立学习型辅导员队伍是辅导员队伍专业化和职业化建设的重要保证，也是辅导员队伍专业化和职业化建设的必然要求。学校要向辅导员做好宣传和教育工作，引导他们

从辅导员队伍专业化和职业化的高度重视学习型辅导员建设，树立职业化、专业化的工作理念。大学生思想政治教育工作是教育、管理、服务三位一体的高级智力活动，它是辅导员人格、知识、技能等客观素质以及职业道德等主观因素的综合体现，而目前大多数高校的做法是似乎任何专业背景的工作者都可以担任辅导员，从而使辅导员队伍的"入口"混乱。因此，从本职上讲，辅导员工作的整体质量，并不完全取决于师生比的大小，而是辅导员到岗率和相对素质。这种情况下，学习型辅导员队伍的建设就显得尤为重要，它是加强大学生思想政治教育工作的必然要求，也是辅导员队伍专业化建设的重要方面。

其次，学习型辅导员队伍与党风建设互相促进，互为要求。当今世界上所有的企业，不论遵循什么理论进行管理，主要有两种类型，一类是等级权力控制型，另一类是非等级权力控制型，即学习型企业。等级权力控制是以等级为基础，以权力为特征，对上级负责的垂直型单向线性系统。它强调"制度＋控制"，使人"更勤奋地工作"，达到提高企业生产效率、增加利润的目的。权力控制型企业管理在工业经济时代前期发挥了有效作用，它对生产、工作的行和有效指挥具有积极意义。但在工业经济后期，尤其是进入信息时代、知识代以后，这种管理模式越来越不能适应企业在科技迅速发展、市场瞬息万变的竞争取胜的需要。企业家、经济学家和管理学家们都在探寻一种更有效的能顺应发展需要的管理模式，即另一类非等级权力控制型管理模式，学习型组织理论就是在这样一个大背景下产生的。在学习型组织中，领导者是设计师，仆人和教师。领导者的设计工作是一个对组织要素进行整合的过程，他不只是设计组织的结构和组织政策、策略，更重要的是设计组织发展的基本理念；领导者的仆人角色表现在他对实现愿景的使命感，他自觉地接受愿景的召唤；领导者作为教师的首要任务是界定真实情况，协助人们对真实情况进行正确、深刻的把握，提高他们对组织系统的了解能力，促进每个人的学习。建设学习型辅导员队伍的内在本质，要求我们加强和改进党风建设，进一步发挥党内民主，充分发挥和尊重基层辅导员的聪明才智，发挥他们工作自主性和能动性。

最后，学习型辅导员队伍建设离不开优良的学风。学习型组织的本质特征就是学习。一是"终身学习"。即组织中的成员均应养成终身学习的习惯，这样才能形成组织良好的学习气氛，促使其成员在工作中学习，在学习中工作。二是"全员学习"。即组织的决策层、管理层、操作层都要全心投入学习，尤其是管理决策层，他们是决定组织发展方向和命运的重要阶层，因而更需要学习。三是"全过程学习"。即学习必须贯彻于组织系统运行的整个过程之中。约翰·瑞定提出了一种被称为"第四种模型"的学习型组织理论。他认为，任何组织的运行都包括准备、计划、推行三个阶段，而学习型组织不应该是先学习然后进行准备、计划、推行，不要把学习和工作分割开，应强调边学习边准备、边学习边计划、边学习边推行。四是"团队学习"。即不但重视个人学习和个人智力的开发，更强调组织成员的合作学习和群体智力（组织智力）的开发。在学习型组织中，团队是最基本的学习单位，团队本身应理解为彼此需要他人配合的一群人。组织的所有目标都是直接或间接地通过团队的努力来达到的。学习型辅导员队伍建设，离不开良好的学风建设。

三、全面优化辅导员队伍能力建设的配套体系

建设学习型辅导员队伍是个系统工程，必须遵循人才培养和大学生思想政治教育的客观规律，因此建设学习型辅导员队伍要有健全和完善的思想政治教育学科体系，师资队伍，课程建设等。

（一）构建系统的思想政治教育学科体系

思想政治教育学科是一个新的学科，发展潜力大，该学科的发展是建设学习型辅导员队伍的重要基础，是人才培养的重要载

体，应从如下几个方面加强构建系统的思想政治教育学科体系。

方向之一：社会主义核心价值体系引领社会思潮。用社会主义核心价值体系引领各种社会思潮，不论是从培育社会主义事业的合格建设者和可靠接班人的事业来看，也不论是从坚持和巩固马克思主义在意识形态领域的指导地位来看，还是从繁荣和发展哲学社会科学来看，发展和完善思想政治教育的学科理论体系，这是历史赋予我们的使命。以社会主义核心价值体系为指导就是引导大学生能够以马克思主义的立场、观点和方法正确对待学习、生活及社会中的各种实际问题，并能够应对各种突发事件，能够正确分析国内、国际的各种错误思潮，及时、冷静、准确做出判断，站稳立场，不被别有用心的人利用、不有过激行为、不随波逐流。

方向之二：思想政治教育学科发展研究。本方向研究不仅是思想政治教育学科本身发展的要求，更是思想政治教育学的理论体系与时俱进的体现。改革开放以来，我国思想政治教育在理论和实践上都取得了重大进展，已经逐步从经验形态向科学形态发展。面对变动不居的社会现实与丰富多样的思想政治教育实践，思想政治教育理论提出了许多新问题、新要求，这就要求我们必须以科学发展观为指导，正确认识思想政治教育价值、目标、内容和方法，实现思想政治教育的科学发展。

方向之三：辅导员专业化、职业化队伍发展研究。本方向主要研究高校辅导员队伍专业化培养、职业化建设的理论及其实现途径。辅导员队伍是具有中国特色的社会主义高等教育的重要组成部分，是开展大学生思想政治教育的骨干力量。在全球经济一体化的大背景下，各种社会思潮、价值理念乃至生活方式都对大学生的成长产生了巨大影响，高校思想政治教育面临着新课题、新挑战，迫切需要一支高素质、能力强、掌握现代教育管理和思想政治工作方法的辅导员队伍。当前，我国高校辅导员队伍专业化程度不高、职业意识淡薄、角色定位模糊、职业发展道路单一等问题不仅制约着辅导员队伍的稳定发展和业务素质的提高，最主要的是影响了大学生思想政治教育的效果。辅导员队伍建设的专业化、职业化问题日益受到中央和各级党委政府的高度重视。

方向之四：网络思想政治教育研究。本方向研究是以网络为特殊载体，研究思想政治教育的特殊性。网络以其特有的形式和丰富多彩的内容，对大学生产生了巨大的吸引力。作为传播信息的新载体，网络越来越多的成为了大学生获取知识和信息的新途径。同时，网络带来的价值观念、意识形态与多元文化的冲击深刻地改变着大学生的思想观念和内心精神世界，逐渐突破了传统道德观念、行为规范的束缚，引起了大学生生活方式、行为方式乃至思维方式的转变。网络是一把双刃剑，它为大学生及其思想政治教育提供了现代化手段的同时，也产生了巨大的负面作用。如何有效利用网络资源，并将其作为高校思想政治教育的有效手段，促进大学生的全面发展，这些都为高校思想政治教育研究提出了新的课题。一是如何有效的运用网络载体，加强高校思想政治工作者的队伍建设。二是创新教育模式，改革教育方法。三是营造良好的思想政治教育环境，主动占领网络阵地。

（二）构建政治强、业务精、素质高的师资体系

思想政治教育师资队伍建设是保证学科发展的第一资源，是决定学科建设质量、水平、声誉的决定性因素，是学科发展的重要任务，更是学习型辅导员队伍建设的重要前提。

第一，学科带头人的培养与提高。重点学科建设关键在人，关键的关键是学科带头人。学科带头人不仅体现在学术方面，而且在对学科建设起到关键和核心作用。也就是说，既要"出成果"，又要"带队伍"、"建平台"。培养学科带头人，可以采取多种形式；一是"引进"，如引进高水平的领军人物，如"特聘教授"，在其聘任期满后，也可以继续续聘，成为本学科兼职教授或资深教授；二是"培养"与"提高"，即在本校、本学科范围内，培养和提高校内的学科领军人物，并建立相应的激励和约束机制。

第二，学术带头人的培养与提高。与"学科带头人"相比，"学术带头人"更多地体现在"出成果"方面，使其成为某一研究方向的带头人。为此也要创造一系列条件，如工资、奖励制度、出国访问和国内进修、参加国内外学术活动、建立优秀成果奖励制度等。

第三，中青年学术骨干的培养与提高。进一步充实壮大优秀中青年教师队伍，特别是将提高梯队质量放在首位。通过进修、考察提高硕士，特别是年轻博士生导师的专业水平和质量，鼓励他们茁壮成长，待其条件成熟后，使其成为学术带头人。同时，通过制定有吸引力的政策措施，引进一批有较高水平、较高创新科研能力的年轻教师。

第四，加强学术团队建设。一是明确各自的研究方向和研究目标；二是形成整体的研究目标和研究特色；三是实行重大课题攻关；四是加强与国内学术界和学者之间的交流与对话；五是努力培养能够在国内学术界"自由行走"的高水平学术骨干。

（三）学用结合、内外互动的课程体系

先进的教育思想和理念要反映时代发展的要求，反映教育发展的规律。具体体现在辅导员教育教学课程体系方面，包括能够反映时代要求和特征、理论联系实际、充分反映辅导员工作性质和特征的教学内容体系；能够反映最新科研成果和国内外前沿理论的教材体系；能够充分调动学生积极性、主动性和创造性的教学方法体系；能够体现科学化管理和现代化要求的教学管理体制。

课程体系设计：（1）厚基础、宽口径的特色。开设的课程应包括马克思主义经典著作选读、思想政治教育学原理等，哲学、经济学、伦理学、法学、教育学、管理学、心理学等学科，涉足面应广泛，便于培养学生宽厚的学术基础。此外，还要开设世界经济专题、世界政治专题、当代西方经济理论、当代西方社会思潮专题等，拓宽学生的视野。（2）坚持基础理论教学与辅导员工

作方法教学、业务能力培养相结合的原则。设置思想政治教育原理学课程，辅导员工作学、思想政治教育专题，思想政治教育方法、思想政治教育案例分析、思想政治教育公文写作、青少年心理健康教育、心理咨询方法、毕业就业指导等课程。（3）注重政治理论课程的设置。辅导员工作的政治性非常突出，需要提高学生自身的政治理论素质，如开设马克思主义与当代社会思潮、马克思主义经典著作选读、马克思主义中国化专题、信仰研究等课程。（4）应开设反映当今思想政治领域最新研究成果的课程。在注重基本理论的学习和研究的基础上，突出学科前沿问题、热点和难点问题。如开设思想政治教育前沿问题研究、当代资本主义研究、国内社会热点问题研究、当代西方社会思潮研究、比较德育研究等课程。

教学方法体系：（1）理论教学：系统讲授思想政治教育的理论，教育和引导学生牢固掌握和灵活应用思想政治教育的基本理论和基本方法。（2）专题教学：基地聘请省内外专家和学校专家组成专家库，以专题的形式讲授。（3）案例教学：结合思想政治工作的特点和实际，提供形式多样的案例，推进学生教育思想政治工作方法的创新，锻炼学生判断问题、解决问题的能力。（4）积极应用现代化教学手段，充分利用多媒体和网络等的作用。

课程教材建设：重视精品教材建设。以教育部推荐教材为主，同时积极吸收国内外优秀研究成果和实践经验。组织编写贴近高校辅导员培养需要的系列精品教材和辅助教材、案例教材，指导制作相关课件，逐步建立起科学合理、绩效突出，以理论学习、技能训练和案例教学为重点的全省辅导员培训教材体系。

加强实践教学：社会实践是辅导员教育的重要环节。要以社会实践基地为依托，以科研项目、社会服务为载体，一方面为社会与地方提供人才支持和智力支撑，积极推进学校与地方、单位的合作，另一方面，可以使学员了解社会，体察国情、民情，增强社会责任感与使命感。

（四）构建学生党团组织、党员骨干工作体系

学生党团组织、党员骨干工作体系建设是建立学习型辅导员队伍的重要保证。

一是要加强班委会和团支部建设。班委会和团支部是班级管理的最基层组织，这两支队伍的建设直接关系到班级建设的成败，他们是辅导员老师的助手和眼睛。班委会和团支部的组成一定要经过班级的民主选举，具有充分的民主基础的班委会和团支部才能具有凝聚力。辅导员老师要充分发挥这两支队伍的作用，要本着一边教育一边使用的原则，引导他们形成班级共识，在辅导员的指导下开展班级工作。还有，加强这两支队伍的考核和管理，辅导员要在每学期末，对所带各班级进行考核，根据考核情况对班委会和团支部工作进行评价和总结。

二是加强学生的党建，是为了更好地发挥共产党员的先锋模范带头作用和在思想政治工作中的积极作用。诸如开展"党员接待日"、"有事您找我"、"我为党旗添光彩"、"一名党员就是一面旗帜"等活动，来增强学生党员的责任意识和服务意识。同时，高校团员比例很高，一般在90％以上，因此，加强基层团建工作，有利于利用团组织来进行思想政治工作，加强对团员的教育和管理。

（五）构建廉洁自律建设的制度体系

辅导员队伍是大学生思想政治教育的主要力量，关系到高校人才培养的质量。辅导员队伍的廉洁自律建设，对大学生思想政治教育更具现实和示范意义。

加强辅导员队伍廉洁自律教育。从学校方面，要把辅导员队伍廉洁自律教育作为学习型辅导员队伍建设的重要方面，对这支队伍的教育要有规划，要系统、要全方位。从教育方法方面，要综合运用理论学习、典型示范、反面案例、个人总结等多方面加强辅导员队伍廉洁自律教育。辅导员工作是高校对大学生进行思

想政治教育的主要力量，这项工作崇高而责任重大，高校要从理论学习的高度教育辅导员，使他们增强工作的使命感和自豪感，增强他们廉洁自律的自觉性，同时综合运用典型示范、反面案例等教育手段。

加强廉洁自律的制度建设。辅导员队伍廉洁自律建设，一方面需要加强自律教育，增强辅导员廉洁自律的自觉性和自律意识，另一方面要从加强制度建设入手，建立廉洁自律的辅导员管理制度。高校要根据教育部《关于加强高等学校辅导员班主任队伍建设的实施意见》，结合学校实际制定本校辅导员工作考核、管理办法，从制度上明确辅导员的权利和义务，规范辅导员工作行为，在辅导员考核中，要加强廉洁自律一票否决制度。同时，要加强对学生辅导员工作的民主监督，在充分保障辅导员正当工作职权的范围内，充分发挥师生的民主监督意识。

（六）构建奖惩分明的绩效评价体系

考核评价是现代管理的重要手段，加强考核评价是当前辅导员队伍建设的一项重要任务，也是学习型辅导员队伍建设的重要保证。

如果辅导员的工作只有分工，没有检查；只有要求，没有考核，职责就会在履行中打折，在实施中含混不清，在出现问题时找不到应负责的人。通过对每个辅导员具体职责的诸项考核，就能使辅导员工作时主动尽其职责，认真计划其所承担的任务，认真研究其工作完成的方法和手段，认真检查其工作落实的效果，真正形成育人无闲事、事事有人管、职责明确、职能明晰的学生教育与管理局面。

辅导员考核分学年考核和届期考核，学年考核作为届期考核的主要依据。辅导员考核的工作包括德、能、勤、绩、廉等方面，重点考核对大学生进行政治指导、思想教育、行为引导、事务管理等方面的情况，以及大学生对辅导员工作的评价情况。考核分个人自评、民主评议与院（系）考核相结合的方法，考核应充分听取学生的意见。考核结果分优秀、称职、基本称职、不称职等四个等级。工作考核由学校院（系）组织，考核人员由学生工作部代表、各学院（系）党政负责人、院（系）学生工作办公室人员、学生代表、辅导员代表等组成。考核结果送学校党委组织部、学生工作部、人事处备案，并存入本人工作业绩档案。辅导员的工作业绩作为年度考核、提职晋升、评优奖励、进修学习的重要依据。

四、全面提供辅导员队伍能力建设的保障条件

学习型辅导员队伍的建设，是一项涉及面广泛的系统工程，从思想认识到管理体制，从政策、制度到培养规划等都是队伍建设重要保障。

（一）确保配套的政策与措施安排到位

学习型辅导员队伍建设不能只停留在思想认识上或政策的制定上，必须落实到行动和实践上，才能保障学习型辅导员队伍建设的健康发展。

首先，必须保障辅导员队伍教师待遇落实到位。要把高校辅导员的培养纳入学校师资培训规划和人才培养计划，享受专任教师同等待遇，为辅导员获取工作信息和资料创造条件、提供方便，鼓励、支持辅导员结合大学生思想政治教育工作实践和思想政治教育学科的发展开展研究，承担大学生思想道德修养与法律基础、形势政策教育、心理健康教育、就业指导等相关课程教学工作。

其次，辅导员队伍专业化、职业化落实到位。一是要切实建立辅导员准入制度，辅导员工作绝不能成为谁都可以做，没有任何技术含量的职业。在准入制度方面，一是要从明确这个队伍的专业背景要求、思想品德要求、职业素质要求等多方面界定；二是要求实行笔试与面试相结合的选用制度。按照辅导员工作要

求，单独对辅导员准入考试进行命题，测试应聘者的理论素养。面试主要考察应聘者的综合素质和能力，同时要对辅导员的心理健康进行考察。三是辅导员职业发展落实到位。首先辅导员职称体系的建立，应在考虑学生思想政治教育工作的复杂性和艰巨性基础上，将职业化辅导员的职称评审标准与专业教师区分开来，按德、能、绩、效的标准，建立一套与辅导员定位、特点、规律相适应的职称评聘体系。其次是落实辅导员职务晋升政策。目前，多数辅导员的最高行政级别是科级，特别优秀的晋升为学院党总支副书记（副处），但毕竟副书记的职位空缺有限。随着工作年限的延长，辅导员的工作劲头难免渐渐降低。为此，高校要为这支队伍制定专门的政策，促进这支队伍的职业发展，施行辅导员岗位聘任制，职级制。即可以根据辅导员的工作年限和考核情况，使辅导员可以享受副科职、正科职、副处职、正处职待遇。

再次，辅导员队伍的培养、培训落实到位。培养、培训是加强辅导员队伍建设的关键环节，也是建立学习型辅导员队伍的重要步骤，是辅导员队伍职业化、专业化建设的保障，通过培训为辅导员的未来发展奠定坚实的基础。高校要从培训计划，到培训制度，再到培训经费等多方面入手，切实把辅导员队伍的培养、培训落实到位。

最后，辅导员队伍的考核落实到位。一是要制定切实可行的考核标准和制度，二是要严格执行考核标准和制度，三是考核结果送学校党委组织部、学生工作部、人事处备案，并存入本人工作业绩档案，作为年度考核、提职晋升、评优奖励、进修学习的重要依据。

（二）确保与其相适宜的资金投入到位

学习型辅导员队伍建设，要确保相应的资金投入到位，资金投入到位是队伍稳定和发展的重要保证。首先，高校要从战略高度重视辅导员队伍建设的资金投入，要设立专项经费，从制度角度保证合理的经费支出比例，保证经费投入的稳定性。其次，加强辅导员理论研究的经费扶持力度。建立专业化、学习型辅导员队伍，必须加大对辅导员理论研究的扶持，可以设立思想政治理论课专项经费、就业指导工作专项经费、心理健康教育专项经费，使每个专业化方向的学术梯队在开展研究、形成成果、人员培训、和学术交流过程中，都能够得到足够的经费支持。再次，加强对辅导员队伍学历提升、培训的经费支持力度。在高校应鼓励辅导员进行学历提升，在辅导员在职攻读硕士、博士等学位方面给与政策倾斜和经费支持。可以对在职攻读思想政治、心理学、管理学等方面的高一级学位的辅导员，并且报销一定比例的学费，对脱产学习思想政治、心理学、管理学等方面高一级的学历，如果毕业后继续从事辅导员工作，报销一定比例的学费。学校应该设立专项经费，组织辅导员进行定期的技能培训，选拔优秀的辅导员参加校外专业技能培训。再次，在收入待遇上投入专项经费。高校应根据实际情况，将辅导员的岗位津贴纳入到学校内部分配体系统筹考虑，确保辅导员的实际收入与本校专任教师的平均收入水平相当。

（三）确保人力资源与编制的配置到位

首先，在人力资源与编制上明确辅导员的身份定位。中央十六号文件指出："高校辅导员是学生思想政治工作的骨干力量，是高校实施全面素质教育，开展学生思想政治工作，确保学校稳定的一支重要力量"。随着我国高等教育体制改革全面推进和高等教育事业的快速发展，高校学生工作进入了一个新的发展阶段，对学生工作提出了新的要求和严峻的挑战，高校辅导员必须科学而准确的进行定位。2006年，我省出台了《辽宁省普通高等学校辅导员工作规程（试行）》等一系列文件和政策，进一步明确辅导员是高等学校教师队伍和管理队伍的重要组成部分，具有教师和干部的双重身份这一指导思想。要求高校明确辅导员的教师身份，成立单独的评审组，单独设定评聘比例，单独确定评审条件，单独进行评审。把高校辅导员的培养纳入学校师资培训规划和人才培养计划，享受专任教师培养同等待遇，为辅导员获取工作信息和资料创造条件、提供方便，鼓励、支持辅导员结合大学生思想政治教育的工作实践和思想政治教育学科的发展开展研究，承担大学生思想道德修养与法律基础、形势政策教育、心理健康教育、就业指导等相关课程的教学工作。高校应切实把辅导员的选聘、培训、管理、职业发展等方面纳入到专任教师管理序列。同时，学校要象重视其他专任教师一样，重视辅导员，严格保证1：200的师生比例，保证辅导员队伍相对稳定性，一是不要把辅导员当成纯粹的管理干部，随意将辅导员调离工作岗位，二是不能把其他岗位的管理干部，随意调任到学生辅导员岗位，抹杀了辅导员队伍专任教师身份。

（四）确保队伍建设实践载体落实到位

社会实践是大学生成长成才的重要途径，指导好大学生社会实践，辅导员应该先行实践。社会实践是辅导员教育的重要环节。

一是落实社会实践基地，要以社会实践基地为依托，以科研项目、社会服务为载体，一方面为社会与地方提供人才支持和智力支撑，积极推进学校与地方、单位的合作，另一方面，可以使学员了解社会，体察国情、民情，增强社会责任感与使命感。这方面，经过长期努力，辽宁大学马克思主义学院已经建设了包括辽中炼油厂、瓦房店市长兴岛镇、盖州市二台子乡、新城子法院、沈阳市公安局等5处社会实践基地等。

二是积极组织辅导员参加社会实践。在社会实践基地为依托加强社会实践同时，要将辅导员社会实践与大学生思想政治教育相结合。健全和完善辅导员假期家访制度，通过家访使辅导员老师深入了解学生的家庭和生活环境，及时发现学生面临的困惑、困难以及产生问题的深层次原因，在平时的教育与教学中找到了更符合科学和实际的教育方法，大学生思想政治教育也在现实中找到鲜活的载体。家访实践，可以真正历练一批好教师，形成一种好风尚。

参考文献

[1]《邓小平文选》第三卷，人民出版社，1993 年版。

[2] 教育部思想政治工作司：《加强和改进大学生思想政治教育重要文献选编（1978——2008）》，中国人民大学出版社，2008 年版。

[3] 教育部思想政治工作司：《全国高校辅导员工作创新论坛论文集》，中国人民大学出版社，2009 年版。

[4] 杜汇良、刘宏、薛徽：《高校辅导员九项知能教程》，高等教育出版社，2009 年版。

[5] 王小红：《高校辅导员工作的理论与实践》，北京大学出版社，2010 年版。

[6] 刘兵勇：《高校学生工作辅导员能力建设的新探索》，《辽宁行政学院学报》，2006 年第 4 期。

[7] 教育部社政司编：《邓小平理论和"三个代表"重要思想概论》，高等教育出版社，2003 年版。

[8] 冯刚：《辅导员队伍专业化建设理论与实务》，中国人民大学出版社，2010 年版。

[9] 胡金波：《高校辅导员职业化发展研究》，苏州大学出版社，2010 年版。

[10] 陈嫣妍：《新时期辅导员素质能力提升的重要意义》，《中国卫生事业管理》，2010 年 S1 期。

[11] 刘斌、韩立：《浅析如何提高辅导员素质》，《现代交际》，2010 年第 11 期。

[12] 朱正昌：《高校辅导员队伍建设研究》，人民出版社，

2010 年版。

[13] 冯书铭：《辅导员自身素质在大学生思想政治工作中的作用》，《牡丹江师范学院学报（哲学社会科学版)》，2010 年 06 期。

[14] 吴爱军：《创新人才思想政治素质培养》，武汉大学出版社，2009 年版。

[15] 张再兴：《高校辅导员队伍建设理论与实践》，人民出版社，2010 年版。

[16] 王贤卿：论高校辅导员职业道德的原则与规范 ，《思想理论教育》，2008 年 23 期。

[17] 肖云：《新时期高校辅导员的职业道德探讨》，《文教资料》，2009 年第 14 期。

[18] 黄宇翔、张强：《试论高校辅导员的专业素质及其培养》，《企业家天地（理论版)》，2010 年 12 期 。

[19] 曲建武、吴云志：《高校辅导员素质与能力建设问题研究综述》，《高校理论战线》，2006 年第四期。

[20] 广东省普通高校学生工作专业委员会编：《学生工作的创新与发展》，中山大学出版社，2004 年版。

[21] 胡凯：《大学生心理健康理论与方法－高校辅导员专业化丛书》，人民出版社，2010 年版。

[22] 许国彬、陈宇红：《高校辅导员心理调适教程－高校辅导员培训系列教材》，人民出版社，2009 年版。

[23] 邹兴平：《社会转型期高校辅导员心理健康问题探究》，《中国高教研究》，2007 年第 10 期。

[24] 肖文娥、王运敏：《论高校辅导员心理素质培养》，《教育研究》，2000 年第 10 期。

[25] 杨之毛：《论辅导员自身心理素质的优化》，《文教资料》，2007 年第 10 期。

[26] 丁敢真、廖梅杰：新形势下高校辅导员心理压力及其调适－－以浙江师范大学辅导员调查为例》，《浙江师范大学学报

（社会科学版）》，2006 年第 2 期。

[27] 张杰、王庚：《论高校辅导员职业发展能力的培养》，《思想理论教育导刊》，2009 年第 8 期。

[28] 于成学：《切实提升高校辅导员的价值引领力》，《四川美术学院院报》，2008 年第 4 期。

[29] 邹慧：《高校辅导员的业务能力建设》，《高校辅导员学刊》，2011 年第 2 期。

[30] 杨赛良：《辅导员的倾听能力及其培养》，《高校辅导员学刊》，2009 年第 8 期。

[31] 唐兴：《论高校辅导员共情能力的培养》，《高校辅导员学刊》，2010 年第 8 期。

[32] 刘科荣：《论高校辅导员心理健康教育能力的培养》，《高等教育研究》，2006 第 2 期。

[33] 袁贵勇：《论高校辅导员心理辅导员能力的培养》，《中国成人教育》，2008 年 第 7 期。

[34] 李强：《大学生学业规划研究》，《教书育人》，2006 年第 7 期。

[35] 宋书全：《高校辅导员政治素质与大学生思想政治教育探析》，《实践探索》，2010 年第 5 期。

[36] 吴燕端：《高校辅导员人格魅力之我见》，《辅导员工作》，2011 年第 4 期。

[37] 滕睦：《高校辅导员的组织和管理能力浅析》，《中国科教创新导刊》，2010 年 05 期。

[38] 杨建华、李捷：《浅谈高校辅导员应具备的六种管理能力》，《教师教育科研》，2006 年 05 期。

[39] 杜向民，黎开谊：《嬗变与开新：高校辅导员制度发展研究》，中国社会科学出版社，2009 年版。

[40] 王传中，朱伟：《辅导员工作指南》，武汉大学出版社，2009 年版。

[41] 李奕林：《高校辅导员工作手册》，新华出版社，2008

年版。

［42］刘昕：《大学生发展导论》，中国石油大学出版社，2008 年版。

［43］徐长发：《创新人才从这里起步》，教育科学出版社，2011 年版。

［44］魏发辰：《创新实践论》，北京交通大学出版社，2010 年版。

［45］武汉大学东湖分校：《应用型创新人才培养研究》，华中科技大学出版社，2010 年版。

［46］何晓文：《德育引领创新：华东师范大学第二附属中学创新人才培养的探索与实践》，华东师范大学出版社，2009 年版。

［47］吴爱军，吕治国：《创新人才思想政治素质培养》，武汉大学出版社，2009 年版。

［48］林崇德：《创新人才与教育创新研究》，经济科学出版社，2009 年版。

［49］张作祥：《试论新形势下高校辅导员的自身建设》，《山西教育学院学报》2000 年 03 期。

［50］舒叔宝：《高校辅导员思想政治工作创新研究》，华东师范大学，2010 年。

［51］范树成：《德育过程论》，中国社会科学出版社，2004 年版。

［52］《马克思恩格斯全集》，第 46 卷上，人民出版社，1979 年版。

［53］高国希：《如何认识辅导员职业发展与职业生涯规划》，《思想理论教育导刊》，2009 年第 6 期。

［54］刘群：《高校辅导员工作长效机制建设研究》，吉林大学出版社，2010 年版。

［55］霍晓丹：《360 度考评法在考核高校辅导员工作中的应用——以上海复旦大学为例》，《基于全球视角的人力资源理论与

实践问题研究——国际人力资源开发研究会第六届亚洲年会论文集（中文部分）》，2007年。

[56] 范宜波、肖荣勋、何小姬、秦印：《高校辅导员素质结构与工作绩效的相关研究》，《人才资源开发》，2010年1期。

[57] 任仲儒、何金满：《实施发展性评价，促进专业化成长》《国家教师科研基金十一五阶段性成果集（四川卷）》，2010年。

[58] 任秀琼：《关于高校辅导员队伍稳定性建设相关问题初探》，《福建省高校思想政治教育研究会2009年年会优秀论文专辑》，2010年。

[59] 林钦松：《高绩效团队与辅导员队伍建设》，《福建省高校思想政治教育研究会2009年年会优秀论文专辑（一）》，2010年。

[60] 王继明：《谈如何增强高校辅导员工作实效》，《理论界》，1998年5期。

[61] 杨美：《科学发展观视阈下的高校辅导思想政治工作的有效载体研究》，华东师范大学，2010年。

[62] 刘广生、杨永青、安宁、刘敏：《高校辅导员博客建设的思考》，《时代教育（教育教学）》，2010年第8期。

[63] 包月英：《网络环境下大学生思想政治教育问题研究》，河北师范大学，2008年。

[64] 李秀梅：《浅谈高校辅导员工作》，《河北青年管理干部学院学报》，2004年01期。

[65] 毕扬：《科学发展观视阈下的大学生思想政治教育创新研究》，西南大学，2009年。

[66] 逄锦聚、李毅：《新形势下进一步加强和改进大学生思想政治教育的新途径探索》，《思想理论教育导刊》，2005年第3期。

[67] 刘灵光、韦诗业：《以人为本与大学生思想政治教育创新》，《思想教育研究》，2009年第6期。

[68] 白海若：《大学生思想政治教育社会化的实现维度探析》，《教育探索》，2009 年第 7 期。

[69] 林伯海、李锦红、宋刚：《试析大学生隐性思想政治教育模式》，《思想理论教育导刊》，2008 年第 3 期。

[70] 王建中：《试论大学生思想政治教育在高校中的战略地位》，《学校党建与思想教育》，2005 年第 3 期。

[71] 何树全：《亲和力——提高辅导员工作有效性的软实力》，《福建省高校思想政治教育研究会 2009 年年会优秀论文专辑（一）》，2010 年。

[72] 李洁：《辅导员结合"新传媒"加强大学生思想政治工作的有效性》，《改革与开放》，2009 年第 5 期。

[73] 陶丽：《思想政治教育视阈下的大学生成长轨迹研究》，辽宁大学，2010 年。

[74] 赵伦芬：《高校思想政治理论课在大学生成长成才中的功能强化研究》，电子科技大学，2009 年。

[75] 浩歌：《将核心价值体系融入立德树人全过程》，《中国高等教育》，2007 年第 9 期。

[76] 王广珍：《学习方式与大学生成长成才研究》，河南农业大学，2010 年。

[77] 郭法奇：《论美国的个性化教育》，《教育理论与实践》，2001 年 1 期。

[78] 俞大军、罗小亮、邹国明：《论新阶段高校统战工作服务大学生成长成才的优势与思路》，黑龙江科技信息，2011 年第 2 期。

[79] 陈松源、崔春：《以人为本，构建新型大学生成长成才服务体系》，《山西青年管理干部学院学报》，2006 年第 2 期。

[80] 范忠烽：《构建大学生良好成长环境的对策探讨——基于茂名学院大学生成长环境现状调查与分析》，《学理论》，2009 年第 4 期。

[81] 郭小磊：《论高校辅导员职业化建设的方略探究》，《中

国校外教育》，2010 年 01 期。

[82] 董燕：《高校辅导员的专业化与职业能力培养》，《梧州学院学院》，2010 年第 10 期。

[83] 罗炎成：《高校政治辅导员职业化的现实困境及其发展思路》，《福建省高校思想政治教育研究会 2009 年年会优秀论文专辑（一）》，2010 年。

[84] 曾准：《高校辅导员职业能力培养机制的构建》，《中国成人教育》，2008 年第 7 期。

[85] 樊晓东：《高校辅导员队伍专业化职业化建设的思考》，《高教论坛》，2011 年第 4 期。

[86] 江芳俊：《高校辅导员队伍职业化建设问题的思考》，《福建省高校思想政治教育研究会 2009 年年会优秀论文专辑（二）》，2010 年。

[87] 林焕章、英健文：《探讨高校辅导员专业化职业化的困境及策略》，《科教文汇（下旬刊）》，2009 年第 2 期。

[88] 郑银华：《高校辅导的专业化职业化建设探索》，《产业与科技论坛》，2008 年第 7 期。

[89] 刘潇：《专业化职业化视角下的高职院校辅导员队伍建设探索与实践》，《当代教育论坛（管理研究）》，2010 年 12 期。

[90] 王纪平、原广华：《高校辅导员队伍职业化、专业化、专家化建设内涵辨析与思考》，《太原大学学报》，2010 年第 3 期。

[91] 胡燕生：《激励机制在高校辅导员管理中的应用》，《湖北师范学院学报（哲学社会科学版）》，2008 年第 9 期。

[92] 尹秀云：《论柔性管理在高校辅导员管理中的运用》，《宁波教育学院学报》，2008 年第 6 期。

[93] 陈武林：《高校辅导员管理效能与工作创新研究》，福建师范大学，2009 年

[94] 曲悦：《高校辅导员管理工作定位新探》，《China's Foreign Trade》，2010 年第 6 期。

[95] 广东省高校学生工作专业委员会（编著），《辅导员的考核与管理》，中山大学出版社，2008 年版。

[96] 张瑞云：《如何构建高职院校辅导员队伍保障机制》，《网络财富》，2010 年第 23 期。

[97] 梁金霞、徐丽丽：《完善制度 健全机制 推动辅导员队伍健康发展——全国 103 所高校辅导员队伍建设状况调研报告》，《国家教育行政学院学报》，2006 年第 6 期。

[98]《教育部关于加强高等学校辅导员班主任队伍建设的意见》，（教社政〔200512 号），2005－01－13。

[99] 肖辉：《当前高校辅导员队伍的现状分析及对策》，《赣南师范学院学报》，2006 第 2 期。

[100] 广东省高校学生工作专业委员会编：《辅导员的考核与管理》，中山大学出版社，2008 年版。

[101] 陈君芳、胡昱东、章贝贝：《基于人力资源理论的高校辅导员职业生涯管理体系研究》，高教研究会课题《从人力资源开发的角度构建高校辅导员职业生涯管理体系》的研究成果，2008 年。

[102] 李佳佳、曹斌：《高校辅导员队伍保障机制研究》，《中华女子学院山东分院学报》，2008 年第 1 期。

[103] 林琳：《"专业化"高校辅导员的素质要求与保障机制》，《教书育人》，2007 年第 6 期。

[104] 黄慧英、李皓：《论高校辅导员队伍专业化建设保障机制》，《中国高等医学教育》，2008 年第 2 期。

[105] 纳学梅、王芬、余红珍：《高校辅导员职业化建设的路径选择与保障体系》，《人力资源管理·学术版》，2010 年第 6 期。

后 记

为推动辅导员队伍建设，在调研的基础上，我提出了辅导员队伍能力建设研究的写作宗旨和要求，并与省内有关高校的同志认真研究写作内容，形成了全书的总体框架和章节结构。全书由四个部分组成。第一部分（第一、二、三章）阐述加强高校辅导员队伍能力建设的战略地位，第二部分（第四、五、六、七章）阐述高校辅导员工作能力的主要内容，第三部分（第八、九、十、十一章）阐述高校辅导员队伍能力建设的要求与路径，第四部分（第十二、十三、十四、十五、十六、十七、十八章）阐述辅导员队伍能力建设的物质基础和保障条件。各章执笔的同志分别是：第一章：辽宁大学李志芳、张东亮；第二章：辽宁大学才宝；第三章：辽宁石油化工大学曹杰；第四章：沈阳师范大学徐晓丽；第五章：沈阳理工大学金鹏；第六章：沈阳师范大学董玉莲；第七章：辽宁大学（外语学院辽阳校区）王玥；第八章：辽宁工业大学镡鹤婧；第九章：辽宁大学王颖；第十章：辽宁大学傅国栋；第十一章：辽宁大学房宁；第十二章：辽宁大学尚大鹏、中国医科大学郑宗保；第十三章：沈阳药科大学魏文刚；第十四章：辽宁大学（外语学院辽阳校区）高兴伟；第十五章：沈阳医学院李忠；第十六章：沈阳工程学院邹军；第十七章：辽宁大学金建龙、连泽绵、张波；第十八章：辽宁大学孙士国。初稿写成后，我对全书进行了统撰，对部分内容做了改写，对有关问题按照个人的理解做了修改和调整。

推动辅导员队伍能力建设，既是一个重要的理论问题，也是一个重要的实践问题。本书是从理论到实践对辅导员队伍能力建设进行探索的初步成果。希望本书对辅导员加强自身能力建设具有指导意义，对专业化职业化辅导员队伍的健康发展起到积极作用。欢迎各位专家、读者指正。

孙士国

2011 年 6 月 1 日